景观生态学

——格局、过程、尺度与等级

（第二版）

邬建国　著

高等教育出版社·北京

内容简介

本书全面而系统地介绍了现代景观生态学的基本概念、理论、研究方法及应用前景;广泛地综合了国际景观生态学自20世纪80年代以来的新思想、新理论和新动向,并对景观格局分析和模型方法作了较细致的介绍。作者从两个方面来论述景观生态学:① 景观生态学作为一门新兴的生态学、地理学以及其他相关学科高度综合的交叉科学,② 景观生态学作为一个强调格局、过程、尺度和等级相互之间关系的新生态学范式。因此,本书不但介绍了景观生态学的基本研究对象、内容和方法,同时也阐述了景观生态学作为一个新的生态学范式或概念构架如何促进其他学科(如种群、群落、生态系统生态学)的发展。

本书可供生物科学、生态学、环境科学和地球科学以及有关应用学科的研究和教学人员参考,也可作为大学生和研究生的教科书或参考书。

图书在版编目(CIP)数据

景观生态学:格局、过程、尺度与等级/邬建国著. —2版. —北京:高等教育出版社,2007.4(2021.9重印)
ISBN 978 – 7 – 04 – 020879 – 5

Ⅰ.景… Ⅱ.邬… Ⅲ.景观学:生态学 Ⅳ.Q149

中国版本图书馆 CIP 数据核字(2007)第 024100 号

出版发行	高等教育出版社	网　　址	http://www.hep.edu.cn
社　　址	北京市西城区德外大街4号		http://www.hep.com.cn
邮政编码	100120	网上订购	http://www.landraco.com
印　　刷	北京市白帆印务有限公司		http://www.landraco.com.cn
开　　本	787mm×1092mm 1/16		
印　　张	18	版　　次	2001 年 1 月第 1 版
			2007 年 4 月第 2 版
字　　数	340 千字		
购书热线	010 – 58581118	印　　次	2021 年 9 月第11次印刷
咨询电话	400 – 810 – 0598	定　　价	38.00 元

献 给

祖国生态学界的年轻一族和我的学生们
愿你们为中国和世界生态学做出杰出贡献

再 版 前 言

 光阴似箭,时光如梭。转眼之间,这本书的第一版已经出版6年之久。承蒙广大读者的厚爱和高等教育出版社的努力,第一版的发行量远远地超过了我的想象。这也使我感到有必要更新内容,再版此书,以飨读者。第二版对原来的每一章都作了修改、补充或内容上的更新。每章的推荐阅读文献都进行了重新选择。近年来,国内景观生态学方面的书籍大量涌现。本书尽量不去重复已有的中文书籍中的内容,而是希望能给广大的国内年轻学子提供一个比较准确、系统并富有理念的景观生态学读本。不求包罗万象,旨在言简意赅、提纲挈领。这是第一版的宗旨,也是第二版的指南。

 我非常感谢高等教育出版社李冰祥博士对本书出版的热情支持与多方面的协助,和这样能力卓著、认真负责的编辑共事是一个作者的幸运。同时,我也感谢刘志民、袁飞、王天明、田瑜、王红芳和李钟汶在第二版书稿修改过程中所提供的帮助。

 中国地大物博,景观多样,人才济济,广布四方,环境问题复杂,人与自然之间的相互作用密切而久远,在发展景观生态学方面可谓"天时、地利、人和"。中国已经逐步成为一个景观生态学"大国"。然而,从一个景观生态学"大"国成为一个景观生态学"强"国尚需国内多学科同仁以中国的各类景观为主角,以国际科学界为舞台,深入钻研,广泛交流,为学有道,敢为人先,求真务实,勇于探索,杜绝急功近利,摒弃浮躁之风。若能如此,我们的目标不但能够实现,而且为期不远。我希望这本书能为我们实现这一目标起到抛砖引玉、添砖加瓦的作用。

 人类社会在发展,科学技术在进步,而随之而来的似乎是越来越快的生活节奏,越来越忙的世人和书生。初衷原本是要宽时再版,到头来还是仓促完成。故此,书中必有弊疵。虽然是文责自负,尚请读者不吝雅正。

2006 年 10 月 30 日
于北京香山

第 一 版 序

　　景观生态学是生态学中近年来发展最快的分支之一。它以在较大的时空尺度上研究生态学问题为特征,在概念框架、理论体系和数量方法上正经历着方兴未艾的发展,在城乡土地利用规划、森林和牧场经营管理、环境和自然保护、旅游设计等方面已获得广泛应用,是生态学研究的重点发展方向之一。

　　作为一门新兴的学科分支,发展和传播其完整独立的理论体系,无论对学科发展还是实际应用都是十分重要的。邬建国博士是多年潜心于景观生态学研究的年轻学者之一,既涉猎理论和范式研究,又专注景观理论的应用,在国内外一些重要杂志上发表了为数不少的有关方面的文章,尤其在格局、尺度以及等级斑块动态方面有比较独到的研究。他虽在海外留学多年,但非常关心国内生态学的发展,因此出于介绍和传播生态学最新进展这样一种目的,在系统总结当前国际景观生态前沿领域的研究进展的基础上,融入自己的研究成果,撰成了体系较为完整的《景观生态学——格局、过程、尺度与等级》一书,并以中文出版,相信这对国内景观生态学研究是意义匪浅的,将有效地促进我国景观生态学研究和应用的发展。

中国科学院院士
1999 年 12 月于北京

第一版前言

景观生态学是现代生态学中内容最丰富、发展最快、影响最广泛的学科之一。景观生态学不但是一门新兴学科，而且代表了集多方位现代生态学理论和实践为一体的、突出格局－过程－尺度－等级观点的一个新生态学范式。虽然"景观生态学"一词早在 1939 年就已提出，但直到 20 世纪 80 年代初，它才开始发展成为一门相对独立、渐为国际学术界公认的生态学分支学科。作为一门新兴学科，景观生态学的发展既令人振奋，又时而使人惑然。令人振奋的是其在理论、方法和应用方面的发展之快、之广；使人惑然的是从一些专著和论文来看，景观生态学家似乎连什么是"景观"都未形成一个统一的定义！ 既然研究对象不详，其研究内容也只能是不乏争议。然而，若对景观生态学的历史、发展和现状做一个全面而系统的考查，什么是景观（和景观生态学）的答案就变得显而易见了。这个问题的答案不是基于某一个学者如何定义它，而是要看大多数景观生态学家是如何处理的：他们的具体研究对象是什么？ 他们研究的时空尺度是什么？ 他们所提出的研究问题有何特征？ 他们是如何来回答这些问题或检验科学假设的？ 所有这些与其他生态学科有何不同？ 这正是本书的出发点，也是其目的，即较准确、全面地反映现代景观生态学的主要概念、理论、方法及应用。当然，科学应该是完全客观的，但科学家却难免有片面主观之时。在撰写这本书的过程中，我虽然力求客观、准确，但在一定程度上肯定还是更多地反映了我自己对景观生态学的整体看法以及在某些方面的特殊兴趣。

自 Naveh 和 Lieberman(1984) 的 *Landscape Ecology：Theory and Application* 一书出版以来，已有十几本景观生态学英文著作问世；中文著作我也欣然耳闻目睹过数本。不同的书往往强调景观生态学的不同方面，在内容和风格上也有显然差别。不少已出版的景观生态学著作内容丰富、实例不乏。然而，大多数已出版的著作缺乏对景观生态学的理论和定量研究方法的较系统和全面的阐述。在我从事景观生态学研究的十几年中，听到不少对该学科的议论：不少人以为景观生态学无非就是"景观大尺度"上的生态学；它的新意何在？ 也有人以为景观生态学不外乎就是算算一系列格局指数，或把枯燥而庞杂的数据输入计算机中，然后转变成漂亮而易懂的图形，或从遥远之处观察"无生物"地理区域的轮廓和形态；其生态学意义何在？ 这两种看法似属片面而浮浅，二者皆非也。我希望这本书能够帮助读者理解究竟什么是景观生态学,其主要概念、理论和方法,它与其他生态学研究的联系和不同,以及它的理论和实用价值。为此,本书的重点是基本概念和理论、数量分析和模型方法以及景观生态学应用的原理和特点。对于那些寻找有关世界上某个具体景观信息的读者来说,这本书必然会使他们大失所望;但我希望,那些对生态科学的现在和将来充满好奇心、热情或信心的读者能为书中的内容和思想而略感振奋。

该书是以我的名义出版的,但其中的知识是许许多多景观生态学家共享的。我在生态学方面所取得的微略成就首先应该归功于我在大学时期的老师们,特别是李博、刘钟龄、雍世鹏、曾泗弟和孙鸿良诸位教授。在内蒙古大学就读期间,有幸聆听阳含熙教授(数学生态学)、陈昌笃教授(生态系统生态学)和周纪伦教授(种群生态学)为我们生态学专业班作的特邀专题讲座,受益良多,影响深远。当然,我应该感谢我的研究生导师 John L. Vankat 教授,博士后导师 Simon A. Levin 教授,以及近 10 年来与我频繁合作和交流的益友良师 Orie L. Loucks 教授、Steward T. A. Pickett 博士、James F. Reynolds 教授以及 Robert V. O'Neill 博士。他们,尤其是 Orie 和 Simon,对我近 10 年来的研究有极重要的影响。

本书的最初构思始于 1996 年春,即我在亚利桑那州立大学生命科学系第一次讲授"景观生态学"之时。它能够今天与读者见面是与许多同行和朋友们的大力帮助和鼓励分不开的。没有他们的热情协作,恐怕这本书还是我的"梦中楼阁"。我感谢近年来在我实验室工作过的几位中国访问学者和研究人员:申卫军、任海、刘元波、张利全、赵成义、常学礼和江明喜诸位先生,他们先后在不同程度上对该书的撰写有所帮助。我在亚利桑那州立大学的几位研究生,尤其是 Matt Luck,Darrel Jenerette 和 John "EBo" David,同我一起参与了本书引用的一些有关格局分析和模型方面的研究。本书初稿打印和校正主要是由申卫军先生完成的,任海、张利全和刘元波诸位也做了许多工作。Cindy Overton 女士不辞辛劳从茫茫的字海中整理出数百篇书中引用的英文文献。李哈滨博士和何芳良博士仔细审阅了有关景观生态学概念、理论、格局分析和模型等章节,提出了宝贵建议;在此我向两位朋友表示由衷的感谢。

本书能够顺利出版还多亏宫鹏教授和高等教育出版社张小萍副总编辑和李冰祥博士的大力支持。对李冰祥博士和张小萍副总编辑在出版期间所提供的方便和帮助,作者深表谢意。此外,我要特别感谢阳含熙院士为本书欣然加序,以及先生多年来的不断鼓励。最后,我感谢我夫人高玮、儿子邬桐和女儿邬杉——他们对我多年来无休止地加班加点的忍耐和理解是极其宝贵的,而他们给予我的能量和欢乐更是无法度量的。

虽然人称写前言是件快事,但也得有个结尾。在结束前言之时,我应该说明3 点:第一,由于我长期以来在美国工作,虽然一直保持和国内生态学同行的合作和交流,并也尽量留意国内有关文献,但毕竟有限。因此,在引用文献方面不

免会偏重于北美,而对欧洲和国内的有关研究可能有所忽视。第二,尽管诸位女
士和先生们对该书做出了许多贡献,但书中若有谬误,皆属作者本人负责。第
三,由于时间仓促、作者能力有限,书中不免会有欠妥之处,我诚请读者不吝
斧正。

邬建国

2000 年 7 月 22 日

于美国凤凰城亚利桑那州立大学

目　　　录

TABLE OF CONTENTS

景观生态学中的基本概念

1

第 一 章

1.1　景观和景观生态学

1.1.1　景观和景观生态学的定义

严谨的科学始于准确的定义,清楚地定义术语是任何一门学科能够成功而顺利地发展的前提。对迅速发展的交叉性学科——景观生态学而言,定义准确而清晰尤为重要。当代景观生态学整合自然科学和社会科学为一体,从而思潮泉涌、色彩纷呈。一方面,历经20多年来前所未有的理论和实践两方面的迅速发展,景观生态学已经成为世界范围内确立的一门主流学科;另一方面,从"景观生态学"一词最初引入到现在已近70年,人们对景观生态学概念的理解仍然不尽相同,甚至有时是迥然不同(Wu和Hobbs,2007a)。

景观(landscape)的定义有多种表述,但大都是反映内陆地形、地貌或景色的(诸如草原、森林、山脉及湖泊等),或是反映某一地理区域的综合地形特征(图1.1)。在生态学中,景观的定义可概括为狭义和广义两种。狭义景观是指在几十千米至几百千米范围内,由不同类型生态系统所组成的、具有重复性格局的异质性地理单元(如Forman和Godron,1986;Forman,1995)。而反映气候、地理、生物、经济、社会和文化综合特征的景观复合体相应地称为区域(region;见Forman,1995)。狭义景观和区域即人们通常所指的宏观景观;广义景观则包括出现在从微观到宏观不同尺度上的,具有异质性或斑块性的空间单元(Wiens和Milne,1989;Wu和Levin,1994;Pickett和Cadenasso,1995)。广义景观概念强调空间异质性,景观的绝对空间尺度随研究对象、方法和目的而变化(图1.2)。它体现了生态学系统中多尺度和等级结构的特征,有助于多学科、多途径研究。因此,这一概念越来越广泛地为生态学家所关注和采用。

景观生态学(landscape ecology)强调空间格局,生态学过程与尺度之间的相互作用,同时将人类活动与生态系统结构和功能相整合也是景观生态学的重要学科特点和研究优势(Risser等,

图 1.1　常见的宏观景观举例

景观的定义有多种表述,常指这些人们通常所熟悉的宏观景观。A. 桂林山水景观;B. 位于美国亚利桑那州的大峡谷景观;C. 美国威斯康辛大学 Curtis 草地景观;D. 内蒙古草原景观;E. 北美的 Sonoran 荒漠景观;F. 亚洲温带荒漠景观一角

1984;Pickett 和 Cadenasso,1995;Wu 和 Hobbs,2007a,b)。经过最近 20 多年来的发展,人们对景观生态学的认识似乎有趋同的倾向,但有时也不乏少数固执己见者(见 Wu,2006a)。总而言之,无论在欧洲还是在北美,空间异质性被广泛地认为是景观生态学的核心问题。这里所言的空间异质性既包括物理和生物的,也包括社会经济和人文方面的空间格局。大多数的景观生态学家将景观视为具有空间异质性的区域,其空间幅度因研究的生态学现象而

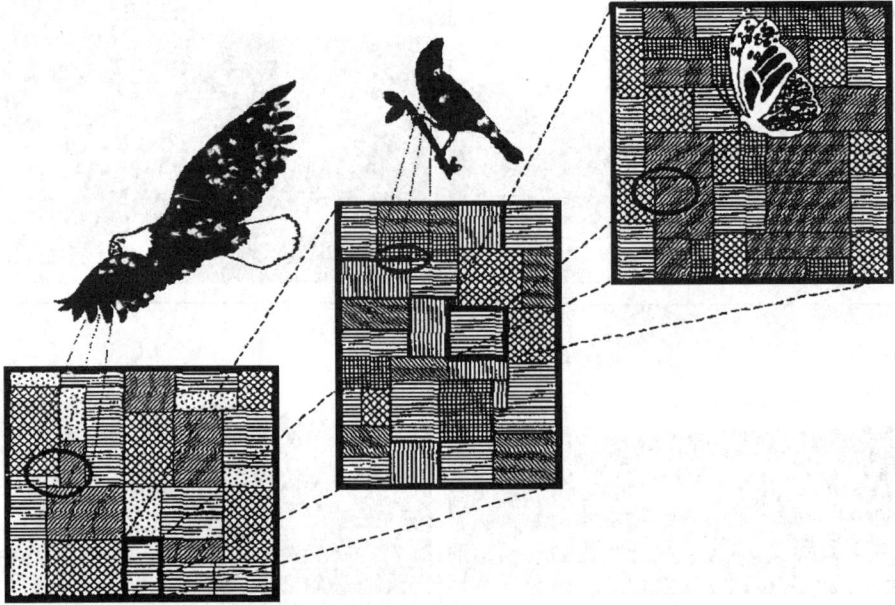

图 1.2 广义景观的相对尺度和等级特征

广义景观是根据所研究的具体物种或生态学现象来定义的。如图所示,不
同物种对空间异质性的感观尺度不同,因此研究蝴蝶种群的景观往往要比
研究鹰类种群的景观小得多(引自 McGarigal 和 Marks,1995)

异。如前所述,在这种情形下,景观的本质不是它的绝对空间尺
度,而是它与特定研究问题相关的空间异质性。这种"景观思想"
对水生环境也适用(Steele,1989;Turner 等,2001;Poole,2002;
Wiens,2002)。关于景观的这种多尺度或等级概念更有利于学科
的发展,因为它与真实景观中格局和过程的多尺度性相一致,而且
便于将小、中、大尺度上的各种理论和方法相结合共同为发展景观
生态学做贡献。

在目前最流行的英文教科书之一中,Turner 等(2001)将景观
生态学定义为,研究空间格局和生态过程相互关系,或不同尺度上
空间异质性的原因和后果的生态学分支学科(另见 Turner,2005)。
这一定义充分体现了北美景观生态学的核心所在,却没有明确地
反映欧洲景观生态学的传统和卓越之处。因此,不少欧洲学者对
该定义不甚满意。在综合众家之说的基础上,Wu 和 Hobbs
(2006a)把景观生态学定义为是研究和改善空间格局与生态和社
会经济过程相互关系的整合性交叉科学(又见 Wu,2006)。这一

新的定义旨在将欧美学派的主流思想和途径统一起来。

1.1.2 景观生态学发展历史

历史是过去,历史是现在,历史是将来。世人须知史而智,学者更是知史而聪、知史而尊。对于像生态学这样的具有历史学特征的学科而言,足够地了解学科的发展历史更是求真务实,为学有道的必由之路。

景观生态学起源于中欧和东欧,其发展历史可追溯到 20 世纪 30 年代。德国区域地理学家 Troll 于 1939 年创造了"景观生态学"一词(Landschaftsökologie)。基于欧洲区域地理学和植被科学研究的传统,Troll 将景观生态学定义为研究某一景观中生物群落之间错综复杂的因果反馈关系的学科。当时,Troll 的主要目的是将航空照片所反映的空间景观格局和 Arthur Tansley(1935)刚在 4 年前提出的"生态系统"的新概念整合到一起,从而更好地研究大尺度上格局和过程的关系。也就是说,通过景观生态学的概念,Troll 把地理学中盛行的水平 - 结构途径(horizontal - structural approach)与生态学中占主导地位的垂直 - 功能途径(vertical - functional approach)结合在一起了,从而既满足地理学家对土地单元生态知识的了解,又满足生态学家将研究结果从局部推广到区域的需求(Troll,1971;Wu,2006;Wu 和 Hobbs,2007a)。例如,在地面研究中获得的局部信息可"借助于航空照片上获得的有关生态系统空间分布的知识在区域上推广"(Troll,1971)。

因此,景观生态学从一开始起就明确地与生态系统生态学紧密地联系在一起。Troll 在 1968 年将景观生态学正式定义为"研究一个给定景观区段中生物群落和其环境间的复杂因果关系的科学。这些关系在区域分布上有一定的空间格局(景观镶嵌体、景观格局),在自然地理分布上具有等级结构"(Troll,1968,1971)。尽管从语义上似乎难以看出上述定义与生态系统生态学定义的差别,但 Troll 对"复杂因果关系"的解释明确了景观生态学与生态系统生态学的 3 个差别:① 更广阔的空间尺度,② 强调空间格局,③ 同时考虑局地和区域尺度。值得注意的是,Tansley(1935)对生态系统的最初定义包含了人类影响,Troll(1939)的景观概念也明确地包括了自然和人文两种组分。就像当时其他持整体论(holism)观点的欧洲地理学家一样,Troll 将景观视为一种格式塔(Gestalt,德文),即整体大于部分之和的整合系统。而这些原始定义中的"人文"因素往往被不少现代生态学家所忽视。

在 Troll 创建景观生态学这一领域前后，苏联生态学家发展了生物地理群落学（biogeocoenology），其内容与早期的景观生态学相似（Troll，1971），但并未为日后的景观生态学家所重视。到了 20 世纪 70 年代，欧洲的景观生态学得以迅速发展。荷兰生态学家 Zonneveld 和以色列生态学家 Naveh 的一系列文章和著作（Zonneveld，1979，1990，1995；Naveh，1982，1987，1991；Naveh 和 Lieberman，1984，1994），颇具代表性地将欧洲景观生态学的起源、背景、历史及主要论点作了系统的总结和发展。Zonneveld（1979）将景观生态学视为土地评估和规划应用科学的一部分，进一步强调了景观是地理和人文的综合体，并认为景观生态学不是生物科学的一部分，而是地理学的一个分支。他指出："景观生态学是地理学研究的一个方面，它注重于由相关作用单元组成的某一地域的整体性"。

Naveh 将景观整体论思想进一步发扬光大，并加以系统化。在《景观生态学：理论与实践》（*Landscape Ecology：Theory and Application*）一书中，Naveh 和 Lieberman（1984）提出，"景观生态学是基于系统论、控制论和生态系统学（ecosystemology）之上的跨学科的生态地理科学，是整体人类生态系统科学（total human ecosystem science）的一个分支"。Naveh（1991）进一步阐述说，景观是包括自然、建筑、经济、文化等因素的总空间和功能实体，而景观生态学需要将地圈（geosphere）、生物圈（biosphere）和技术圈（technosphere）的组分和过程加以整合。这就是所谓"整体论景观生态学"（holistic landscape ecology）的核心所在（Naveh，2000）。从历史发展的角度来看，欧洲景观生态学的一个重要特点显然是强调整体论和生物控制论（biocybernetics）观点，并以人类活动频繁的景观系统为主要研究对象。

因此，一般说来，从 20 世纪 30 年代开始，欧洲的大部分景观生态学研究，诸如景观制图、评估、保护、规划、设计和管理都更多地反映了人文性和整体论的观点（如，Zonneveld，1979；Naveh 和 Lieberman，1984；Schreiber，1990；Bastian 和 Steinhardt，2002）。但值得指出的是，受地理环境、社会经济环境以及学术和文化传统影响，欧洲的景观生态学研究确实因研究重点和方法论的差异而有所不同，其范围包括精细的人口聚居区制图、系统的土地评估、景观整体论方面的研究。

景观生态学是在 20 世纪 80 年代早期才引入北美的（Forman，

1981；Risser 等,1984；Forman 和 Godron,1986）。这一严重滞后现象,一方面说明了北美生态学家与欧洲（尤其是非英语国家）生态学家缺乏应有的沟通与交流;另一方面也反映了大西洋两岸自然地理、生态特征、历史文化以及生态学研究理论和方法上的差异。1981 年,荷兰景观生态学会在该国的 Veldhoven 举办了国际景观生态学会议,届时美国只有 5 位与会者。1982 年,国际景观生态学协会（International Association for Landscape Ecology,简称 IALE）在捷克斯洛伐克召开的一次国际景观生态学研讨会上正式成立。在从 1981 到 1983 年间,Forman 通过一系列文章介绍了欧洲景观生态学的一些概念,并强调景观生态学与其他生态学科不同,它是着重于研究较大尺度上不同生态系统的空间格局和相互关系的学科,提出了"斑块 – 廊道 – 基底"（patch – corridor – matrix）模式（见 Forman,1981,1983；Forman 和 Godron,1981）。与此同时,Burgess 和 Sharpe（1981）合编的《人类主导的景观中的森林岛动态》（*Forest Island Dynamics in Man-dominated Landscape*）一书突出了岛屿生物地理学理论在研究景观镶嵌体中的作用,可称为北美最早的景观生态学专著。

　　1983 年在北美伊利诺伊州的 Allerton 公园召开的景观生态学研讨会,是北美景观生态学发展过程中最重要的里程碑之一。参加 Allerton 研讨会的 25 人中,有 23 位是来自美国各地的生态学家,其中为数不少是景观生态学发展的开拓者和带头人。这次会议出版的综论（Risser 等,1984）就当时景观生态学发展现状和存在的问题进行了分析,而且对景观生态学的研究内容和方法作了较为系统的阐述。Allerton 研讨会综论将景观生态学定义为研究空间异质性的发展、管理和生态学后果的科学,或研究"各种尺度上的空间格局和生态过程间的关系"的科学（Risser 等,1984）。该综论进一步阐述了景观生态学中的"4 个代表性问题"：① 景观异质性与生物体、物质和能量流之间是如何相互作用的? ② 什么样的历史和现实过程塑造了现时的景观格局? ③ 景观异质性如何影响干扰（例如,虫害、疾病、火灾）的扩散? ④ 如何利用景观途径来促进自然资源管理? 北美景观生态学的这些早期思想明显受到了岛屿生物地理学理论和斑块动态理论的影响（有关这些理论,详见第 3 章和第 4 章）。Risser 等（1984）指出,景观生态学缺乏一个系统的理论基础,作为一门综合性交叉学科,其理论构架的建立必须及时吸收新的概念、思想和方法（Risser 等,1984）。这篇综论称得上是美国生态学界对景观生态学发展的共识,进而成为北美景观生态学的"纲领性文件",对后来这一学科发展的方向和进程起到了重要的指导作用。

1986 年,美国景观生态学会正式成立。同年,Forman 和 Godron(1986)出版了与 Naveh 和 Lieberman(1984)在内容和风格上颇有不同的《景观生态学》(*Landscape Ecology*)专著。在这一奠基之作中,Forman 和 Godron(1986)将景观定义为"由反复出现并形成某种规律性空间格局的多个生态系统所组成的、方圆几十至几百平方千米的地理单元"。景观生态学则是"研究景观的结构、功能和变化的科学"。具体而言,景观结构指"不同生态系统间的空间关系",景观功能指"生态系统间的能量、物质和物种流",景观变化指"生态系统镶嵌体的结构和功能随时间的变化"(Forman 和 Godron,1986;Forman,1995)。值得一提的是,尽管 Forman 在其两本著作中对景观和景观生态学的定义是相同的,但 Forman(1995)从内容上还是反映了景观和景观生态学的多尺度研究特点。与 Troll 的原始定义相比,Forman 和 Godron(1986)的景观生态学定义显然是突出了将景观空间格局和生态学过程整合到一起的一面,而忽视了将社会、经济、文化诸因素综合为景观一体的整体论的一面。然而,Forman 和 Godron(1981,1986)发展的斑块 – 廊道 – 基底模式为研究景观空间格局和过程提供了一个系统的概念构架,对景观生态学在北美以至全球的迅速发展起到了重要作用。

与欧洲景观生态学的核心问题有所不同,北美景观生态学明确地以空间异质性为中心,这与 Watt(1947)的"格局 – 过程"学说和后来由此发展起来的"斑块动态"理论有着密切的概念上的联系(Risser 等,1984;另见 Wu 和 Loucks,1995;邬建国,1996;Turner 等,2001)。这也是为什么在过去的 20 多年中,景观生态学在很大程度上引起了整个生态学科及其他学科,如地球学科,甚至一些社会科学领域对空间异质性的产生和影响的广泛重视。事实上,北美景观生态学的迅速兴起,促进了一系列新概念和新理论、空间格局分析方法、遥感和地理信息系统技术手段以及动态模拟途径在景观生态学中的广泛应用,不但为该学科增添了新内容和新特点,同时也为其不断发展奠定了基础。到 20 世纪 80 年代中期,国际景观生态学已经进入了一个崭新的日新月异的发展时期。

1987 年,景观生态学的旗舰刊物——《景观生态学报》(*Landscape Ecology*)正式创刊。主编为 Frank Golley,第一届编委包括 R. Forman,M. Godron,W. Haber,S. Levin,G. Merriam,Z. Naveh,P. Risser,H. Shugart 和 I. S. Zonneveld 等在内的近 20 位世界著

名生态学家。这一专业刊物的出版是景观生态学正式立足于诸学科之林的重要标志之一。从该学报每卷所发表论文总量的变化趋势可以推测,景观生态学在近 20 年的发展真可谓突飞猛进(见图 1.3 和表 1.1)。

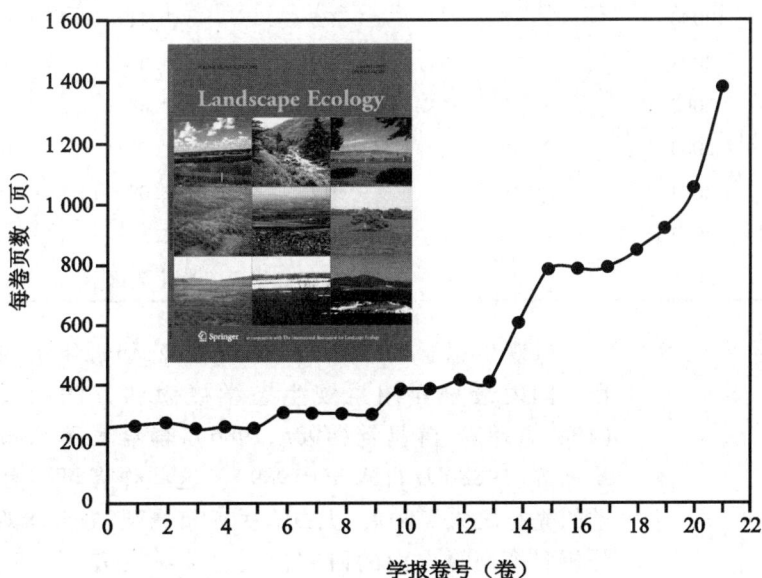

图 1.3 《景观生态学报》从 1987 年创刊以来每卷印刷页数的增加趋势

表 1.1 《景观生态学报》从 1987 年创刊到 2006 年间的运作情况

出版年份	学报卷号	每卷页数	影响因子	主　编
1987/1988	1	254	无数据	Frank Golley
1988/1989	2	270	无数据	Frank Golley
1989	3	252	无数据	Frank Golley
1990	4	258	无数据	Frank Golley
1990/1991	5	253	无数据	Frank Golley
1991/1992	6	303	无数据	Frank Golley
1992	7	302	无数据	Frank Golley
1993	8	301	无数据	Frank Golley
1994	9	300	无数据	Frank Golley
1995	10	379	无数据	Frank Golley
1996	11	381	无数据	Frank Golley
1997	12	411	无数据	Robert Gardner

出版年份	学报卷号	每卷页数	影响因子	主　编
1998	13	402	0.746	Robert Gardner
1999	14	598	1.40	Robert Gardner
2000	15	775	1.41	David Mladenoff
2001	16	779	1.86	David Mladenoff
2002	17	782	1.68	David Mladenoff
2003	18	842	1.08	David Mladenoff
2004	19	912	2.09	David Mladenoff
2005	20	1 046	2.17	Jianguo(Jingle)Wu
2006	21	1 378	尚无数据	Jianguo(Jingle)Wu

　　景观生态学在中国虽然起步较晚,但近年来的发展颇引人注目。国内最早介绍景观生态学概念和方法的文章有:傅伯杰(1983,1985),陈昌笃(1985,1986),李哈滨和Franklin(1988),肖笃宁等(1988)及肖笃宁(1989)。这些作者可称是中国景观生态学的先行之人。随后,大量有关城市景观、农业景观以及景观格局分析和模型等方面的研究论文也陆续发表(如,肖笃宁等,1990;傅伯杰,1995;高琼等,1996)。自20世纪90年代以来,有关景观生态学方面的中文书籍真如雨后春笋,层出不穷(如,徐化成,1996;肖笃宁,1999;傅伯杰等,2001;赵羿和李月辉,2001;肖笃宁等,2003;赵羿等,2003)。景观生态学方面的中文书籍大多是诸多作者的编著之作、会议论文集或是基于翻译外文文献的著作。这些书籍为国内生态学界的学生和研究人员提供了丰富的读物(尤其是在应用方面),无疑对中国景观生态学的迅速发展起到了积极的推动作用。然而,从总体上来讲,我国景观生态学尚缺乏系统的、跨尺度和多尺度的理论和实际研究。

1.1.3　关于景观生态学中欧洲和北美学派之说

　　从上可见,景观生态学在欧洲和北美的起源和发展上均有显著不同。事实上,欧洲和北美学派之说已有20多年之久,似乎已成定论。20世纪80年代中期出版的两本景观生态学专著,即Naveh和Liberman(1984)和Forman和Godron(1986),都颇有影响,但在概念构架上却迥然不同。这可能是人们常作为欧美学派之分的例证之一。图1.4反映了欧洲和北美景观生态学的起源、发展和学科特点,以及两者的相互关系。一般而言,欧洲学派更具有人文性(humanistic)和整体论(holistic)的特点,而北美学派更注重于以生物为中心的生态学内容和以还原论(reductionism)为基础的方法论。

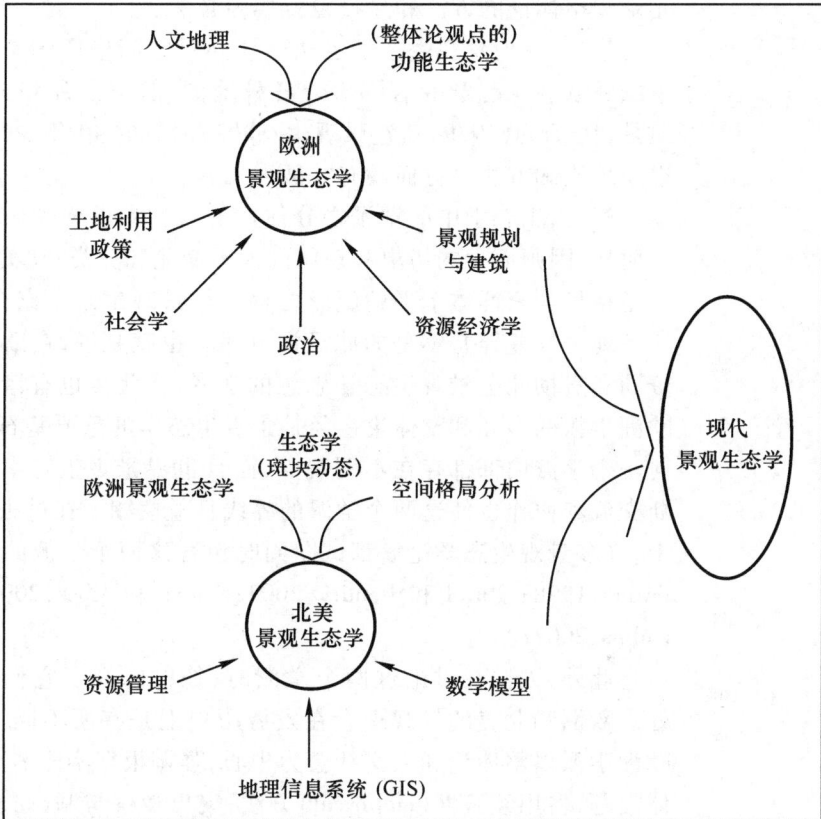

图 1.4　欧洲和北美景观生态学发展特点及关系(根据 Wiens,1997 改绘)

　　然而,把景观生态学简单地分为欧洲和北美两个学派,虽然在一定程度上反映了该学科的发展历史,亦便于教学,但我们必须要充分地认识到这种二分法的不足之处,以避免误解。

　　首先,北美景观生态学从一开始就意识到了人类对景观的作用和影响。但因其研究的核心主要集中在生物生态学系统(种群、群落、生态系统,或其片断与镶嵌体),人类活动往往只作为创造和影响空间异质性的因素之一(Risser 等,1984;Pickett 和 Cadenasso,1995;Turner 等,2001)。而且,自 1995 年以来,城市和景观设计与规划在北美景观生态学中的地位也愈来愈突出(例如,

Nassauer,1997；Ahern,1999）。而欧洲景观生态学一直强调人与地的空间配置和相互作用,往往把人类活动频繁,影响深刻的城市和社区作为研究的主要对象。在这种情形中,人类和其活动不只是影响景观结构和功能的因素之一,而是主体。那么,强调基于多元论和整体论的方法和途径也就成为必然。

第二,欧洲景观生态学也从未放弃对空间格局的重视。每一本欧洲景观生态学专著都不乏各种地图、航空照片和卫星影像。但是,在 Troll(1939)铸造景观生态学一词后的 40 年中,该学科在空间理论和方法论方面没有突破性发展。

第三,生态学中的学派之分往往是对学术思想和研究方法因地而异,因师而异的历史和现状的人为简化和分类;欧美学派之分只是在科学家群体水平的泛泛之谈。就景观生态学家个人而言,这种地区性差异并不是如此泾渭分明。也就是说,在欧洲有许多赞同和贯彻北美景观生态学思想的学者,在北美也有诸多学者视欧洲学派的多元和整体论途径是景观生态学的重要基石之一。任何一个学派内部都存在不同观点,而且世界景观生态学家间的不断交流和协作也使这两个学派的界线日益模糊。在过去的十多年中,许多景观生态学论著都试图同时包容这两个学派的内容(如,Farina,1998；Burel 和 Baudry,2003；Wiens 和 Moss,2005；Wu 和 Hobbs,2007b)。

此外,人们在讨论这两个学派时,往往忽视了它们的共同之处。欧洲和北美的景观理念在发展历史上是有所不同。一方面,欧洲学派以整体论和人文社会为中心,强调根据实际需要,解决具体问题,多用经验性(empirical)方法,突出考察与制图技术。这种"以人为本"的思想在 Troll 的早期著作中也有体现。另一方面,北美学派似乎更突出还原论观点,多以生物生态学为中心,强调基本科学问题,广用定量方法(尤其是空间格局分析和建模技术)。Wu 和 Hobbs(2007a)认为,欧洲和北美景观生态学学派都可追溯到 Carl Troll 对景观生态学的原始定义(1939,1968,1971)。北美学派在空间格局和生态过程相互关系这一问题上的主体思想不仅与 Troll 的原始观点相一致,也是对 Carl Troll 所提议的将地理学空间途径与生态学功能途径相整合的理念的发扬光大。如果说 Troll 在 20 世纪 30 年代为航空照片上浮现出的景观格局而大受激发,那么,当代的景观生态学家则因发达的遥感技术和地理信息系统而如虎添翼。

1.2 景观生态学的研究范畴

1.2.1 景观生态学研究的对象和内容

景观生态学的研究对象和内容可概括为 3 个基本方面（图 1.5）。

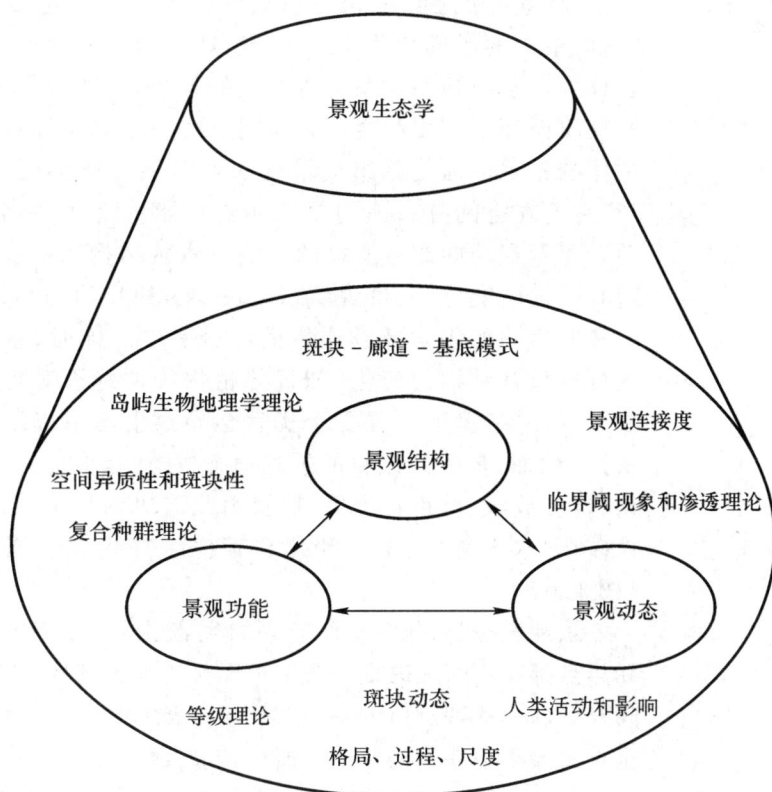

图 1.5 景观生态学研究的主要对象、内容及一些基本概念和理论

（1）景观结构：即景观组成单元的类型、多样性及其空间关系。例如，景观中不同生态系统（或土地利用类型）的面积、形状和丰富度，它们的空间格局以及能量、物质和生物体的空间分布

等,均属于景观结构特征。

（2）景观功能:即景观结构与生态学过程的相互作用,或景观结构单元之间的相互作用。这些作用主要体现在能量、物质和生物有机体在景观镶嵌体中的运动过程中。

（3）景观动态:即指景观在结构和功能方面随时间的变化。具体地讲,景观动态包括景观结构单元的组成成分、多样性、形状和空间格局的变化,以及由此导致的能量、物质和生物在分布与运动方面的差异。

景观的结构、功能和动态是相互依赖、相互作用的（图1.5）。无论在哪一个生态学组织层次上（如种群、群落、生态系统或景观）,结构与功能都是相辅相成的。结构在一定程度上决定功能,而结构的形成和发展又受到功能的影响。比如,一个由不同森林生态系统和湿地系统所组成的景观,在物种组成、生产力以及物质循环诸方面都会显著不同于另一个以草原群落和农田为主体的景观。即使是组成景观的生态系统类型相同,数量也相当,它们在空间分布上的差别亦会对能量流动、养分循环、种群动态等景观功能产生明显的影响。景观结构和功能都必然地要随时间发生变化,而景观动态反映了多种自然的和人为的、生物的和非生物的因素及其作用的综合影响。同时,景观功能的改变可导致其结构的变化（如优势植物种群绝灭对生境结构会造成影响,养分循环过程受干扰后会导致生态系统结构方面的改变）。然而,最引人注目的景观动态,往往是像森林砍伐、农田开垦、过度放牧、城市扩展等,以及由此造成的生物多样性减少、植被破坏、水土流失、土地沙化和其他生态景观功能方面的破坏（图1.6）。

景观生态学,作为一门新兴的生态学学科,其研究内容、方法和热点都在不断地改变。图1.7反映了本学科从1987到1995年间发展的一些特点（Hobbs,1997）。一般而言,景观生态学研究的重点主要集中在下列几个方面:

（1）空间异质性或格局的形成和动态及其与生态学过程的相互作用;

（2）格局-过程-尺度之间的相互关系;

（3）景观的等级结构和功能特征以及尺度推绎问题;

（4）人类活动与景观结构、功能的相互关系;

（5）景观异质性（或多样性）的维持和管理。

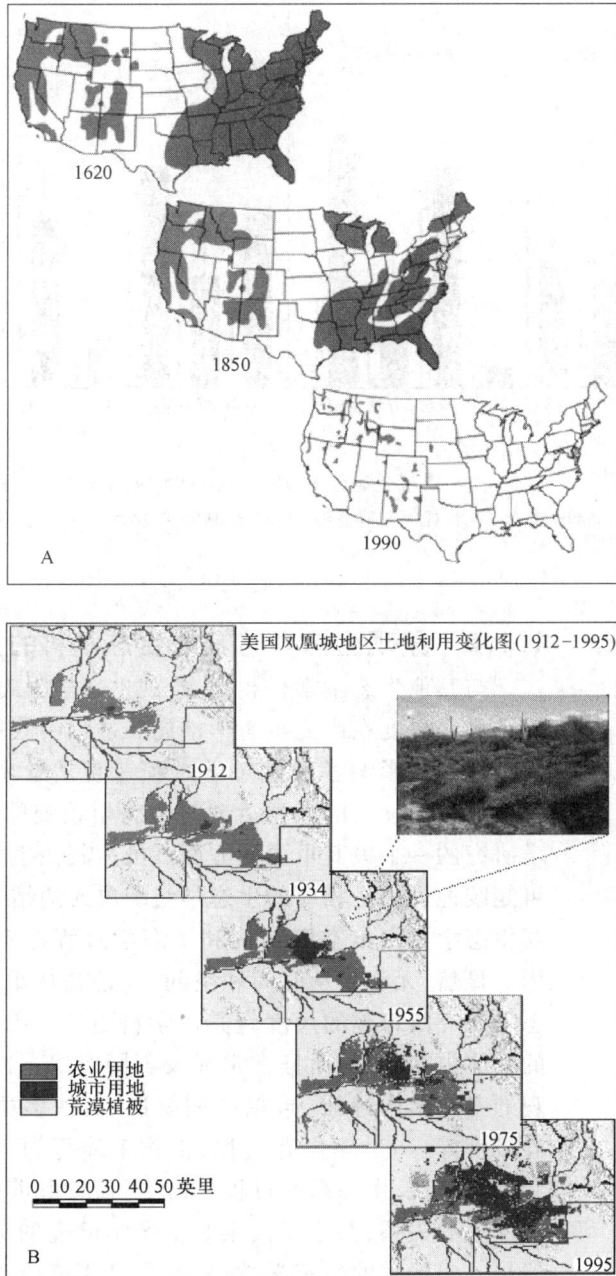

美国凤凰城地区土地利用变化图(1912-1995)

农业用地
城市用地
荒漠植被

0 10 20 30 40 50英里

图 1.6　人为活动所造成的景观变化的一些例子

最引人注目的景观变化包括森林砍伐、农田开垦、过度放牧、城市扩展等。A. 美国本土的原始森林由于人为活动从 1620 到 1990 年间锐减的情形(引自 Kaufman 和 Franz，1996)；B. 美国亚利桑那州凤凰城地区从 1912 年到 1995 年城市扩张的情形

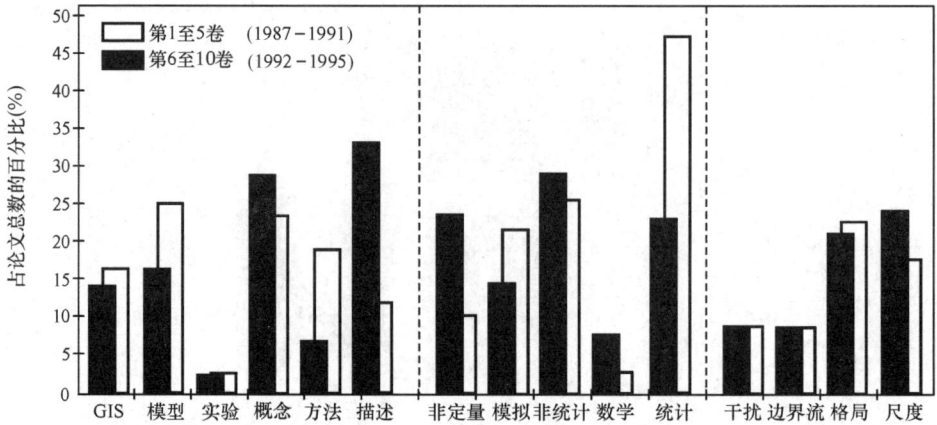

图 1.7　景观生态学从 1987 到 1995 年间发展的一些特点

统计数据来自《景观生态学报》从 1987 至 1995 年发表的论文（根据 Hobbs,1997）

1.2.2　景观生态学与其他生态学科的关系

与其他生态学学科相比,景观生态学明确强调空间异质性、等级结构和尺度在研究生态学格局和过程中的重要性。空间格局及其变化如何影响各种生态学过程一直是景观生态学中的中心问题。而大尺度上的人类活动对生态学系统的影响,也是景观生态学研究的一个极其重要的方面。虽然其他生态学科的研究内容也可笼统地说成是相应的生态学组织单元的结构、功能和动态,但景观生态学更突出空间结构和生态学过程在多个尺度上的相互作用。显然,无论是从时间和空间上,还是从组织水平上看,景观生态学研究所跨越的尺度较其他学科更广。因此,景观生态学研究的具体内容广泛,而且常常涉及不同组织层次的格局和过程。景观的空间结构特征(包括空间梯度、斑块多样性、斑块格局、斑块连接度等)与生理生态过程、生物个体行为、种群动态、群落结构和动态,以及生态系统过程(如能量流动和养分循环)在不同时空尺度上的关系,都是现代景观生态学研究的范畴。景观生态学不但是一门新兴的生态学学科,而且已逐渐成为生态学中一个新的概念构架(李哈滨和 Franklin,1988;Pickett 和 Cadenasso,1995;Wu 和 Hobbs,2007a)。近年来,空间格局、过程、尺度、等级和斑块动态观点在生态学各个领域中得以广泛应用(Wu 和 Loucks,1995;Peterson 和 Parker,1998;Turner 等,2001;Wu 等,2006)。

从以上几节的论述可以看出,景观生态学是一门新兴的、正在深入开拓和迅速发展中的综合性学科。因此,不但欧洲的和北美的景观生态学观点有显著不同,就是在北美景观生态学短暂的历史发展进程中,也逐渐形成了不同的理论和方法。景观结构、功能和动态关系密切,人类活动与生态学过程的相互作用亦日趋重要。自 20 世纪 80 年代以来,有关空间异质性、格局、过程、尺度和等级的概念和理论不断涌现,并逐渐形成了现代景观生态学理论的主体构架,同时可持续科学(sustainability science)的理念在景观生态学中的体现日益增强(见图 1.5)。本书的第一章主要是介绍这些重要概念与理论,并重点突出景观生态学的新发展。

1.3　格局、过程、尺度

景观生态学中的格局(pattern)是指空间格局,广义地讲,它包括景观组成单元的类型、数目以及空间分布与配置。例如,不同类型的斑块可在空间上呈随机型、均匀型或聚集型分布。景观结构的斑块特征、空间相关程度以及详细格局特征可通过一系列数量方法进行研究。与格局不同,过程强调事件或现象的发生、发展的动态特征。景观生态学常常涉及多种生态学过程,其中包括:种群动态、种子或生物体的传播、捕食者-猎物相互作用、群落演替、干扰传播、物质循环、能量流动等等。

广义地讲,尺度(scale)是指在研究某一物体或现象时所采用的空间或时间单位,同时又可指某一现象或过程在空间和时间上所涉及的范围和发生的频率。前者是从研究者的角度来定义尺度,而后者则是根据所研究的过程或现象的特征来定义尺度。尺度可分为空间尺度和时间尺度。此外,组织尺度(organizational scale)是指在由生态学组织层次(如个体、种群、群落、生态系统和景观等)组成的等级系统中的相对位置(如种群尺度、景观尺度等)。在景观生态学中,尺度往往以粒度(grain)和幅度(extent)来表达(见图 1.8)。空间粒度指景观中最小可辨识单元所代表的特征长度、面积或体积(如样方、像元);时间粒度指某一现象或事件发生的(或取样的)频率或时间间隔。例如,对于空间数据或影像资料而言,其粒度对应于像元大小,与分辨率有直接关系。野外测量生物量的取样时间间隔或某一干扰事件发生的频率,则是时间

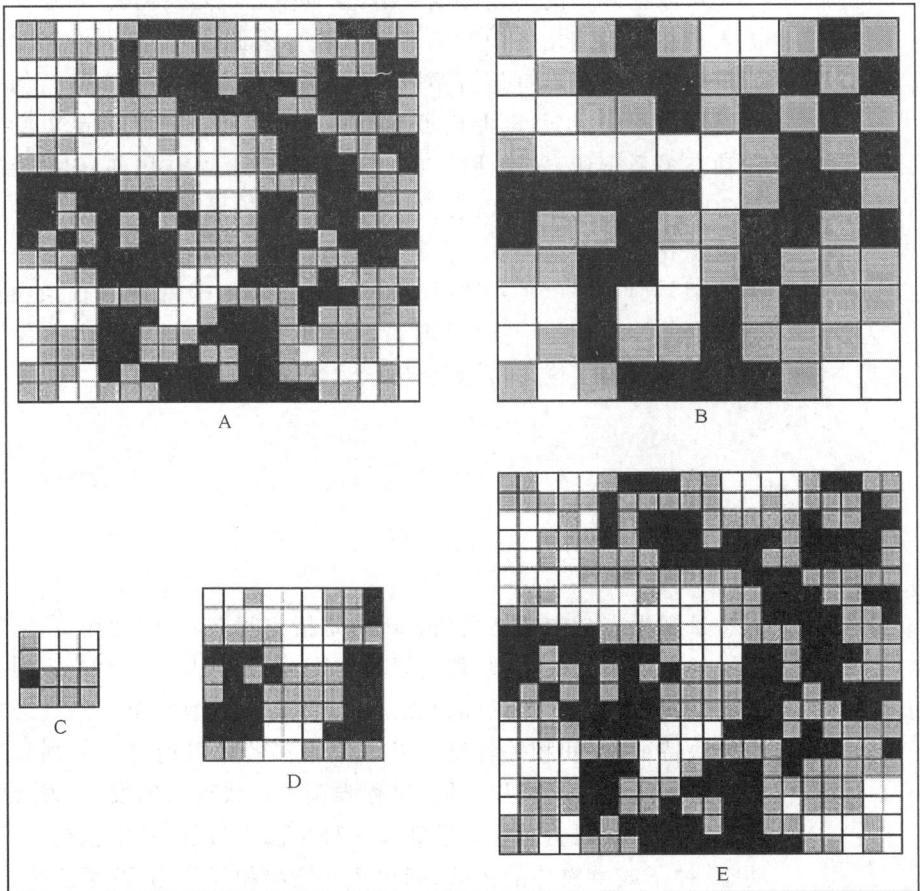

图 1.8　空间粒度和空间幅度

空间粒度指其中最小可辨识单元的面积(即图中的栅格细胞),而空间幅度
是指研究区域的空间范围(图中栅格网的大小)。因此,A,C,D 和 E 具有同
样的空间粒度,而 A,B 和 E 则具有同样的空间幅度。图中不同色调的栅格
细胞可认为是不同的土地利用类型、植被类型或生物量等

　　粒度的例子。幅度是指研究对象在空间或时间上的持续范围或长
度。具体地说,所研究区域的总面积决定该研究的空间幅度;而研
究项目持续多久,则确定其时间幅度。由此可见,在讨论尺度问题
时,有必要将粒度和幅度加以区分。一般而言,从个体、种群、群
落、生态系统、景观到全球生态学,粒度和幅度呈逐渐增加趋势。
这意味着,组织层次高的研究(如景观和全球生态学)往往是,但
不绝对是(也不应该总是)在较大的空间范围和长时期内进行的。
而这些大幅度研究的分辨率往往较低,即局部范围和短时间内变

化的信息往往被忽略。

　　尺度在景观生态学中的定义显然不同于地理学或地图学中的比例尺(尽管尺度和比例尺的英文均为 scale)。在生态学中,大尺度(或粗尺度,coarse scale)是指大空间范围或时间幅度,往往对应于小比例尺、低分辨率;而小尺度(或细尺度,fine scale)则常指小空间范围或短时间,往往对应于大比例尺、高分辨率。

　　与尺度有关的另一个重要概念是尺度推绎(scaling)。尺度推绎是指把某一尺度上所获得的信息和知识扩展到其他尺度上,或者通过在多尺度上的研究而探讨生态学结构和功能跨尺度特征的过程;简言之,尺度推绎即为跨尺度信息转换(Ehleringer 和 Field,1993;van Gardingen 等,1997;Wu,1999)。尺度推绎包括尺度上推(scaling up)和尺度下推(scaling down)。尺度推绎往往需用数学模型和计算机模拟作为其重要工具。有关尺度推绎的具体方法,还将在本书后面章节中作进一步的讨论。另外,最近出版的 *Scaling and Uncertainty Analysis in Ecology：Methods and Applications* 一书(Wu 等,2006)系统地阐述了有关尺度和尺度推绎的概念、方法以及应用。

1.4　空间异质性和斑块性

　　空间异质性(spatial heterogeneity)是指某种生态学变量在空间分布上的不均匀性及复杂程度。这一名词在生态学领域应用广泛,其含义和用法亦有多种(见 Kolasa 和 Pickett,1991)。空间异质性是空间斑块性(patchness)和空间梯度(gradient)的综合反映。斑块性强调斑块的种类组成特征及其空间分布与配置关系,比异质性在概念上更为具体化一些(见邬建国等,1992;Pickett 和 White,1985;Wu 和 Loucks,1995;Reynolds 和 Wu,1999)。而梯度则指沿某一方向景观特征有规律地逐渐变化的空间特征(例如,在大尺度上的海拔梯度,或小尺度上的斑块边缘－核心区梯度)。Li 和 Reynolds(1995)认为,异质性可根据两个组分来定义:所研究的景观的系统特征及其复杂性和变异性。系统特征可以是具有生态学意义的任何变量(如植物生物量、土壤养分、温度等)。那么,异质性就是系统特征在时间和空间上的复杂性和变异性。

　　空间异质性依赖于尺度(粒度和幅度),粒度和幅度对空间异

质性的测量和理解有着重要的影响(图1.9)。空间异质性的确定
还与数据类型有关。景观中不同的斑块类型可能有各不相同的变
异性和复杂性。对于点格局数据,空间异质性可以根据点的密度
和最近邻体距离的变异性来测定。对于类型图(如土地利用图、
植被图),空间异质性可以根据其斑块组成和配置的复杂性来测
定(图1.8)。斑块组成包括斑块类型的数目和比例,而配置则包
括斑块的空间排列、斑块形状、相邻斑块之间对比度、相同类型斑
块之间的连接度、各向异性特征(anisotropy,即不同方向上的异质
性也不同的现象)。对于数值图(如生物量分布图、水分或养分含
量图),空间异质性可以根据其变化趋势、自相关程度、各向异性
特征来描述。

空间格局、异质性和斑块性是相互联系,但又略有区别的一组
概念。它们最重要的共同点就是强调景观特征在空间上的非均匀
性及其对尺度的依赖性(见图1.9)。空间异质性是自然界最普遍
的特征,也是景观生态学研究的核心所在。非生物的环境异质性
(如地形、地质、水文及土壤等方面的空间变异)以及各种干扰是
景观异质性产生的主要原因。有关景观斑块性原因、机制以及数

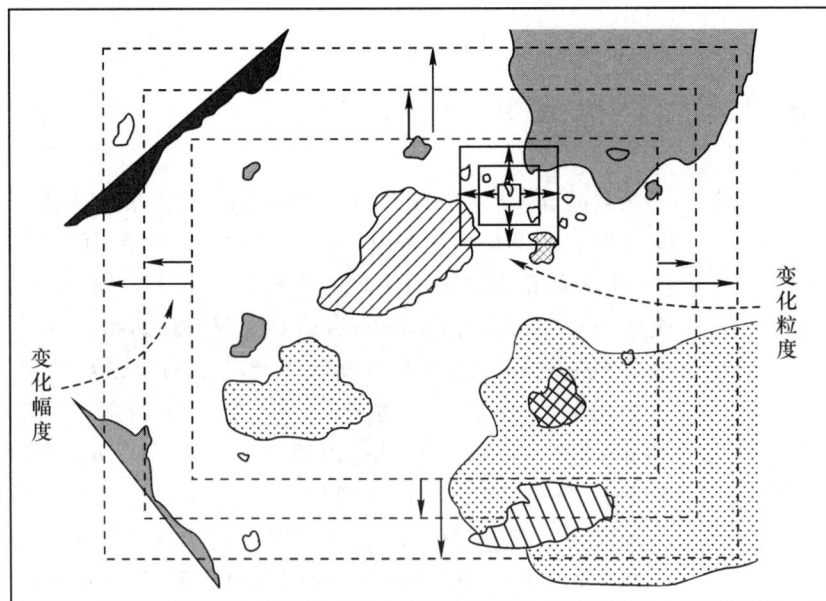

图1.9　空间异质性、斑块性、空间格局及它们对尺度(粒度和幅度)的依赖性
当景观幅度(整个研究区域,图中虚线框)和粒度(样方或取样面积,图中实线框)
改变时,生态学家所观察到的空间异质性也随之变化(根据 Wiens,1989 重绘)

量分析将在后面有关章节详细阐述。

1.5 干扰

在生态学中,干扰是指发生在一定地理位置上,对生态系统结构造成直接损伤的、非连续性的物理作用或事件(Pickett 和 White,1985；Pickett,Wu 和 Cadenasso,1999)。当然,在对生态系统结构造成直接破坏的同时,干扰亦可直接影响生态系统的功能。然而,生态学干扰在概念上不同于胁迫(stress)。胁迫概念源于生理学,指不利环境条件对生物体新陈代谢或其他生理过程的直接影响。因此,生态学胁迫通常是指生态系统在结构未受到直接损伤时,其功能被影响的情形。因此,干扰直接改变生态学系统结构,而胁迫则直接改变生态学系统的功能。改变了的结构会影响系统功能,而受到胁迫的功能亦可能会影响到系统结构(Pickett, Wu 和 Cadenasso,1999)。所以,胁迫与干扰既有所区别,又有所联系。生态学干扰由 3 个方面构成:系统、事件和尺度域(见图 1.10)。系统具有一定的尺度域,而干扰事件来自于系统外部,并发生在一定尺度上。例如,受干扰种群可能在其内部出现种群密度小于周围种群密度的情况;河床受到剥蚀或河岸坍塌后会改变

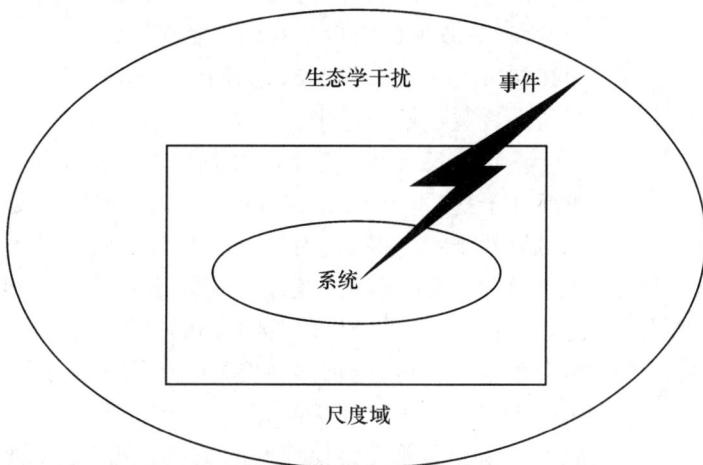

图 1.10 生态学干扰的概念

生态学干扰由 3 个方面构成:系统、事件和尺度域(引自 Pickett,Wu 和 Cadenasso 1999)

河流原来的生境;狂风吹折密闭森林中的大树而改变此处群落的垂直结构;人类刀耕火种会改变当地陆地景观格局等。

尽管生态学干扰概念源于群落水平的生态学研究,实际上它适用于其他各个组织层次乃至整个生物圈。长期以来,群落生态学家常常观察到来自群落外的、强大的自然力迅速破坏群落结构的现象。因为群落尺度接近于人类感官尺度,所以在这一尺度上干扰的影响显而易见。然而,干扰概念并不局限于群落尺度。经过拓展外延和丰富其内涵,它已被运用到种群、生态系统和景观尺度上(Forman,1995;Wu 和 Loucks,1995;Pickett,Wu 和 Cadenasso,1999)。例如,种群密度、大小和年龄结构受火干扰后的变化,流行病爆发,云杉林大片死亡,都是种群受到干扰的例子。在生态系统水平上,干扰可改变食物网结构以及物流和能流的路径。对于景观而言,干扰可导致景观异质性结构的变化,以及斑块形成过程或斑块空间分布方面的变化,而景观结构的变化会进一步造成对群落和生态系统结构和功能的影响。

如何判别一个事件是不是干扰呢?这将依赖于尺度、事件强度以及系统的本质。要认识干扰,首先要考虑所研究系统的结构和边界。这样才能判别事件是否来自系统外部,是否改变了系统的结构。另一方面,要认识到干扰的多尺度性。一个尺度上的干扰并非是所有尺度上的干扰。小尺度上的干扰往往是大尺度上正常现象的结构成分。对于种群而言的干扰,在群落上也许显得微乎其微;对于生态系统而言的干扰,在景观水平上也许可以忽略不计,这种现象被称为对干扰的"兼容"(incorporation;见 O'Neill 等,1986;Wu 和 Loucks,1995;邬建国,1996)。因此,研究和认识干扰要与等级观点结合起来。

在特定尺度上,既有离散性干扰(discrete disturbance),也有扩散性干扰(diffuse disturbance)。离散性干扰是指造成有明显边界斑块的干扰。例如,火灾、放牧、森林砍伐等干扰活动常常表现为离散性干扰。所谓扩散性干扰是指在某一尺度上增加系统整体的异质性,但并不产生边界明显斑块的干扰。比如,一场飓风也许不会刮倒许多树,但仍然会使林冠比原来更松阔一些,使得林下生物能更好地利用光等资源;落叶林中一场早雪会破坏许多枝条;草原上一场干旱首先会使那些弱病植株死亡。这些都是扩散性干扰的例子。当然,小尺度上的扩散性干扰区域在大尺度上可能表现为区别于周围的离散性斑块。同一干扰,由于生态学系统抵抗干扰的能力和空间格局不同会表现出不同程度的离散性和扩散性。

1.6　斑块－廊道－基底模式

　　Forman 和 Godron（1981,1986）在观察和比较各种不同景观的基础上，认为组成景观的结构单元不外乎 3 种：斑块（patch）、廊道（corridor）和基底（matrix）。斑块泛指与周围环境在外貌或性质上不同，并具有一定内部均质性的空间单元。应该强调的是，这种所谓的内部均质性，是相对于其周围环境而言的。具体地讲，斑块可以是植物群落、湖泊、草原、农田或居民区等。因此，不同类型斑块的大小、形状、边界以及内部均质程度都会表现出很大的不同。廊道是指景观中与相邻两边环境不同的线性或带状结构。常见的廊道包括农田间的防风林带、河流、道路、峡谷及输电线路等。基底则是指景观中分布最广、连续性最大的背景结构。常见的有森林基底、草原基底、农田基底和城市用地基底等等。必须指出，在实际研究中，要确切地区分斑块、廊道和基底有时是很困难的，也是不必要的。因为景观结构单元的划分总是与观察尺度相联系，所以斑块、廊道和基底的区分往往是相对的。

　　斑块－廊道－基底模式是基于岛屿生物地理学（MacArthur 和 Wilson,1967；又见邬建国,1989,1992；Wu 和 Vankat,1991a,1995）和群落斑块动态研究（Levin 和 Paine,1974；Pickett 和 White,1985；Wu 和 Levin,1994）之上形成和发展起来的。它为具体而形象地描述景观结构、功能和动态提供了一种"空间语言"（spatial language）。此外，这一模式还有利于我们考虑景观结构与功能之间的相互关系，便于比较它们在时间上的变化（Forman,1995）。

推荐阅读文献

Forman R T T. 1983. An ecology of the landscape. Bioscience, 33:535.

Naveh Z. 1991. Some remarks on recent developments in landscape ecology as a transdisciplinary ecological and geographical science. Landscape Ecology, 5: 65 – 73.

Pickett S T A, Cadenasso M L. 1995. Landscape ecology: Spatial heterogeneity in ecological systems. Science, 269:331 – 334.

Turner M G. 2005. Landscape ecology in North America: Past, present, and future. Ecology, 86:1967 – 1974.

Wu J. 2006. Landscape ecology, cross-disciplinarity, and sustainability science. Landscape Ecology, 21:1 – 4.

Wu J, Hobbs R. 2007. Landscape ecology: The state of the science. In: Wu J, Hobbs R, eds. Key Topics in Landscape Ecology. Cambridge, UK: Cambridge University Press.

景观格局的形成、结构和功能特征

2

第 二 章

　　景观格局通常是指景观的空间结构特征,而空间斑块性是景观格局最普遍的形式,它表现在不同尺度上(图2.1)。广义地讲,景观格局包括景观组成单元的多样性和空间配置(但有时也只用于表示景观的空间配置)。景观生态学注重于研究空间格局的形成、动态以及与生态学过程的相互关系。这也是景观生态学区别于其他生态学学科的显著特征之一。

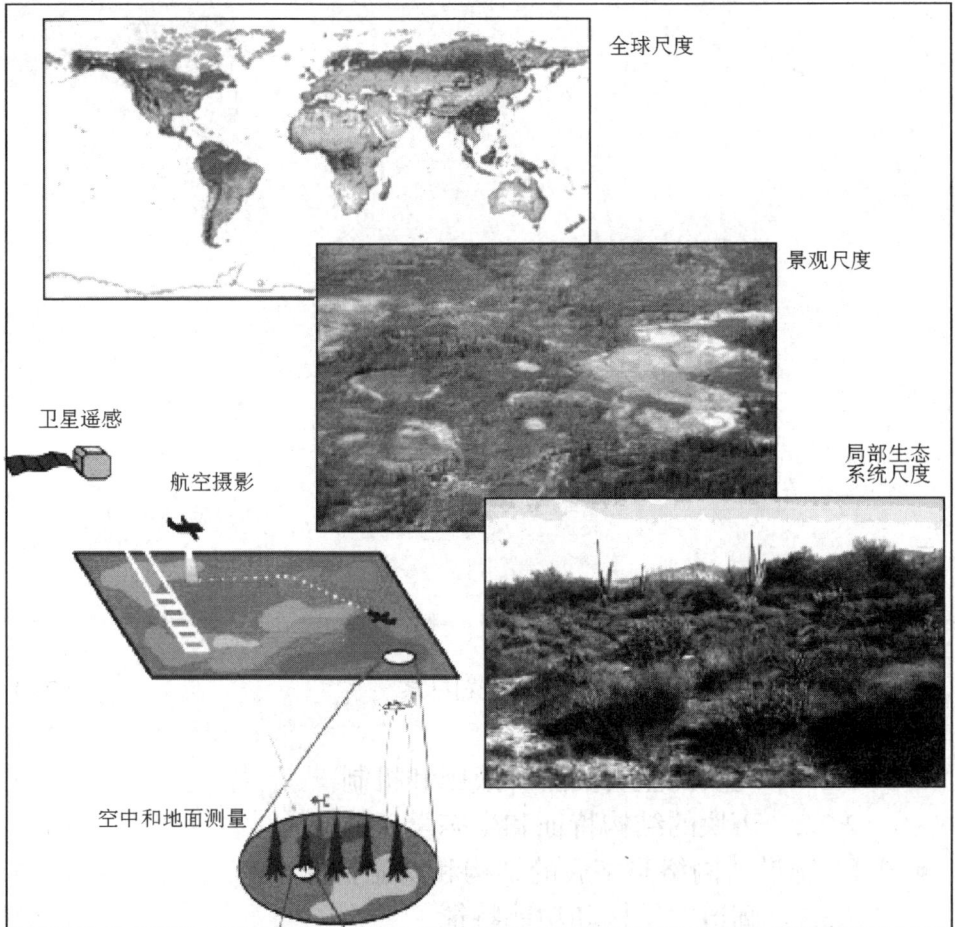

图 2.1　自然界的空间斑块性

空间斑块性是自然界中最普遍的现象,它表现在大小不同的尺度上

　　为什么要研究景观格局呢?简而言之,空间格局影响生态学过程(如种群动态、动物行为、生物多样性、生态生理和生态系统过程等)。因为格局与过程往往是相互联系的,我们可以通过研

究空间格局来更好地理解生态学过程。因为结构一般比功能容易研究,如果可以建立两者间的可靠关系,那么,在实际应用中格局的特征可用来推测过程的特征(如利用景观格局特征进行生态监测和评价)。当然,格局 – 过程关系常常是很复杂的(比如,非线性关系、多因素的反馈作用、时滞效应以及一种格局对应于多种过程的现象)。因此,从格局到过程的推绎仍然是景观生态学面临的一大挑战。既然格局与过程相互作用,我们只有将两者结合起来方能更全面地理解所研究的生态学现象。

2.1 影响景观格局形成的主要因素

为了方便起见,空间格局的成因可分为以下 3 种:非生物的(物理的)、生物的和人为的。非生物的和人为的因素在一系列尺度上均起作用,而生物因素通常只在较小的尺度上成为格局的成因。大尺度上的非生物因素(如气候、地形、地貌)为景观格局提供了物理模板,生物的和人为的过程通常在此基础上相互作用而产生空间格局。这种物理模板本身也具有其空间异质性或不同的格局。由于地质、地貌等地理范畴方面的空间异质性变化是很缓慢的,对于大多数生态学过程来说可以看做是相对静止的。因此,这种物理性空间格局与生态学过程的关系主要表现为格局对过程的制约作用。自然或人为干扰是一系列尺度上空间格局的主要成因。由于其不同的起源和性质,在联系空间格局与生态学过程时,对于干扰的特征有必要加以认识。现实中,景观格局往往是许多因素和过程共同作用的结果,故具有多层异质结构(图 2.2)。

景观格局形成的原因和机制在不同尺度上往往是不一样的。反过来说,不同因素在景观格局形成过程中的重要性随尺度而异。例如,温度和降水量决定了全球主要植被类型的空间格局,而区域生态系统类型则明显地受到海拔高度和其他地形特征的影响(如中国北方的草原呈东西向分布,而美国北方的草原则呈南北走向)。在小尺度上(如局部生态系统),捕食、竞争、植物 – 土壤相互作用等生物学过程对于空间格局的形成往往起着重要的作用。概而言之,气候和地形因素通常决定景观在大范围内的空间异质性,而生物学过程则对小尺度上的斑块性有重要影响。例如,一些研究表明,海洋生态系统中浮游植物和动物的空间分布在大尺度

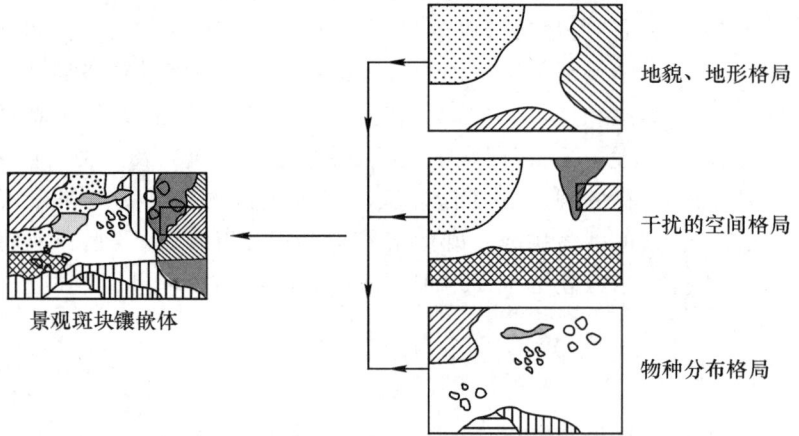

图 2.2　景观格局的多来源特征

景观格局往往是由地貌、地形和气候条件、干扰体系以
及生物过程相互作用的产物(根据 Hobbs,1992 改绘)

上主要受物理过程的影响(如海水的运动),因此可以用流体动力学来解释;而在小尺度上,这些浮游生物的斑块性分布是生物学作用的结果,必须用个体行为生态学予以解释(Levin,1992)。在森林景观中,大尺度格局往往反映自然地理边界、土地利用变化或大面积干扰的影响;流域内地形变化可导致由不同树种占优势的局部植物群落;而在森林立地内,异质性常常由个体树木水平的林隙动态所导致。

关于空间斑块性形成的原因、机制和特征在种群生态学、群落生态学和植被生态学中亦有很多研究(例如,Hutchinson,1953;Wiens, 1976;Roughgarden, 1977;Levin, 1978)。Wu 和 Loucks(1995)对有关斑块类型及其成因和机制作了一个总结(图2.3)。斑块性与其形成因子和过程表现在多重时空尺度上,形成了具有等级特征的体系(Pickett 等,1987,1989;Wu 和 Loucks,1995;Pickett,Wu 和 Cadenasso,1999)。斑块性可以从不同的组织层次(如种群、群落、景观)、营养级水平或时空尺度诸方面来研究。自然的和人为的干扰是不同尺度上景观斑块性形成的最重要的因素。尤其应该指出的是,人为干扰(如森林砍伐、农垦、城市化等)常常造成高度的景观(和生境)破碎化(见图 2.4),其生态学效应和自然景观斑块性是截然不同的。自然斑块性有利于生境多样性,因此,它也是生物多样性的重要决定因素之一。

斑块类型　　　　　　　　　　原因与机制

消费者水平
斑块性

- 干扰
- 植被格局
- 生物相互作用
- 生活史、行为生态学
- 反应－扩散过程
- 疾病
- 以上的各种组合

植被斑块性

- 干扰
- 气候、气象
- 土壤
- 植物间相互作用
- 繁殖格局
- 动物的影响
- 疾病
- 以上的各种组合

环境斑块性

- 气候、气象
- 地形
- 水文学
- 地质学
- 土壤
- 生物影响
- 以上的各种组合

生物斑块性

物理斑块性

自然界斑块性

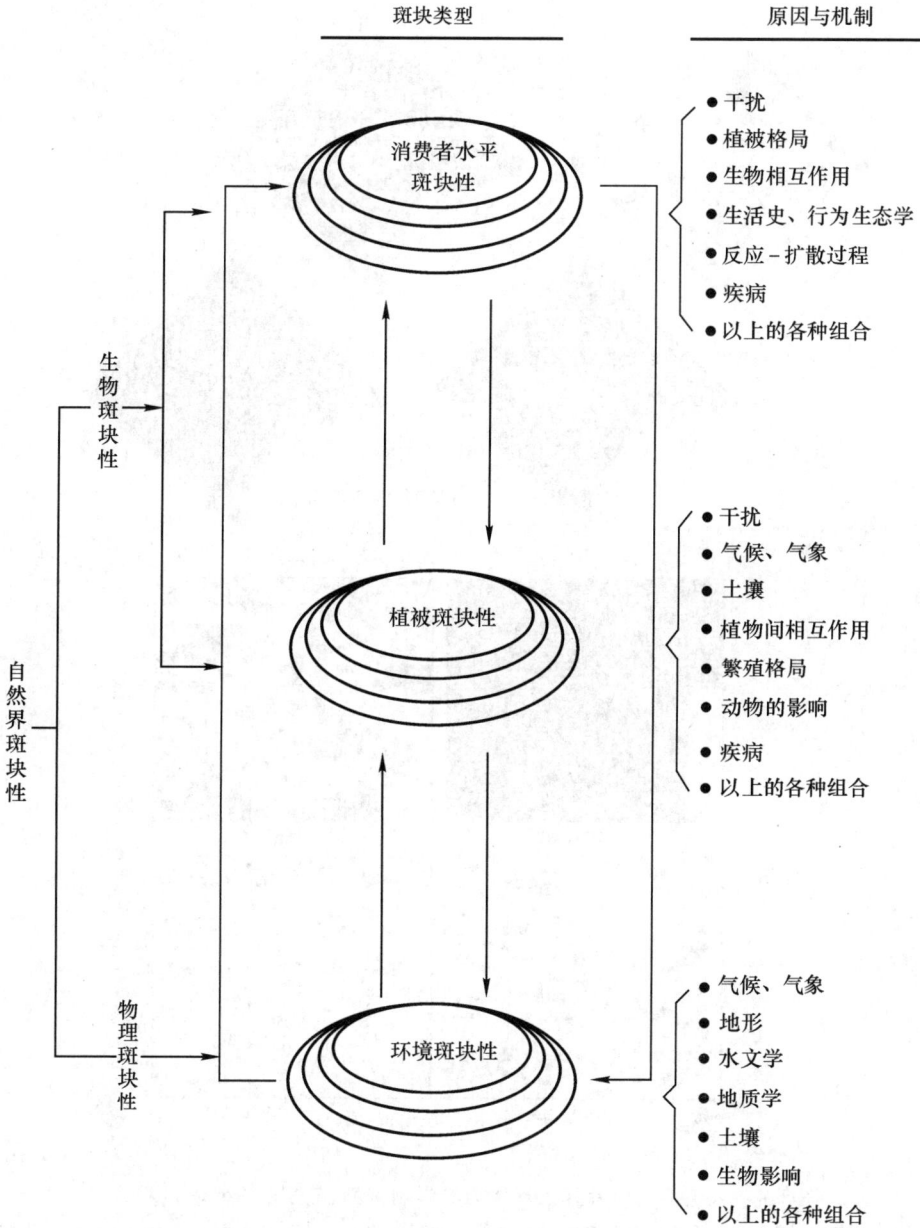

图 2.3　不同类型的斑块性及其形成原因与机制（根据 Wu 和 Loucks,1995）

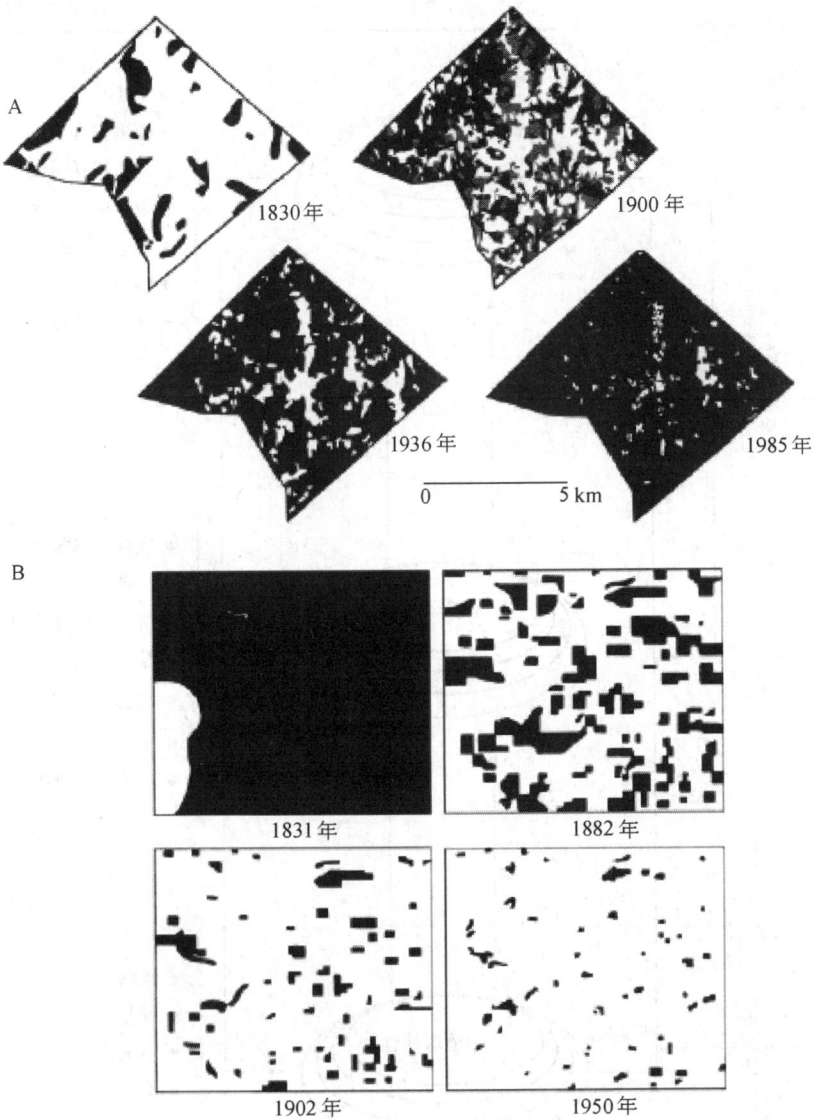

图 2.4   人类活动对森林景观格局的影响实例（转引自 Turner,1998）

黑色代表森林,其余部分为非森林植被类型或其他土地利用方式。A 和 B 分别表示美国马萨诸塞州和威斯康辛州两个森林景观的变化。图 A 反映了人为破坏后的森林景观重新恢复的过程（自 Foster,1992）,图 B 反映了随着人口增加和城市化过程森林景观日益破碎化的情形（自 Curtis,1956）

2.2 斑块的结构和功能特征

2.2.1 斑块的主要类型、成因和机制

根据不同的起源和成因,Forman 和 Godron(1981,1986)把常见的景观斑块类型分为以下 4 种。

(1)残留斑块(remnant patch):由大面积干扰(如森林或草原大火、大范围的森林砍伐、农业活动和城市化等)所造成的、局部范围内幸存的自然或半自然生态系统或其片断。

(2)干扰斑块(disturbance patch):由局部性干扰(如树木死亡、小范围火灾等)造成的小面积斑块。干扰斑块和残留斑块在外部形式上似乎有一种反正对应关系。

(3)环境资源斑块(environmental resource patch):由于环境资源条件(土壤类型、水分、养分以及与地形有关的各种因素)在空间分布的不均匀性造成的斑块。

(4)人为引入斑块(introduced patch):由于人们有意或无意地将动植物引入某些地区而形成的局部性生态系统(如种植园、作物地、高尔夫球场、居民区等)。

除了上述 4 种类型外,Forman 和 Godron(1981,1986)还讨论了另外两种,即再生斑块(regenerated patch)和短生斑块(ephemeral patch)。再生斑块是指在先前被干扰而遭破坏的地段上再次出现的生态系统,在形式上似乎与残留斑块类似。短生斑块则指由于环境条件短暂波动或动物活动引起的、持续期很短的斑块(如荒漠中雨后出现的短生植物群落、演替进程中的过渡群落、水源处时而聚集的动物群等)。

2.2.2 斑块的结构特征和生态学功能

(1)种-面积关系和岛屿生物地理学理论

景观中斑块面积的大小、形状以及数目对生物多样性和各种生态学过程都会有影响。例如,物种数量(S)与生境面积(A)之间的关系是生物地理学和生态学中经久不衰的研究热点之一(见邬建国,1989;He 和 Legendre,1996;Wu 和 Vankat,1995)。基于岛屿

生物地理学理论（MacArthur 和 Wilson,1967）,物种丰富度与景观特征的一般关系可表达为：

$$物种丰富度（或种数）=f（生境多样性,干扰,斑块面积,$$
$$演替阶段,基底特征,斑块隔离程度）\qquad(2.1)$$

　　一般而言,物种多样性随着斑块面积的增加而增加（见图2.5）。但是,除面积以外的景观特征对物种多样性也是很重要的。自然保护学中一个长期有争议的问题就是在总面积相同的情况下,设立一个大保护区还是几个小保护区更有利于保护物种多样性（所谓 SLOSS 问题）。理论分析和野外数据都表明在某些情况下几个小保护区比一个大保护区具有更多的物种。多个小保护区

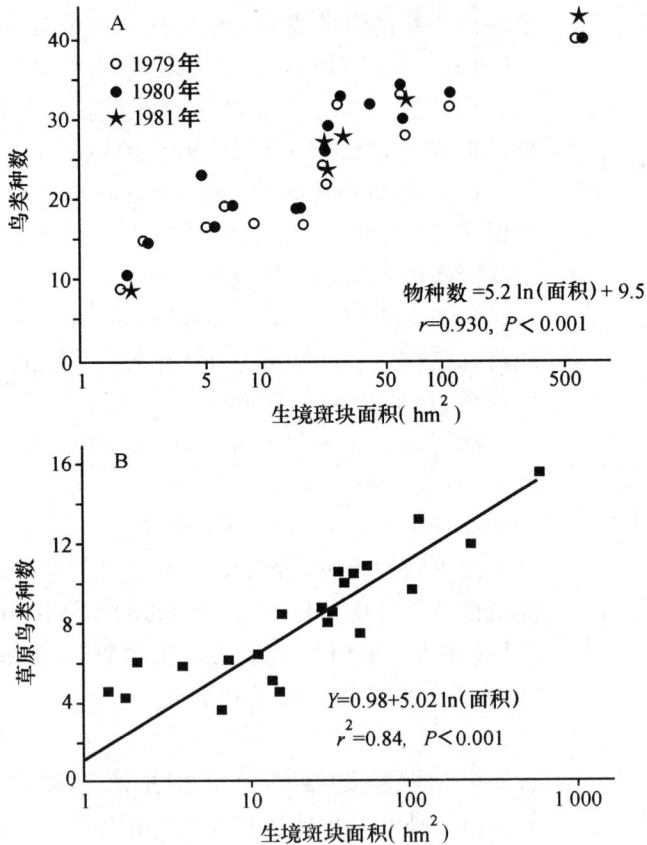

图中 A 图:
- 1979年（空心圆）
- 1980年（实心圆）
- 1981年（星）
- 纵轴: 鸟类种数
- 横轴: 生境斑块面积（hm²）
- 物种数 =5.2 ln（面积）+ 9.5
- r=0.930, P<0.001

图中 B 图:
- 纵轴: 草原鸟类种数
- 横轴: 生境斑块面积（hm²）
- Y=0.98+5.02 ln（面积）
- r^2=0.84, P<0.001

图 2.5　鸟类种数与其生境斑块面积的关系

A. 美国伊利诺伊州东部当地繁殖的鸟类种数与林地面积的回归统计关系（根据 Blake 和 Karr,1987）；B. 美国伊利诺伊州草原区繁殖鸟类种数与草原生境斑块碎片面积的回归统计关系（根据 Herkert,1994）

往往具有如下优越性:增加景观生境异质性,降低种内和种间竞争,减少某些疾病、干扰和外来种的传播,以及给边缘种提供更多的生境。因此,尽管几个小保护区能够拥有更多物种,大多可能是边缘种而已。显然,SLOSS 争论忽视了物种多样性问题的复杂性。回答有关自然保护问题时必须考虑其他因素,包括最小存活种群(MVP)、维持最小存活种群的最小面积、维持生态系统完整性的最小面积。

在现实景观中,各种大小的斑块往往同时存在,具有不同的生态学功能。Forman(1995)对大斑块和小斑块的生态学价值作了一个简要总结。大斑块对地下蓄水层和湖泊的水质有保护作用,有利于生境敏感种的生存,为大型脊椎动物提供核心生境和躲避所,为景观中其他组成部分提供种源,能维持更近乎自然的生态干扰体系,在环境变化的情况下,对物种绝灭过程有缓冲作用。小斑块亦有重要的生态学作用,可以作为物种传播以及物种局部绝灭后重新定居的生境和"踏脚石"(stepping-stone),从而增加了景观的连接度,为许多边缘种、小型生物类群以及一些稀有种提供生境。显然,大生境斑块对保护许多对生境破碎化敏感的物种极为重要,但若要理解整个景观镶嵌体的结构和功能,大小斑块及其相互关系都需考虑。

岛屿生物地理学理论将生境斑块面积和隔离程度与物种多样性联系在一起,成为早期北美景观生态学研究的理论基础之一,并对景观生态学的发展起了重要的启发作用。岛屿生物地理学理论将在下一章详细讨论。

(2)边缘效应

边缘效应(edge effect)是指斑块边缘部分由于受外围影响而表现出与斑块中心部分不同的生态学特征的现象。斑块中心部分在气象条件(如太阳辐射、温度、湿度、风速)、物种的组成以及生物地球化学循环方面,都可能与其边缘部分不同。许多研究表明,斑块周界部分常常具有较高的物种丰富度和初级生产力(如 Laurance 和 Yensen,1991;Wu 和 Vankat,1991b;Chen 等,1992;Didham 和 Hammond,1998)。有些物种需要较稳定的环境条件,往往集中分布在斑块中心部分(核心区),故称为内部种(interior species)。而另一些物种适应多变的或阳光充足的环境条件,主要分布在斑块边缘部分,称为边缘种(edge species)。也有许多物种的分布是介乎于这两者之间的。生境斑块是否具有较稳定的内部环境,对于许多生境破碎化敏感种来说是很重要的。例如,Temple(1986)

研究了森林破碎化对鸟类种丰富度的影响(图 2.6)。一个 39 hm^2 的森林片断(A)全部为边缘生境,而另一个 47 hm^2 的森林片断(B)则含有 20 hm^2 的内部生境。通过比较对生境破碎化较敏感的 16 种鸟在这两个斑块中的繁殖情况发现,有 6 种鸟可在 B 生境中繁殖,但没有一种能在 A 生境中繁殖。斑块总面积、核心区面积以及边缘面积之间存在一定的数量关系。一般而言,当生境斑块面积增加时,核心区面积比边缘面积增加得要快;同样,当生境斑块面积减小时,核心区面积则比边缘面积减小得要快(图 2.7)。当斑块的面积很小时,核心区 – 边缘环境差异不复存在,因此整个斑块便全部为边缘种或对生境不敏感的种占据(图 2.7)。显然,边缘效应是与斑块的大小以及相邻斑块和基底特征密切相关的。

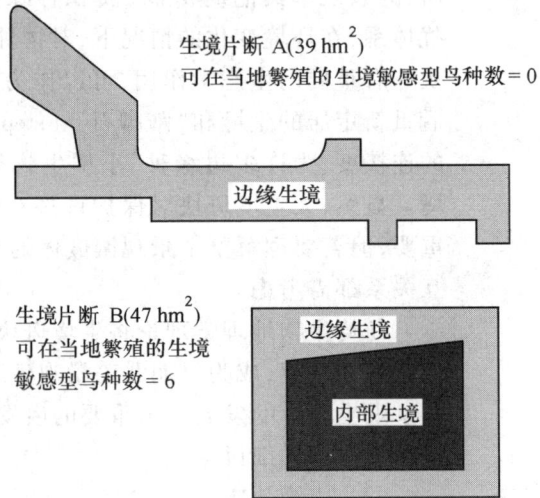

图 2.6   生境斑块大小和形状对物种多样性的
影响(Temple,1986;转引自 Turner, 1998)

图中 A 和 B 均为破碎化的森林片断,其中 39 hm^2 的森林片断 A 全部为边缘生境,而 47 hm^2 的森林片断 B 则含有 20 hm^2 的内部生境

(3) 斑块结构与生态系统过程

斑块的结构特征对生态系统的生产力、养分循环和水土流失等过程都有重要影响。例如,景观中不同类型和大小的斑块可导致其生物量在数量和空间分布上的不同。由于边缘效应,生态系统光合作用效率以及养分循环和收支平衡特征都会受到斑块大小及有关结构特征的影响。斑块边缘常常是风蚀或水土流失的引发

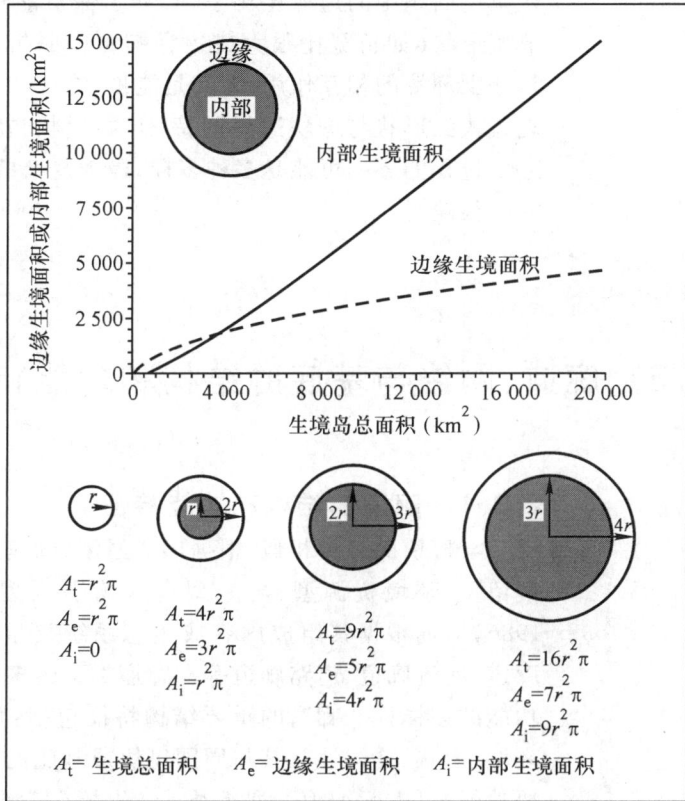

图 2.7　生境斑块面积与其边缘和内部生境部分
之间的关系（根据 Wu 和 Vankat，1991b 重绘）

图中是一个圆型生境的例子。这里，边缘宽度假定是不变的，但实际中它可
能随着物种或生态学过程的不同而变化

或程度严重之处。一般而言，斑块越小，越易受到外围环境或基底
中各种干扰的影响。而这些影响的大小不仅与斑块的面积有关，
同时也与斑块的形状及其边界特征有关。

（4）斑块形状及其生态学效应

自然界中，斑块的形状是多种多样的。一般地讲，自然过程造
成的斑块（如自然生态系统）常表现出不规则的复杂形状，而人为
斑块（如农田、居民区、城市等）往往表现出较规则的几何形状。
斑块形状和特点可以用长宽比、周界－面积比以及分维数等方法
来描述。例如，斑块长宽比或周界面积比越接近方形或圆形的值，
其形状就越"紧密"。根据形状和功能的一般性原理，紧密型形状

在单位面积中的边缘比例小,有利于保蓄能量、养分和生物;而松散型形状(如长宽比很大或边界蜿蜒多曲折)易于促进斑块内部与外围环境的相互作用,尤其是能量、物质和生物方面的交换。景观斑块的形状与斑块边界的特征(如形状、宽度、可透性等)对生态学过程的影响可能是多种多样、极为复杂的,而这方面的实际研究尚很缺乏。

2.3　廊道、网络与基底的结构和功能特征

2.3.1　廊道的结构和功能特征

与斑块的分类相似,根据形成原因,廊道可分为5种:干扰型、残留型、环境资源型、再生型和人为引入型(Forman 和 Godron,1986)。而根据其组成内容或生态系统类型,廊道又可分为森林廊道、河流廊道、道路廊道等。廊道类型的多样性反映了其结构和功能的多样性。廊道的重要结构特征包括:宽度、组成内容、内部环境、形状、连续性及其与周围斑块或基底的相互关系。廊道的主要功能,可以归纳为下列4类:① 生境(如河边生态系统、植被条带);② 传输通道(如植物传播体、动物以及其他物质随植被或河流廊道在景观中运动);③ 过滤和阻抑作用(如道路、防风林道及其他植被廊道对能量、物质和生物(个体)流在穿越时的阻截作用);④ 作为能量、物质和生物的源(source)或汇(sink;如农田中的森林廊道,一方面具有较高的生物量和若干野生动植物种群,为景观中其他组分起到源的作用,而另一方面也可阻截和吸收来自周围农田水土流失的养分与其他物质,从而起到汇的作用)。

2.3.2　网络与基底的结构和功能特征

在景观中,廊道常常相互交叉形成网络(network),使廊道与斑块和基底的相互作用复杂化。网络具有一些独特的结构特点,如网络密度(network density,即单位面积的廊道数量)、网络连接度(network connectivity,即廊道相互之间的连接程度)以及网络闭合性(network circuitry,即网络中廊道形成闭合回路的程度)。网络的功能与廊道相似,但与基底的作用更加广泛和密切。试想,在

一个农业景观中,既有由各种道路组成的网络,又有由许多纵横交错的防风林带组成的网络,这些网络在结构上可能有相似之处,并都与农业用地这一基底密切联系,但功能却迥然不同。因此,廊道或其网络的功能要根据其组成和结构特征以及与所在景观的基底和斑块的相互关系来确定。关于廊道在自然保护区中的作用是一个既重要又有争议的生态学问题,将在后面景观生态学应用章节中讨论。

如何区别景观基底、斑块以及廊道呢? 一般而言,基底是景观中出现最广泛的部分。如农业景观中的大片农田是基底,而各种廊道和斑块(如居民区、残留自然植被片断等)却镶嵌于其中。因此,基底通常具有比另外两种景观单元更高的连续性,故许多景观的总体动态常常受基底支配。Forman(1995)认为,这些结构和功能特征(即面积上的优势、空间上的高度连续性和对景观总体动态的支配作用)是识别基底的 3 个基本标准。然而,在实际研究中,要确切地区分斑块、廊道和基底有时是困难的,也是不必要的。例如,许多景观中并没有在面积上占绝对优势的植被类型或土地利用类型。再者,因为景观结构单元的划分总是与观察尺度相联系,所以斑块、廊道和基底的区分往往是相对的。此外,广义地讲,基底可看做是景观中占主导地位的斑块,而许多所谓的廊道亦可看做是狭长型斑块。

2.4 景观镶嵌体格局和生态学过程

斑块镶嵌体空间格局与生态学过程的关系是景观生态学研究中的一个核心问题。要研究这一问题,往往有必要定量地描述景观斑块体空间特征。可以测量的景观镶嵌体特征包括一些直观的指标,如斑块数量、大小、形状及相对空间位置,也包括一些统计特征,如不同的分布类型、空间相关特征等。表 2.1 列举了一些常用的景观定量特征及定义。

景观的空间格局影响能量、物质以及生物在景观中的运动。概而言之,能量、物质和生物通过 5 种媒介在斑块镶嵌体中运动:即风、水、飞行动物(如鸟、蝙蝠、蜂等)、地面动物(如哺乳类、爬行类等)及人类(尤其是利用交通工具)。而其主要的运动方式有如下 3 种。

（1）扩散（diffusion）：通常假设扩散运动是随机的，其一般形式可表达为：

$$Q = -k \nabla C \qquad (2.2)$$

式中，Q 是某物质（或种群）的扩散通量，k 为扩散系数，∇C 表示该物质（或种群）的浓度或密度梯度。

（2）物流（mass flow）：包括河流、地表和地下径流。物流受重力支配，并受土壤、地形、植被等因素的影响。

（3）携带运动（locomotion）：指动物和人在景观中的活动对能量、物质与生物体在空间上的重新分配。与前两种形式相比，携带运动常造成能量、物质和生物在空间上的高度聚集。

一般而言，种群动态、生物多样性和生态系统过程等都不可避免地受到景观空间格局的制约或某种影响（见邬建国，1990，1992；马克平等，1994；Wu 和 Loucks，1995；韩兴国等，1999；Turner 和 Chapin，2005；Fahrig，2007）。例如，景观空间结构可影响地表径流和氮素循环，并可影响到水资源的质量（见图2.8）。许多湖泊富营养化和河流水质污染都是景观格局、生态系统过程和干扰相互作用的结果。显然，景观空间格局与生态系统过程的相互关系在理论和实践上都很重要，是景观生态学的研究重点之一。但这方面的研究尚少，亟待加强。Turner 和 Cardille（2007）对景观生态学和生态系统生态学的整合做了权威性的综述，并提出了4个重要研究方面：① 生态系统过程速率的空间异质性；② 土地利用历史对生态系统过程的影响；③ 景观镶嵌体中能量、物质和信息的横向流动；④ 种群和生态系统过程的耦合。有关景观镶嵌体的结构特征和生态学过程之间的相互关系的一些概念、理论和模型还将在后面章节进一步讨论。

表2.1　景观镶嵌体的一些可测量特征（根据 Wiens 等，1993）

特　　征	描　　述
斑块大小分布	某种斑块类型的大小分布特征（如对数正态分布、均匀分布等）
边界形态	边界的宽度、长度、连续性和曲折性（如分维数）
周长与面积比	斑块的边界长度与其面积的比值，反映斑块的形状
斑块的走向	斑块相对于具有方向性的过程（如水流、生物运动等）的空间位置
基底	与斑块直接联系在一起的下垫面或景观中的主要组成类型

特　征	描　述
对比度	通过某一边界时相邻斑块之间的差别程度
连接度	斑块间通过廊道、网络而联结在一起的程度
丰富度	某一地区内斑块类型的数目
均匀度	景观镶嵌体中不同斑块类型在其数目或面积方面的均匀程度
斑块类型分布	斑块类型在空间上的分布格局
可预测性	有时亦称为空间自相关性,即某一生态学特征在其邻近空间上表现出的相关程度

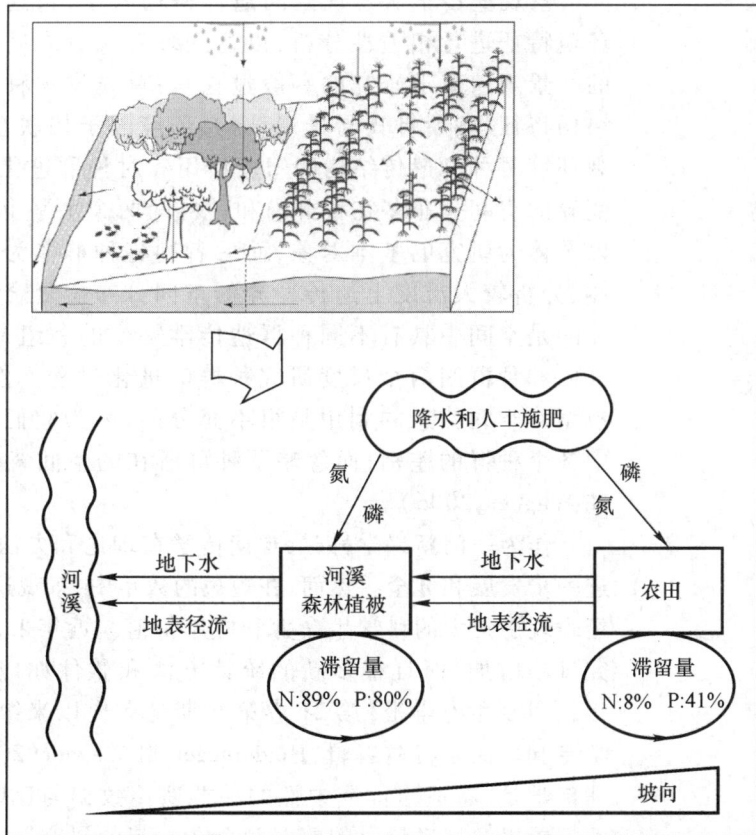

图 2.8　景观空间格局对生态系统养分循环以及河流水质的影响
氮和磷在某一流域内沿着地形梯度,随着水分的运移,从农田穿过河溪森林植被,进入河流(数据来自 Peterjohn 和 Correll,1984)

2.5　景观镶嵌体格局和种群遗传学过程

　　景观空间格局对种群遗传结构及其进化趋势也会发生重要影响,这正是新兴领域"景观遗传学"(landscape genetics)所研究的中心内容(王红芳等,2007)。Manel 等人在 2003 年首次提出了"景观遗传学"一词,将其定义为景观生态学和种群遗传学的结合,旨在研究景观环境特征是如何影响物种微进化(即种内进化)过程。其核心问题是,景观空间异质性如何影响种群的空间遗传结构以及种群的命运。

　　景观遗传学从发现空间遗传格局入手,将这种格局与景观环境特征进行相关性分析,以达到理解两者之间相互关系的目的。景观遗传学研究的一般过程是:首先发现种群遗传的空间结构特征,然后将其与景观结构、环境因子相联系,进而推测景观环境对种群遗传结构的塑造作用和对种群进化的影响。遗传变异的空间分布多在种群内和种群间两个水平上研究。前者多以个体为研究的基本对象,而后者则将种群作为一个均质的整体,分析较大尺度上遗传变异的空间分布。复合种群遗传学关注的是空间中具有不同种群遗传学特征的一组局地种群,在种群内和种群间两个尺度研究种群的进化过程。然而,复合种群模型对空间信息的利用是很不充分的,因为它们仅仅考虑空间中各个种群的差别,而忽略了种群所在的空间背景(Holderegger 和 Wagner,2006)。

　　作为一门新兴学科,景观遗传学在理论和方法方面仍有待于进一步发展和健全。然而,在短短的数年中,景观遗传学的发展已经表现出强大的科学生命力和应用价值。近年来,景观遗传学研究日趋增加,而且很多新的统计方法和软件亦应运而生。2006年,《景观生态学报》第 21 卷第 6 期是有史以来第一个景观遗传学专刊。两位特邀编辑,Holderegger 和 Wagner(2006)指出,景观遗传学是"将适应性或中性的种群遗传数据与反映景观组成、空间配置以及基底信息的数据融合在一起的研究"。有关景观遗传学的基本概念和最新发展的详细情况,请见 Holderegger 和 Wagner(2006)、王红芳等(2007)以及其文中所引文献。

推荐阅读文献

Forman R T T, Godron M. 1981. Patches and structural components for a landscape ecology. Bioscience, 31:733 – 740.

Holderegger R, Wagner H. 2006. A brief guide to landscape genetics. Landscape Ecology, 21: 793 – 796.

Turner M G. 1989. Landscape ecology: The effect of pattern on process. Annual Review of Ecology and Systematics, 20:171 – 197.

Turner M G, Cardille J A. 2007. Spatial heterogeneity and ecosystem processes. In:Wu J, Hobbs R, eds. Key Topics in Landscape Ecology. Cambridge, UK: Cambridge University Press. 62 – 77

Urban D L, O'Neill R V, Shugart J H H. 1987. Landscape ecology. BioScience, 37: 119 – 127.

景观生态学中的一些
基本理论和重大论题

3

第 三 章

　　现代景观生态学是一门新兴的、正在深入开拓和迅速发展中的学科。空间斑块性的形成、动态及其与生态学过程的相互作用，格局－过程－尺度之间的相互关系，景观的等级结构特征，以及景观异质性的维持和管理均为景观生态学研究的中心问题（见图1.4）。科学研究不可以缺乏科学的理论。理论是科学研究的工具，同时又是其目的；理论是达到理解自然的通道。因为景观生态学最根本的问题是空间异质性及其结构和功能复杂性的问题，对极为复杂问题的研究，科学理论的指导意义就显得更为重要。因此，本章将集中讨论景观生态学中的几个主要的基本理论：岛屿生物地理学理论、复合种群理论、空间渗透理论和等级理论，并在此基础上讨论景观生态学中的十大研究论题。斑块动态理论将在等级斑块动态范式一章集中讨论。

3.1　岛屿生物地理学理论

3.1.1　岛屿生物地理学理论的主要内容

　　岛屿为自然选择、物种形成和进化以及生物地理学和生态学诸领域的理论和假设的发展和检验提供了一个重要的自然实验室。虽然岛屿生物地理学的研究对象是海洋岛和陆桥岛，但其理论被广泛地应用到岛屿状生境的研究中。就其空间规模而言，小到树叶、个体植株的"微岛"，大到自然保护区和景观地理单元的"大岛"；就其生物类群而论，该理论涉及植物、动物以及微生物的不同分类单元。岛屿生物地理学理论的应用之广、影响之深、争议之多，都是其他生态学理论难以比拟的（见邬建国，1989；韩兴国，1994；Wu 和 Vankat，1995）。

　　生态学家早就注意到物种丰富度随岛屿面积或陆地群落的取样面积呈单调增加的趋势。Preston（1962）提出下面著名的种－面积方程：

$$S = cA^z \tag{3.1}$$

或
$$\log S = z \log A + \log c \tag{3.2}$$

式中，S 是种丰富度，A 是面积，c 和 z 是正常数。z 的理论值为0.263，通常在 0.18 与 0.35 之间。c 值的变化反映地理位置变化对种丰富度的影响。在实际研究中,c 和 z 的值常采用统计回归方法获得。

上述经验方程缺乏对种－面积关系机理的解释能力。因此,生态学家随后发展了不同的假说来解释种－面积关系,如生境多样性假说(habitat diversity hypothesis)、被动取样假说(passive sampling hypothesis)和动态平衡理论(dynamic equilibrium theory)。Williams(1964)认为,面积与生境多样性成正相关,因此,种丰富度与面积亦必然成正相关。Connor 和 McCoy(1979)则认为,岛屿生物类群可看做是来自种源生物群落的子集或样本,因此,种丰富度是取样面积和频度的函数。Preston(1962)以及 MacArthur 和 Wilson(1963)分别提出了岛屿生物群落的动态平衡概念。MacArthur 和 Wilson(1967)系统地发展了影响甚广的岛屿生物地理学平衡理论。其实,Munroe 早在 1948 年在他的博士论文中就提出了岛屿生物学的动态平衡概念,并发展了与 MacArthur－Wilson 理论相似的数学模型。但因未正式发表,其论文毫无影响,直到 20 世纪 80 年代后期才为其他生态学家知晓(Brown 和 Lomolino,1989)。

MacArthur 和 Wilson 认为,岛屿物种丰富度取决于两个过程:物种迁入(immigration)和绝灭(extinction)。因为任何岛屿上的生态位或生境的空额有限,已定居的种数越多,新迁入的种能够成功定居的可能性就越小,而已定居种的绝灭概率则越大。因此,对于某一岛屿而言,迁入率和绝灭率将随岛屿中物种丰富度的增加而分别呈下降和上升趋势(图 3.1)。当迁入率与绝灭率相等时,岛屿物种丰富度达到动态平衡状态,即虽然物种的组成在不断更新,但其丰富度数值保持相对不变。物种周转率(turnover rate)或更替率(replacement rate)通常是指单位时间内原有种被新来种取代的数目(邬建国,1989;Wu 和 Vankat,1991a,1995;韩兴国,1994)。在理论上,平衡态时的物种周转率在数值上等于种迁入率或种绝灭率。就不同的岛屿而言,种迁入率随其与大陆种库(种迁入源)的距离而下降。这种由于不同种在传播能力方面的差异和岛屿隔离程度相互作用所引起的现象称为"距离效应"(distance effect)。另一方面,岛屿面积越小,种群则越小,由随机因素引起的物种绝灭率将会增加。该现象称为"面积效应"(area effect)。因此,处于不同地理位置,具有不同面积大小的岛屿将会有其特有的平衡态物种丰富度(图 3.1)。

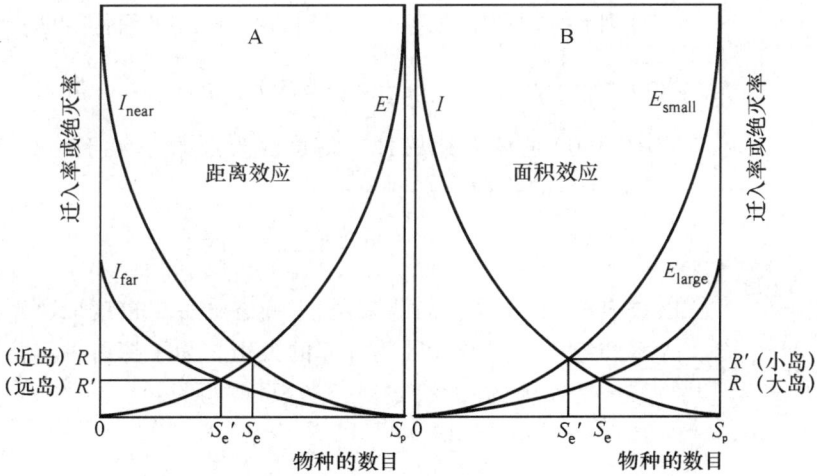

图 3.1　岛屿生物地理学理论图示（引自 Wu 和 Vankat，1995）

岛屿上的物种数目由两个过程决定：物种迁入率和绝灭率；离大陆越远的岛屿的物种迁入率越小（距离效应，A）；岛屿的面积越小其绝灭率越大（面积效应，B）。因此，面积较大而距离较近的岛屿比面积较小而距离较远的岛屿的平衡态物种数目（S_e）要大。面积较小和距离较近的岛屿分别比大而遥远的岛屿的平衡态物种周转率（R）要高。I，迁入率；E，绝灭率；R，平衡点物种周转率；S_e，平衡点的物种数目；S_p，定居库中的物种数目

3.1.2　岛屿生物地理学理论的数学模型

对于某一岛屿而言，MacArthur – Wilson 理论的数学模型（简称 M – W 模型）可以下列一阶常微分方程表示：

$$\frac{\mathrm{d}S(t)}{\mathrm{d}t} = I(s) - E(s) \tag{3.3}$$

式中，$S(t)$ 表示 t 时刻的物种丰富度，I 是迁入率，E 是绝灭率。假定 I 和 E 具有种间均一性、可加性以及随时间的稳定性，它们随物种丰富度增加则呈线性变化，即：

$$I(s) = I_0[S_p - S(t)] \tag{3.4}$$

$$E(s) = E_0 S(t) \tag{3.5}$$

式中，I_0 是单位种迁入率或迁入系数，E_0 是单位种绝灭率或绝灭系数，S_p 是大陆物种库中潜在迁入种的总数。将方程（3.4）和（3.5）代入（3.3）式便得：

$$\frac{\mathrm{d}S(t)}{\mathrm{d}t} = I_0 S_p - (I_0 + E_0)S(t) \tag{3.6}$$

该微分方程表示非平衡状态时物种丰富度随时间的变化率。在某一时刻 t 的物种丰富度可通过对式(3.6)积分而得,即:

$$S(t) = \frac{I_0}{I_0 + E_0}S_p - \left[\frac{I_0}{I_0 + E_0}S_p - S(0)\right]\exp\left[-(I_0 + E_0)t\right] \qquad (3.7)$$

式中, $S(0)$ 是岛上初始种丰富度。当迁入率等于绝灭率($I = E$)时,平衡态的物种丰富度为:

$$S_e = \left(\frac{I_0}{I_0 + E_0}\right)S_p \qquad (3.8)$$

该式表明,对于某一岛屿来说,平衡态物种丰富度取决于单位种迁入率和绝灭率以及大陆物种库的大小。为了探讨种丰富度变化率与其平衡态值的关系,方程(3.6)可改写为:

$$\frac{\mathrm{d}S(t)}{\mathrm{d}t} = (I_0 + E_0)\left[S_e - S(t)\right] \qquad (3.9)$$

由此可见,种丰富度的变化率与 t 时刻和平衡态时种数的差成正比。进而言之,当 $S(t) < S_e$,种丰富度增加;当 $S(t) > S_e$,种丰富度则减小。若将方程(3.8)代入(3.7),便得:

$$S(t) = S_e - \left[S_e - S(0)\right]\exp\left[-(I_0 + E_0)t\right] \qquad (3.10)$$

该式反映了种丰富度的非平衡态值与其初始值、平衡态值以及迁入系数和绝灭系数的关系。根据方程(3.10)可以求得岛屿从某一非平衡状态达到或恢复到平衡状态所需的时间,即:

$$t = -\frac{\ln R}{I_0 + E_0} \qquad (3.11)$$

$$R = \frac{S(t) - S_e}{S(0) - S_e} \qquad (3.12)$$

式中, R 是种丰富度相对于平衡值在 t 时刻的偏离与其初始偏离之比。种丰富度从某一时刻的偏离降低到初始偏离的 36.8% (即 $1/e$)时所需的时间,常被定义为松弛时间 T_r (relaxation time):

$$T_r = \frac{\ln(1/e)}{I_0 + E_0} = \frac{1}{I_0 + E_0} \qquad (3.13)$$

值得指出的是,上述 M－W 模型及其推论的合理性完全取决于对 I_0 和 E_0 所作的均一性、稳定性和可加性假设的真实性。然而,这些假设在实际中是很难成立的。MacArthur 和 Wilson (1967)指出非线性凹形曲线比直线能更合理地反映种迁入率和种绝灭率与种丰富度的关系(图 3.1)。他们认为,传播能力最强的种有可能是最早的定居者,而竞争力最弱的种最有可能先绝灭。因此,种的定居能力的差异将会引起迁入率在早期随种丰富度增

加而陡然下降,然后变缓;随着物种数增加,逐渐增强的种间竞争
作用将会使绝灭率大致呈指数上升。不少经验数据表明,随着物
种丰富度的增加,单位种的迁入率和绝灭率分别降低和增加。也
有一些研究表明,随物种丰富度的不同,迁入率和绝灭率大致呈对
数正态分布,而其种间差异可达几个数量级(Gilpin 和 Diamond,
1981)。然而 MacArthur 和 Wilson(1967)认为,只要这两种曲线是
单调的,不管其形状如何变化,动态平衡理论的主要结论是不会改
变的。Wu 和 Vankat(1991a)的计算机模拟研究进一步证实了这
一点。

通过修改种迁入率和绝灭率的数学表达式,M – W 模型可同
时包括面积效应和距离效应。例如,迁入率和绝灭率可分别表示
为两个函数的乘积(Gilpin 和 Diamond,1976):

$$dS/dt = I(S,D,A) - E(S,A) \tag{3.14}$$

$$dS/dt = i(D,A)h(S) - e(A)g(S) \tag{3.15}$$

式中,D 为距离,A 为面积,i、h、e 和 g 分别表示与括号中变量有关
的函数。当 $S = S_p$ 时,$h(S) = 0$;当 $0 < S < S_p$ 时,$h(S) > 0$;当 $S = 0$
时,$g(S) = 0$;当 $S > 0$ 时,$g(S) > 0$。一般说来,I_0 和 E_0 的非均一
性和种间竞争作用意味着 $h'(S) < 0$,$h''(S) > 0$,$g'(S) > 0$,以及
$g''(S) > 0$。函数 $i(D,A)$ 表示距离效应和"目标效应"(定义见
后),而 $e(A)$ 表示面积效应。根据对美国 Solomon 群岛 52 个岛屿
的鸟类研究,Gilpin 和 Diamond(1976)对 13 组描述种迁入率和绝
灭率与岛屿种丰富度、面积及其隔离程度关系的数学模型进行了
逐对检验,其中与实测数据吻合最佳的是下列参数表达式:

$$I(S,D,A) = \left(1 - \frac{S}{S_p}\right)^m \exp\left(\frac{-D^y}{D_0 A^v}\right) \tag{3.16}$$

$$E(S,A) = \left(\frac{RS^n}{A}\right) \tag{3.17}$$

式中 m,n,y,v,R 和 D_0 均为用统计方法获得的经验参数。

M – W 模型假定迁入率和绝灭率是相互独立的,但实际上并
非完全如此。同种个体的不断迁入可能减小岛屿种群的绝灭率。
该现象称为"援救效应"(rescue effect)。因此,隔离距离不仅会影
响迁入率,而且会影响到绝灭率。另一方面,由于岛屿面积越大,
其截获传播种的概率越大,因此,面积不仅影响绝灭率,同时还会
影响迁入率。这一现象称为"目标效应"(target effect)。

M – W 模型中的种丰富度完全取决于生态学时空尺度的种迁
入和绝灭过程,而物种形成和演化尺度上的过程均予忽略。Sim-

berloff(1974)认为,岛屿种丰富度的平衡状态可分为 4 个阶段或 4
类。第一阶段是暂时性的非相互作用平衡(non-interactive equilib-
rium)。此时种群的个体数尚小,种内作用微弱。第二阶段称为相
互作用平衡(interactive equilibrium)。随着种群个体数增加,种间
竞争作用对迁入率和绝灭率产生影响。第三阶段是选择平衡(as-
sortative equilibrium)。在这一阶段中,一个非随机的、协同适应的
分类群逐渐形成。这 3 个阶段均为生态学时空范畴的动态平衡过
程。而最后一个阶段,即演化平衡(evolutionary equilibrim),则包
含自然选择对丰富度的影响,并反映了种间和种与环境间的适应
性,以及新种形成与原有种绝灭之间的平衡。

3.1.3　岛屿生物地理学理论的验证与应用

长期以来,围绕着岛屿生物地理学理论是否具有预测性的问
题存在大量争议。然而,在验证该理论的合理性和应用的可行性
时,岛状生境必须同时满足下述 5 个标准:① 显著的种 – 面积相
关关系;② 种丰富度平衡状态的存在;③ 可测得出的种周转率;
④ 种丰富度方差与均值之比小于或等于 0.5;⑤ 具有可测得出的
距离效应。显然,单凭种 – 面积关系是不足以验证岛屿生物地理
学理论的,更不足以保证其在任何岛状生境研究中应用的合理性。
然而,岛状生境同时满足这 5 个条件是十分困难的。

自 20 世纪 60 年代以来,有关检验和修正岛屿生物地理学理
论的研究大量涌现。其中最有说服力的,首推通过野外实验途径
的直接检验。例如,Simberloff 和 Wilson(1969)采用熏蒸方法,在
美国佛罗里达对红树林群岛的节肢动物的再定居做了详尽的实验
研究。虽然对于种周转率估计偏高,但他们的结果与岛屿生物地
理学理论吻合甚好,成为验证该理论的卓越实例之一。Rey
(1981)进行了类似的实验研究,证实了种丰富度动态平衡的存在
和面积效应,但距离效应不明显。

因未能准确地理解该理论或对野外数据的误释,许多有关研
究常表现出不完整性或结论欠妥。此外,由于对种周转率、迁入率
和绝灭率相对值的误用,也给该理论的检验过程带来许多混乱。
通过对 150 多篇宣称支持该理论的文献的仔细审阅,Gilbert
(1980)指出,其中只有 Simberloff 和 Wilson(1969)及 Jones 和 Dia-
mond(1976)的工作是证据确凿的。他认为,在所涉猎的文献中尚
未有任何大陆生境岛的例子完全符合前述几条标准。因此,岛屿

生物地理学理论并未得以证实,而其在自然保护中的应用是不成熟和不可靠的。种群生态学、遗传学、群落生态学以及个体生态学诸方面的信息是自然保护区原理中不可忽视的重要内容。

毫无疑问,岛屿生物地理学理论尚有待于进一步修正、检验和完善。但是,对于岛屿生物地理学理论的多方面批评和修正不应该否认其应有的应用价值。该学说的产生和发展丰富了生物地理学理论和生态学理论,促进了人们对生物种多样性地理分布与动态格局的认识和理解。尽管该理论在定量方面的应用十分有限,但其在定性方面的合理应用还是很有启发性的。例如,该理论对异质环境中种群动态模型(如反应 – 扩散模型)的发展有着明显的促进作用。尤其是在 20 世纪 80 年代兴起的景观生态学中,岛屿生物地理学理论的应用更为引人注目。在 Burgess 和 Sharp (1981)的专著中,该理论在景观研究中得以广泛应用。Harris (1984)系统地将该理论应用到森林景观研究和管理中。Forman 和 Godron(1986)试图将景观斑块的物种多样性与斑块的结构特征及其他因素联系起来,即:$S = f$(生境多样性,干扰,面积,年龄,基底异质性,隔离程度,边界特征)。这些著作都反映了北美景观生态学早期发展的特点。作为一个概念构架,岛屿生物地理学理论是景观生态学的重要理论基础之一,其启发和指导作用将会持续下去。

3.2　复合种群理论

3.2.1　复合种群的概念

传统的种群理论是以"均质种群"为对象的,即假定种群生境的空间连续性和质量均匀性,而且所有个体呈随机或均匀分布,个体之间有同样的相互作用的机会。但实际上,绝大多数种群生存在充满斑块性的或破碎化的景观中。因此,美国生态学家 Levins 在 1970 年创造了复合种群(metapopulation)一词,用来表示"由经常局部性绝灭,但又重新定居而再生的种群所组成的种群"。换言之,复合种群是由空间上彼此隔离,而在功能上又相互联系的两个或两个以上的亚种群(subpopulation)或局部种群(local population)组成的种群斑块系统。亚种群之间的功能联系主要指生境斑块间的繁殖体(如植物种子、孢子)或生物个体的交流。亚种群出现在生境斑块中,而复合种群的生境则对应于景观斑块镶嵌体。"复合"一词正是强调这种空间复合体特征(见邬建国,2000b)。关于种群的空间异质性及其遗传学效应,早在20世纪40年代就已有深入细致的研究(如Wright,1940)。其后,Andrewartha和Birch(1954)以及MacArthur和Wilson(1967)也对空间异质性与种群生活史特征以及动态作了精辟的论述。在概念上,岛屿生物地理学理论与复合种群理论有千丝万缕的联系(Hanski,1991)。

在这里有必要指出,"metapopulation"一词在中文文献中有时也译为"异质种群"、"meta-种群"或"集合种群"。异质种群听来入耳,读来顺口,但它对应的英文词应该是"heterogeneous population"。在不注明英文原词的情况下,异质种群究竟是指"metapopulation"还是"heterogeneous population"恐难以判断。而且,"heterogeneous population"并不一定是"metapopulation"。"Heterogeneous population"的生境在空间上可以是连续的(见Levin,1976),而"metapopulation"强调的是生境在空间上的非连续性。因此,将"metapopulation"译为异质种群属于张冠李戴,显然不妥。"meta-种群"的译法代表了一种简单而省力的途径,但非中非英,信、达、雅皆不可谈。"集合种群"不存在以上问题,故较前两种译法要好一些。但是,集合(set),作为一个数学术语,表示由多个元素组成的"整体",而这里整体无非是所有组成元素的"总和"而已。英文字典(Merriam-Webster)给出的相关定义大致是,"一堆类似的东西"(这不禁让我想起成语:"乌合之众")。而"metapopulation"不是包含若干互无作用的亚种群的简单组合,它最重要的意义就在于亚种群之间的相互作用和空间配制关系。也就是说,对于复合种群而言,整体往往大于或小于总和。"复合"乃指复合镶嵌体,意在强调种群的这种空间复合体特征(见邬建国,2000b)。

有关复合种群的定义可分为两种:其一是狭义的传统定义,其二是正在发展中的广义概念(Hanski和Gilpin,1991,1997)。狭义复合种群概念即Levins的经典定义,它强调复合种群必须表现出明显的局部种群周转(即局部生境斑块中生物个体全部消失,尔后又重新定居,如此反复的过程)。因此,复合种群须满足两个条件:一是频繁的亚种群(或生境斑块)水平的局部性绝灭,二是亚种群(或生境斑块)间的生物繁殖体或个体的交流(迁移和再定居过程)。复合种群动态往往涉及两个空间尺度:① 亚种群尺度或斑块尺度(subpopulation or patch scale)——在这一尺度上,生物个体通过日常采食和繁殖活动发生非常频繁的相互作用,从而形成局部范围内的亚种群单元;② 复合种群和景观尺度(metapopulation or landscape scale)——在这一尺度上,不同亚种群之间通过植物种子和其他繁殖体传播或动物运动发生较频繁的交换作用。由于生境质量差而只能靠外来生物个体或繁殖体维持生存的亚种群称为"汇种群"(sink population),其所在的斑块相应地称为"汇斑块"(sink patch)。而提供给汇斑块生物个体或繁殖体的亚种群称为"源种群"(source population),其所在斑块相应地称为"源斑块"(source patch)。

　　Harrison(1991)根据近年来野外实地研究的结果指出,严格符合上述两条标准的复合种群在自然界并不常见(另见 Harrison 和 Taylor,1997)。现在,不少学者推崇广义的复合种群概念,即所有占据空间上非连续生境斑块的种群集合体,只要斑块之间存在个体(对动物而言)或繁殖体(对植物而言),不管是否存在局部种群周转现象,都可称为复合种群(Harrison,1991;Hanski 和 Gilpin,1997)。这一广义概念对理解复合种群动态是否有真正的促进作用,尚有待于日后的研究。下面,我们将介绍 5 种种群空间结构类型,以反映自然界中种群空间分布的多样性和复杂性。

3.2.2　复合种群的类型

　　基于其广义概念,Harrison 和 Taylor(1997)将复合种群分为 5 种类型(或称 5 种复合种群结构类型;另见 Harrison 1991)。

　　第一类是经典型或 Levins 复合种群(classic or Levins metapopulation),由许多大小和生态特征相似的生境斑块组成(图 3.2A)。这类复合种群的主要特点是,每个亚种群具有同样的绝灭概率,而整个系统的稳定必须来自斑块间的生物个体或繁殖体交流,并且随生境斑块的数量变大而增加。

　　第二类是大陆 - 岛屿型复合种群(mainland - island metapopulation)或核心 - 卫星复合种群(core - satellite metapopulation),它们由少数很大的和许多很小的生境斑块所组成(图 3.2B)。在这类复合种群中,大斑块起到"大陆库"的作用,基本上不经历局部绝灭现象。虽然小斑块中种群频繁消失,来自大斑块的个体或繁殖体不断再定居,使其得以持续。此外,由少数质量很好的和许多质量很差的生境斑块组成的复合体,或虽然没有特大斑块,但斑块大小的变异程度很大的生境系统,都可能表现出与此相似的动态特征。因此,这些表现出"源－汇动态"(source－sink dynamic)的种群系统均属大陆－岛屿复合种群。

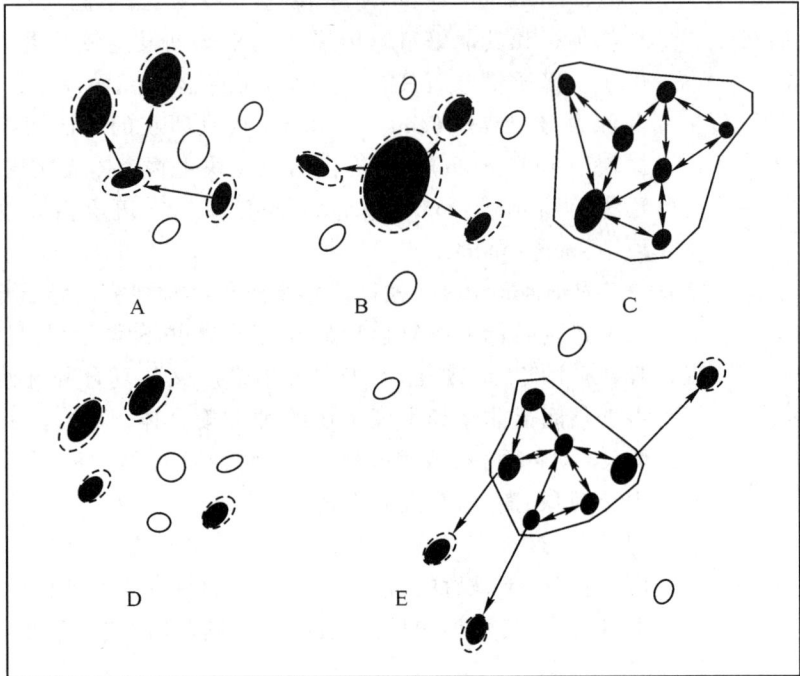

图 3.2   种群的空间结构类型

A. 经典型;B. 大陆－岛屿型;C. 斑块型;D. 非平衡态型;E. 混合型。图中实心环表示被种群占据的生境斑块,空心环表示未被物种占据的生境斑块,虚线表示亚种群的边界,箭头表示种群扩散方向(引自 Harrison 和 Taylor,1997)

第三类是斑块性种群(patchy population),指由许多相互之间有频繁个体或繁殖体交流的生境斑块组成的种群系统(图 3.2C)。在此情形中,虽然存在一个空间上非连续的生境斑块系统,但斑块间的生物个体或繁殖体交流发生在同一生命周期(或同一代)中,在功能上形成了一体。因此,局部种群绝灭现象在这类系统中十分罕见。显然,把斑块性种群作为复合种群似乎过于牵强附会(Hanski 和 Gilpin,1997,第 2 页)。

第四类是非平衡态复合种群(nonequilibrium metapopulation)。这类复合种群虽然在生境的空间结构上可能与经典型或斑块性复合种群相似,但由于再定居过程不明显或全然没有,从而使系统处于不稳定状态(图3.2D)。例如许多由人类活动而破碎化的种群片断所组成的集合体,在斑块间生物个体或繁殖体的交换甚少,或根本没有,而整个复合种群表现出单调下降的现象。Harrison和Taylor(1997)称之为非平衡态下降复合种群(nonequilibrium declining metapopulation)。另一种常见的情形是干扰、生态演替或其他因素造成的部分生境斑块及其种群全然消失,而再定居过程主要由所剩余生境斑块的多度和空间分布来决定。除非有足够数量的新生境斑块不断产生,这种复合种群系统一般是不稳定的,即随着生境总量的减小而趋于绝灭。这就是所谓的非平衡态跟踪生境复合种群(nonequilibrium habitat - tracking metapopulation)。

第五类复合种群可称为中间型(intermediate type)或混合型(mixed type)复合种群,即在不同空间范围内这些复合种群表现不同结构特征(图3.2E)。在许多种群系统中,处于中心部分的斑块相互作用密切,而靠外围的斑块之间的交流则渐渐减弱,以至于局部种群绝灭率增高。如果说其他类型的复合种群具有2个等级层次(即斑块和景观尺度),那么这类复合种群则具有3个或更多的等级层次。例如,从图3.2E可看出,该复合种群是由一个核心斑块和若干个外围小斑块组成。所谓核心斑块即位于中心部分的、在功能上密切连接的斑块复合体,它由许多个斑块组成。表3.1是对有关复合种群的一系列重要概念的一个总结。

复合种群还可以分为单物种复合种群(single species metapopulation)和多物种复合种群(multispecies metapopulation)。多物种复合种群理论主要是研究生境斑块系统中不同物种种群间的相互作用(如种间竞争、捕食者－猎物相互作用、寄生者－寄主相互关系),其研究焦点是生境空间非连续性和斑块间相互交流强度是如何影响这些生态学过程及其整个系统的稳定性。在将上述分类系统应用到多物种复合种群时,情况会更为复杂。其重要因素之一就是,不同物种可能具有很不同的迁移或活动能力。因此,虽然猎物种群表现出复合种群特征,但其捕食者种群本身可能表现出连续性种群特征。这正体现了捕食者和猎物对生境斑块性在反应尺度上的不同。本节主要讨论单物种复合种群,有关多物种复合种群的野外研究还很少,现有的多数研究属于理论性探讨。有兴趣的读者可阅读Gilpin和Hanski(1991)以及Hanski和Gilpin(1997)两本书中的有关章节。

表 3.1　与复合种群有关的概念及其定义

（根据 Hanski 和 Simberloff, 1997）

概　　念	定　　义
斑块	又称生境斑块或生境岛。指空间上连续的、具有种群生存所需资源的地理单元,被非生境基底与其他斑块相隔离;在某一时刻斑块可能有种群定居,也可能没有
局部种群	又称亚种群(subpopulation)或同类群(deme)。指居住在同一生境斑块中某一物种的所有个体;亚种群中的个体之间存在有频繁的相互作用和交流(如竞争,繁殖行为等)
复合种群	又称种群复合体(composite population)或(亚)种群组成的种群。指某一地理区域内同一物种的亚种群的镶嵌体;通常斑块间存在一定的个体交流(但非平衡态复合种群例外)
复合种群结构	或称复合种群(结构)类型。指具有不同斑块面积分布和斑块间个体交流特征的生境斑块网络类型
Levins 复合种群	又称经典复合种群。由许多特征相似的小斑块组成;每个斑块都经历绝灭过程;亚种群动态比复合种群的动态快得多
大陆 – 岛屿型复合种群	又称 Boorman – Levitt 复合种群。由一个大斑块(其种群永不绝灭)和许多小斑块(其种群频繁绝灭)组成;再定居过程是单向的,即从大斑块到小斑块
源 – 汇复合种群	由高质量和低质量两种生境斑块组成。高质量斑块中亚种群的增长率总是大于零(即不经历绝灭过程),而低质量斑块中亚种群增长率在没有来自高质量斑块的个体流的情况下总是小于零(即趋于局部绝灭),故而有"源斑块"和"汇斑块"之称。在功能上源 – 汇复合种群与大陆 – 岛屿复合种群很相似
非平衡态复合种群	由于在大时间幅度上的物种绝灭率大于再定居率而造成的不断衰减的复合种群。极端的(但又很普遍的)一个例子就是景观破碎化后形成的,由彼此远离,几乎无任何交流的残留斑块组成的复合种群。相反,如果再定居率长期地(即在大时间幅度上)大于绝灭率,则会导致复合种群的不断增加。这可以认为是非平衡态复合种群的另一种表现
种群周转	或称定居 – 绝灭动态,是指局部生境斑块中种群消失,尔后又为新种群定居,以次反复出现的过程
复合种群持续时间	或称复合种群的期望寿命(expected life – time)。指复合种群从其产生(或现在)直到所有局部种群绝灭的时间

　　上述 5 类种群反映了自然界中种群空间结构的多样性和复杂性,它们之间的相互关系可以用图 3.3 来表示。就生境斑块之间种群交流强度而言,非平衡态复合种群最弱或等于零,而斑块性种群最强,因此它们代表了两个极端,而经典型和大陆－岛屿型复合种群居中。从生境斑块大小分布差异或亚种群稳定性差异来看,大陆－岛屿型复合种群则居首位,而其他类型并无显著区别。不同结构的复合种群具有不同的动态特征。因此,在应用复合种群概念和理论时,应该对其结构类型加以区别。例如,根据经典型复合种群发展的理论和预测一般不适用于其他类型的复合种群。进一步讲,即使采用广义的复合种群定义,并非所有异质生境中的种群都形成复合种群。因为空间异质性的广泛存在,绝大多数种群都可看做是某一种斑块性种群,但不一定要把它们都作为复合种群来对待。既然斑块间的生物个体或繁殖体交流十分频繁,局部种群绝灭现象十分罕见,那么,将其作为复合种群来研究很可能是把问题过分地复杂化了。另外,许多异质种群(heterogeneous population)亦并非复合种群(如生境梯度中分布的种群以及其他连续性生境中非均匀分布的种群)。强有力的理论往往始于严谨的定义。如果复合种群的概念无限推展,其独特性和重要性就会逐渐消失,从而也不会有利于其理论的发展。

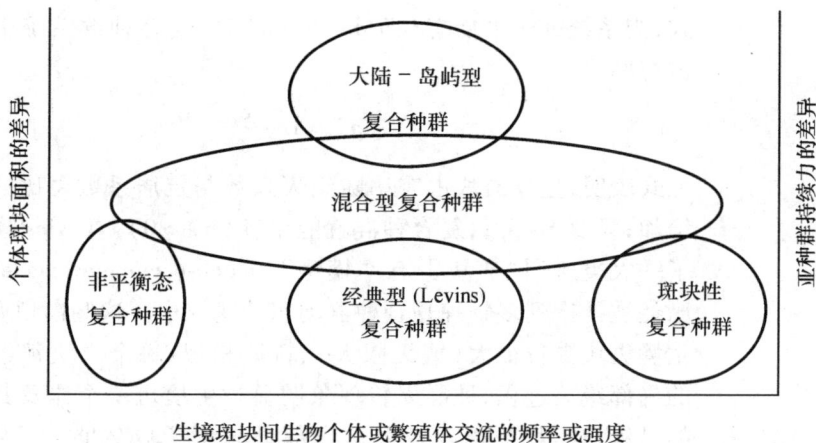

图 3.3　不同种群空间结构类型之间的相互关系
(根据 Harrison 和 Taylor,1997 改绘)

3.2.3　复合种群模型

在复合种群研究中,数学模型从一开始就起着主导作用。由于生境空间斑块性和斑块间相互关系的复杂性,对于复合种群结构和动态的野外观测和实验常常是很困难的。而数学模型的广泛使用和迅速发展是该领域的形成和兴起的重要特点之一。就其空间结构特征而言,复合种群模型可分为 3 类:空间隐式模型(spatial implicit model)、空间显式模型(spatial explicit model)和空间半显式模型(quasi-spatial model)。空间隐式模型(或非空间模型)不直接考虑生境斑块的空间特征(如面积、空间位置等),从而使系统得以大大简化,方便了数学推导和理论探究,但同时限制其真实性。空间显式模型(或简称空间模型)明确地考虑斑块空间特征及其亚种群动态,其数学形式往往较复杂,限制了其普遍性,但其真实性往往得以增加。空间半显式(或准空间模型)在这些特征上介于以上两者之间。

Levins(1969)最早发展了空间隐式复合种群模型,即著名的 Levins 模型:

$$\frac{\mathrm{d}p}{\mathrm{d}t} = cp(1-p) - ep \tag{3.18}$$

式中,p 表示有种群占据的生境斑块的比率(简称斑块占有率),c 和 e 分别表示与所研究物种有关的定居系数和绝灭系数。根据上式,当系统处于平衡态(即 $\mathrm{d}p/\mathrm{d}t = 0$)时,复合种群系统中的斑块占有率为:

$$p^* = 1 - \frac{e}{c} \tag{3.19}$$

上式表明,生境斑块占有率随绝灭系数与定居系数之比的减小而增加;只要 $e/c < 1$,复合种群就能生存($p^* > 0$)。Levins 模型代表了一大类所谓"斑块占有率模型"(patch-occupancy model),而且已经被推广到多物种复合种群动态的研究中。这些模型通常假设生境斑块数目很大(或无限大)、特征相似、每个斑块都经历频繁的局部绝灭过程,种群周转现象明显。生境斑块个体及其集合体的具体空间特征以及亚种群内部动态都予以忽略。尽管 Levins 模型形式上如此简单,其分析结果仍颇具启发意义。例如,该模型表明,一个复合种群若能持续存在,必须要有足够的斑块间交流以补偿不断发生的局部绝灭过程。因为局部种群绝灭概率随斑块面积减小而增加,再定居的概率随斑块间距离增加而降低,所以,由

Levins 模型可以推论复合种群在平衡态时的斑块占有率应该随着生境斑块平均面积和生境斑块密度的减小而下降（Hanski,1997）。

准空间复合种群模型考虑亚种群的动态以及斑块面积大小和斑块之间距离对种群动态的影响。但是,这些模型中的空间特征往往以分布函数的形式来表示。这些模型往往采用偏微分方程或与其相似的离散数学方法表示。常见的模型类型包括反应-扩散模型（reaction-diffusion model）和结构化种群模型（structured population model）。空间半显示模型对理解复合种群中斑块空间特征、亚种群内部动态以及系统整个稳定性之间的相互关系起了积极的促进作用（见 Levin,1976;Hastings 和 Wolin,1989;Wu 等,1993;Hastings 和 Harrison,1994;Gyllenberg 等,1997）。近些年来,随着计算机技术的迅速发展以及地理信息系统在生态学中的广泛应用,空间显式复合种群模型亦得以长足发展（如 Caswell 和 Etter,1993;Wu 等,1993;Akcakaya,1994;Wu 和 Levin,1994）。这些模型通常都是计算机模拟模型,单个斑块及其集合体在空间上的分布常以地图的形式在模型中表示。这样,局部种群内部动态、生物个体在斑块间的运动以及各种景观空间特征和过程都可以明确地包括在模型中。图 3.4 是一个简单的空间复合种群模型的例子。然而,因为该模型的目的只是研究景观连接度（斑块间相互作用程度或迁移廊道）对动物种群动态的影响,斑块本身的特征（如大小和生境质量）并未考虑,而只有斑块间的距离是以空间显式的形式表示的。这种简单的空间复合种群模型有时也称为"廊道模型"（corridor model）。关于其他复合种群模型的例子还将在"景观模型"一章中提及。

空间显式复合种群模型为理论和实践的结合提供了一个极为有效的途径。然而,复合种群模型的一个普遍性缺陷是把景观简化为生境（斑块）和非生境（背景）的组合,而忽略了景观结构的其他特征。例如,在现实景观中,复合种群动态和稳定性不但与生境斑块的大小、质量和相互距离有关,还往往受到基底异质性、廊道以及由各种景观单元组成的景观镶嵌体的空间格局的影响（见图 3.5）。Hanski 和 Gilpin（1997）认为,当景观中生境斑块只占总面积一小部分时,斑块面积和隔离程度对种群过程影响显著,而当生境斑块覆盖景观的大部分面积时,动物（或植物）个体行为以及其他景观结构特征则显得更为重要。前者称为低盖度景观（low coverage landscape）,后者称为高盖度景观（high coverage landscape）。Hanski 和 Gilpin（1997）进而指出,复合种群概念和理论似乎只适

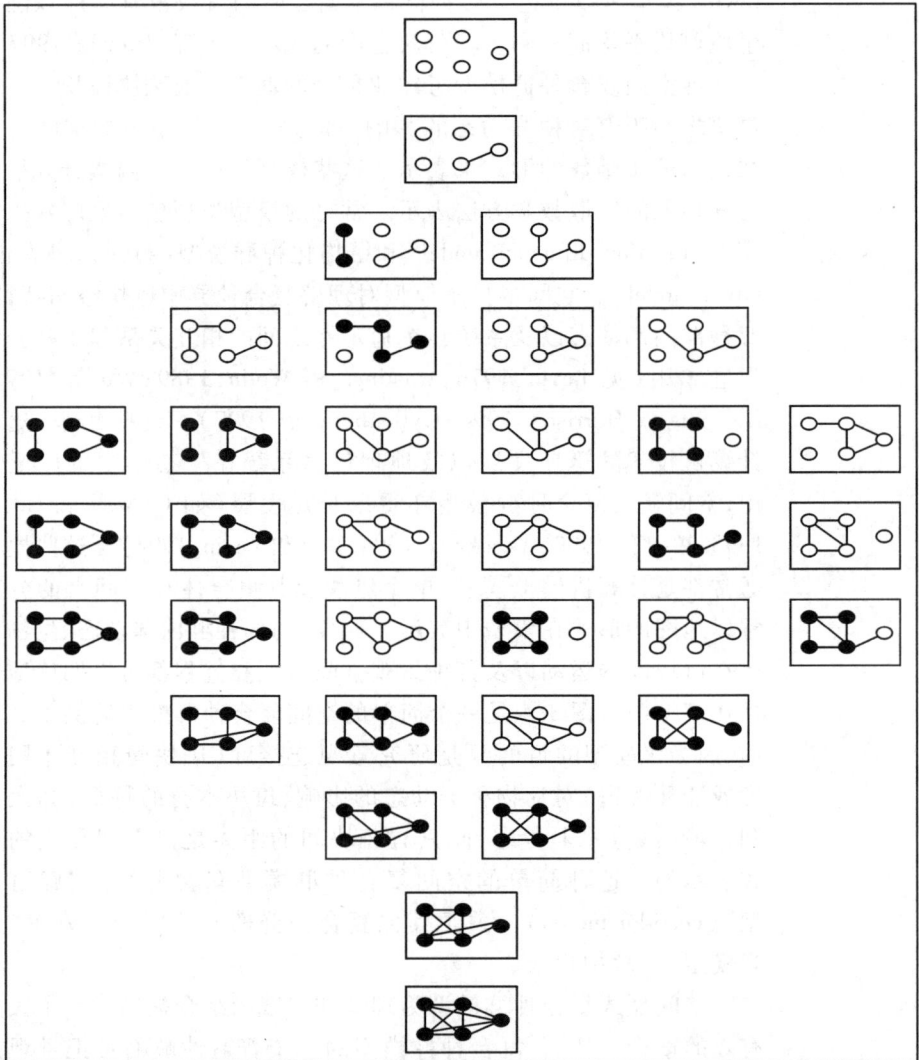

图 3.4   生境斑块的空间特征对某种鼠类
动物种群动态的影响（Lefkovitch 和 Fahrig,1985）

图中圆圈代表生境斑块,而线段表示斑块间的动物个体迁移（或迁移廊
道）。计算机模拟实验研究表明,在 100 年后,景观连接度（或斑块间相互
作用程度）低的生境斑块组合中的亚种群几乎都全部绝灭（空心圆圈）,而
连接度高的生境斑块组合中的亚种群却大多能持续存在（实心圆圈）

合于低盖度景观的情形,而景观斑块镶嵌体的概念更适合于后者。
因此,将传统的复合种群模型与其他景观模型途径相结合势在必
行（Wiens,1997）。

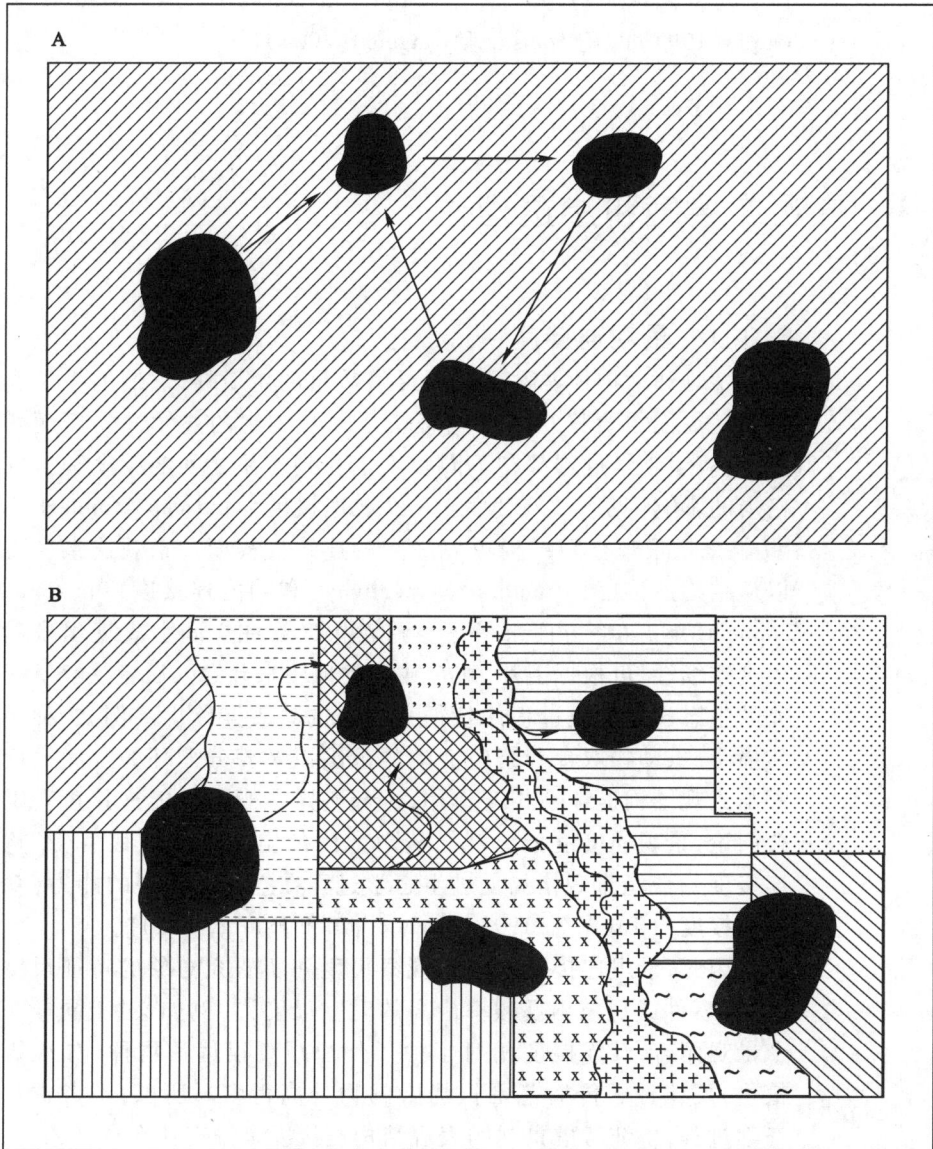

图 3.5　复合种群理论中的景观和实际景观之间的区别
复合种群理论通常假定景观是由生境斑块和非生境斑块的背景组成
(A),但实际景观(B)中复合种群动态和稳定性还往往受到基底异质性、
廊道以及由各种景观单元组成的空间格局的影响(引自 Wiens,1997)

　　以上所讨论的内容基本上都属于复合种群生态学的范畴。而
复合种群研究包括有关隔离生境中种群的生态、遗传和进化诸多
方面,统称复合种群生物学。关于该领域的详细历史和发展现状,

读者可参阅以下一系列著作：Gilpin 和 Hanski(1991)，Hanski 和 Gilpin(1997)以及 Hanski 和 Gaggiott(2004)。

3.3 景观连接度和渗透理论

3.3.1 景观连接度

植物和动物种群除了需要足够数量的生境外，它们的生长和繁殖还往往需要景观中生境斑块之间有一定的连续性。概而言之，所有生态学过程都在不同程度上受到斑块之间的距离和排列格局的影响（见图 3.6 为例）。景观连接度(landscape connectivity)就是指景观空间结构单元之间的连续性程度。景观连接度可以从结构连接度(structural connectivity)和功能连接度(functional connectivity)两个方面来考虑。前者指景观在空间上表现出来的表观连续性，可根据卫片、航片或各类地图来确定。后者是以所研究的生态学对象或过程的特征来确定的景观连续性。例如，种子传播距离、动物取食和繁殖活动的范围以及养分循环的空间尺度等与景观结构连续性相互作用，一起确定景观的功能连接度。综合而论，景观连接度指景观结构单元间的空间连续性程度（结构连接度），或指景观格局促进生态学过程在空间上扩展的能力（功能连接度）(Tayor 等,1993;Tischendorf 和 Fahrig, 2000)。

因此，景观连接度依赖于观察尺度和所研究对象的特征尺度（如某事件或现象出现频率最高的时空尺度）。例如，对于同样一个景观而言，其连接度相对于种子传播距离很远的物种（如风媒植物）要比种子传播范围很局限的物种高得多。所以，不考虑生态学过程，单纯考虑景观的表观结构连接度是没有什么意义的。

3.3.2 临界阈现象和渗透理论

所谓临界阈现象是指某一事件或过程（因变量）在影响因素或环境条件（自变量）达到一定程度（阈值）时突然地进入另一种状态的情形。它往往是一个由量变到质变的过程，从一种状态过渡到另一种截然不同状态的过程。生态学中的临界阈现象(critical threshold characteristic)很广泛。例如，流行病的传播与感染

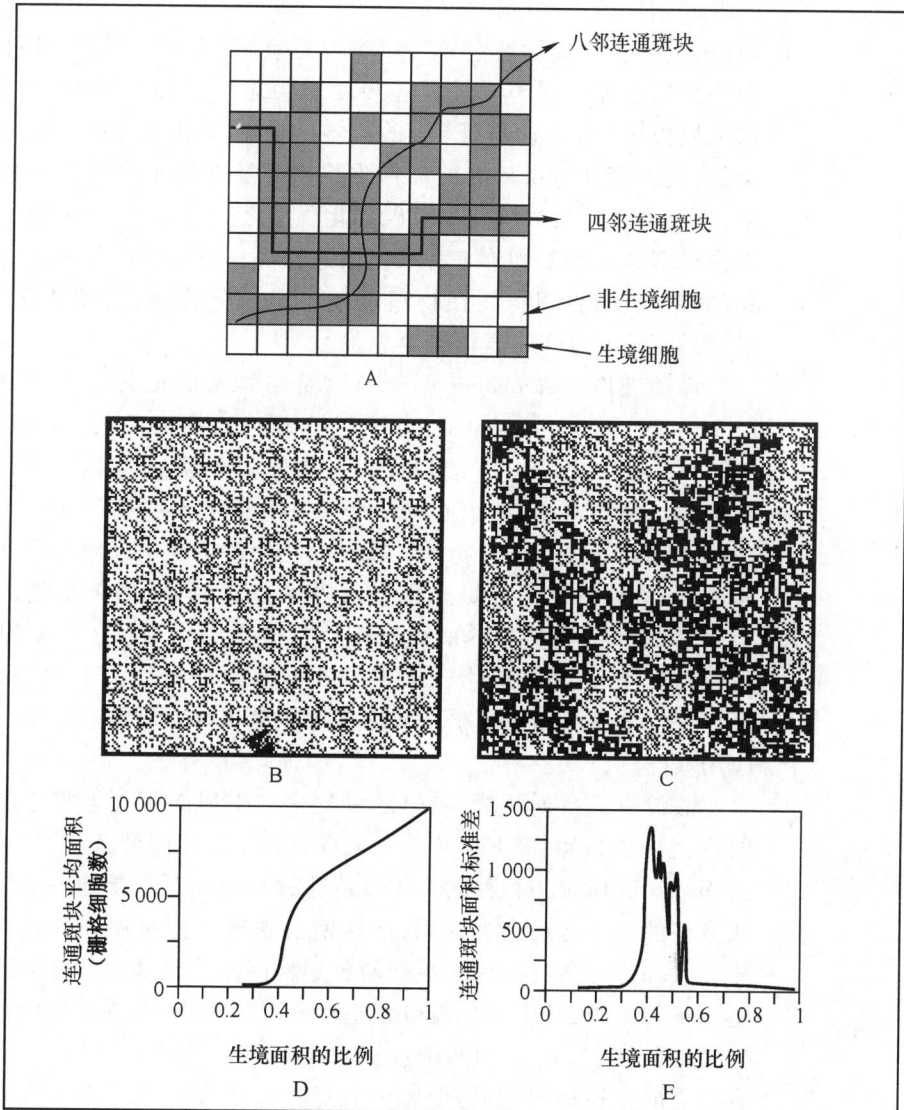

图 3.6　渗透理论的基本概念

A. 一个 10×10 的随机栅格景观,其中灰色细胞代表生境,白色细胞代表非生境;B. 在一个 100×100 的随机栅格景观中,采用四邻规则时,当生境面积小于 60% 时,景观中无连通斑块形成;C. 当生境面积等于 60% 时,景观中连通斑块(黑色区域)的形成概率骤然达到 100%;D 和 E 分别表示连通斑块的平均面积及其标准差随生境面积增加的变化趋势(根据 Green,1994)

率、潜在被传染者和传播媒介之间的关系(Murray,1989)。资源条件(光、水、养分)对植物生长和繁殖的影响(限制因子定律或忍耐极限定律)，最小存活种群(minimum viable population 或 MVP)，以及许多表现出"突发性饱和"或"突发性衰减"等骤变过程，都可视为广义的临界阈现象。景观连接度对生态学过程(如种群动态、水土流失过程、干扰蔓延等)的影响也往往表现出临界阈特征。例如，大火蔓延与森林中燃烧物质积累量及空间连续性之间的关系，生物多样性的衰减与生境破碎化程度之间的关系，以及景观中害虫种群空间扩散和外来种入侵诸过程都在不同程度上表现出临界阈特征。临界阈特征在物理现象中也十分普通，例如结晶、超导、混沌(chaos)和物质相变等过程。

渗透理论(percolation theory)以及与其密切相关的相变理论(theory of phase transition)就是专门研究这类现象的(Stauffer, 1985；Sahimi, 1994)。渗透理论最突出的要点就是当媒介的密度达到某一临界密度(critical density)时，渗透物突然能够从媒介材料的一端到达另一端。物理学家可能应用渗透理论来回答这样的问题：在某种不导电的媒介中加入多少金属材料(如黄金等贵重金属)才能使其导电？在大分子形成过程中，当小分子之间的化学键的数目增加到什么程度分子聚合即可发生？下面，我们就以一个种群动态的例子来说明渗透理论在景观生态学中的应用。

假设有一系列景观，其中某一物种的生境面积占景观总面积的比例从小到大，各不相同。一个重要的生态学问题就是：当生境面积增加到何时该物种的个体可以通过彼此相互连接的生境斑块从景观的一端运动到另一端，从而使景观破碎化对种群动态的影响大大降低？让我们用一系列两色栅格网来代表这些具有不同生境面积的景观，其中灰色栅格细胞代表生境斑块，白色细胞代表非生境地段(图 3.6)。当两个或多个生境细胞相邻时，它们一起形成更大的生境斑块，生物个体可以穿过这些彼此相互连接的生境细胞运动。对于二维栅格网而言，常见的判定细胞是否相邻的邻域规则有两种：四邻规则(four-neighbor rule 或 Neumann neighborhood rule)和八邻规则(eight-neighbor rule 或 Moore neighborhood rule)。四邻规则规定，与所考虑的细胞(或称中心细胞)直接相连接的上、下、左、右 4 个细胞为其相邻细胞，因此整个邻域由 5 个细胞组成。八邻规则规定，与中心细胞直接相连的上、下、左、右以及两个对角线上 8 个细胞都为其相邻细胞，因此整个邻域由 9 个细胞组成。显然，选用不同邻域规则会直接影响到生境斑块边界的划分，从而影响到生境斑块的大小和形状。图 3.6A 是一个 10 ×

10 的随机栅格景观,其中灰色栅格细胞代表生境("可渗透"地区),白色栅格细胞代表非生境("不可渗透"地区)。所谓连通斑块是指当某种物质(或生物个体)能够从栅格的一端渗透(或运动)到另一端时,由所有灰色栅格细胞组成的细胞集合体。连通斑块的形成概率与邻域规则(即四邻或八邻规则)有关。图 3.6B 和 3.6C 是 100×100 的随机栅格景观,若采用四邻规则,当栅格景观中灰色细胞所占面积总数小于 60% 时,景观中没有连通斑块形成;当栅格景观中灰色细胞所占面积总数等于 60% 时,景观中连通斑块(黑色区域)的形成概率骤然达到 100%。

现在,让我们假设景观中生境细胞在空间上呈随机分布;所考虑的生物个体只能通过生境细胞运动,不能跳越过非生境细胞(即只能在同一生境斑块中运动);而且,生境细胞之间是否相邻是根据四邻规则来判定(即一个生境细胞与其上、下、左、右位置上相邻的生境细胞同属于一个生境斑块)。在这种情形下,根据渗透理论,当生境斑块总面积占景观面积的比例小于 60% 时,景观中生境斑块以面积小、离散性高为主要特征;而当生境斑块总面积占景观面积的比例增加到 60% 时,景观中突然出现横贯两端的特大生境斑块。这些特大生境斑块是由单个生境细胞(即最小的生境斑块)互相连接而形成的生境通道,故称为"连通生境斑块"或"连通斑块"(spanning cluster 或 percolating cluster;见图 3.6)。连通斑块的形成标志着景观从高度离散状态突然转变为高度连续状态。对于种群动态来说,这意味着生物个体从只能在局部生境范围内运动的情形突然进入能够从景观的一端运动到另一端的状态。显然,这是一个从量变到质变的过程。在渗透理论中,允许连通斑块出现的最小生境面积百分比称为渗透阈值(percolation threshold)或临界密度(critical density),或临界概率(critical probability)。

上述讨论自然会使我们联想到能量、物质和生物在景观镶嵌体中的运动与景观连接度之间相互关系的许多问题。对于这些生态学过程而言,是否存在某一临界景观连接度,从而产生类似于渗透过程的突变或阈值现象?其生态学意义又是什么呢?比如说,植被覆盖度达到多少时流动沙丘可以被固定?对于某一濒危物种来说,其生境面积占整个景观面积的多少时它才能幸免于生境破碎化作用的强烈影响?渗透理论对研究景观结构(特别是连接度)和功能之间关系的启发性和指导意义是显而易见的。

从理论上讲,如果二维栅格景观很大或无限大时,渗透阈值(P_c)对于四邻规则而言是 0.592 8(这就是上面所提到的 60% 生境面积的来源),对于八邻规则而言是 0.407 2。然而,对于有限大的二维栅格景观来讲,P_c 的值将会有所不同。当生境面积趋于 P_c 值时,连通斑块出现的概率不是即刻从 0 变为 1,而是表现出在生境面积百分比进入 P_c 值的邻域内时急剧变化的趋势(图 3.7)。

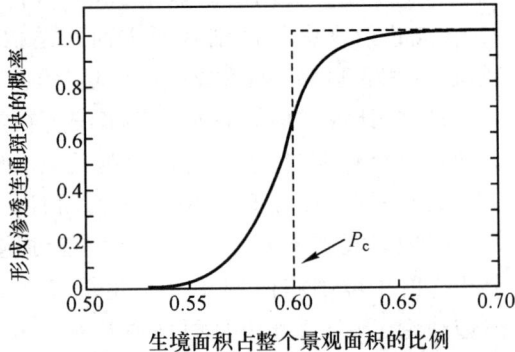

图 3.7   渗透理论中的阈值和连通斑块概率

如果二维栅格景观很大或无限大时,渗透阈值(P_c)是 0.592 8,连通斑块出现概率即刻从 0 变为 1(由虚线表示的阶梯型曲线)。对于有限大的二维栅格,当生境面积进入 P_c 值的邻域内时,连通斑块出现的概率只表现出迅速变化的趋势(由实线表示的 S - 型曲线)

栅格细胞的几何形状的不同也会影响 P_c 的数值。例如,三角形细胞组成的栅格景观的 P_c 值为 0.50,而六边形细胞组成的栅格景观的 P_c 值则为 0.70。影响渗透阈值的另外一个重要因素是生境斑块在景观中的空间分布特征。渗透理论假定生境细胞在空间上呈随机分布;但当其分布呈非随机型时,生境细胞的聚集程度会显著地影响渗透阈值(见 Gardner 和 O'Neill,1991)。例如,若景观中存在有促进物种迁移的廊道,渗透阈值会大大降低。此外,空间尺度,如栅格景观的幅度(即栅格总面积)和粒度(即栅格细胞的大小)亦会影响 P_c 的数值。由于景观中生境细胞的空间分布可能随时间而发生变化,同一生态学过程在同一景观中的渗透阈值还可能受到时间尺度(幅度和粒度)的影响。

一般认为,由于实际景观中生境斑块多呈聚集型分布,或者由于生物个体的迁移能力很强,可以跳跃过一个或几个非生境细胞,其临界渗透阈值或临界景观连接度通常要比经典的随机渗透模型所表现出的临界密度要低一些(Turner,1998)。Wiens 等(1997)在一项野外实验研究中发现,甲虫个体在人为设计的随机分布的草地斑块镶嵌体中的运动确实表现出临界阈特征,但这一临界现象出现在生境斑块总面积大约为 20% 左右。根据他和他的学生以及其他合作者们多年来的研究结果,Wiens(1997)认为,种群在景观中的"渗透"不但依赖于景观结构,而且还取决于物种的行为生态学特征(图 3.8)。适宜生境占景观面积比例的减少对于生物个体和种群来讲可能有两种影响:① 由于生境绝对数量的减少而产生的直接影响,即生境损失效应(effect of habitat loss);② 由于生境斑块间隔离程度的增加而导致的间接影响,即生境隔离效应(effect of habitat isolation)。随着适宜生境面积在景观中的减少,生境损失效应的重要性逐渐增加。而生境斑块间隔离程度对生物个体迁移和种群动态的影响表现出临界阈现象,即随着适宜生境面积的减少,生境隔离效应开始并不明显,但到一定程度时,其生态学影响突然急剧增加(图 3.8)。这一临界阈现象与生物个体迁移能力有关,个体迁移能力的增加可以把临界阈值移向较低的生境覆盖率(Wiens,1997)。无疑,这类实验研究一方面体现了渗透理论对实际研究的指导意义;另一方面提醒我们在应用这一理论研究景观连接度时必须要重视所研究生态学过程的具体特征。

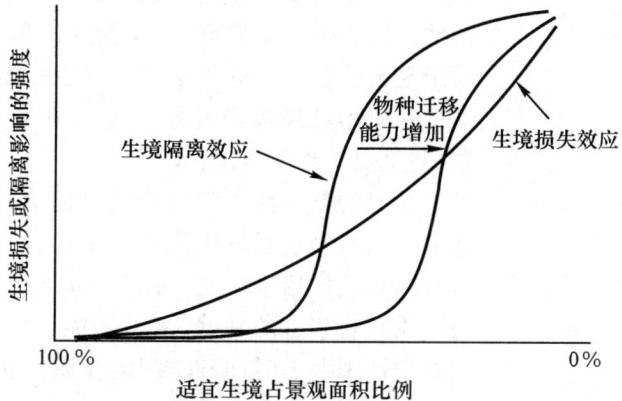

图 3.8 生境面积减少对生物迁移和种群的影响

当景观结构变化时,生境面积的减少对于生物个体迁移和种群的两种影响:生境损失效应和生境隔离效应(根据 Wiens,1997 重绘)

3.3.3　景观中性模型

自 20 世纪 80 年代以来,渗透理论在景观生态学研究中的应用日益广泛(如干扰的蔓延、种群动态),并逐渐地作为一种"景观中性模型"(neutral model)而著称。所谓中性模型是指不包含任何具体生态学过程或机理的,只产生数学上或统计学上所期望的时间或空间格局的模型(Caswell,1976)。Gardner 等(1987)相应地将景观中性模型定义为"不包含地形变化、空间聚集性、干扰历史和其他生态学过程及其影响的模型"。景观中性模型的最大作用是为研究景观格局和过程的相互作用提供一个参照系统。通过比较随机渗透系统和真实景观的结构和行为特征,可以有效地检验有关景观格局和过程关系的假设。渗透理论基于简单随机过程,并有显著的而且可预测的阈值特征,因此是非常理想的景观中性模型。

3.4　等级理论和景观复杂性

3.4.1　系统复杂性

景观作为动态斑块镶嵌体,在空间和时间上都表现出高度复杂性。景观生态学研究,尤其在理论和方法的发展方面,有必要借助于复杂性科学。近年来,复杂性科学的理论和方法在景观生态学中的应用已经逐渐开始。这一节将介绍一些有关复杂性的概念,并重点讨论等级理论。

系统的复杂性常常与其组分的数量、组分间的关系及观察者有关。虽然复杂系统往往有许多组分,但系统复杂性主要还是由组分间相互作用来决定。此外,复杂性的概念还必须将系统固有的性质和观察者的理解、兴趣和能力相结合(图 3.9)。生态系统的复杂性来源于时间和空间的异质性和大量组分间的非线性相互作用。判断某个生态学系统是否复杂还依赖于描述的途径和观测的目标。例如,假设只需要预测(不是解释)某个生态系统的生产力与生长季降雨量的关系,那么使用足够的历史资料做一个回归方程往往就够了。在上述例子中,观察者基本上把系统当作一个"黑箱",而且他感兴趣的只是它的输入与输出间的关系。

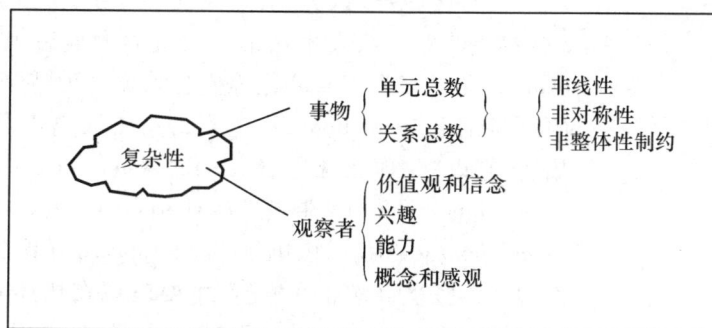

图 3.9 系统复杂性的组分

组成单元数目的多寡,单元间相互作用关系,以及人为因素都可能导致系统的复杂性(引自 Flood,1987)。整体性制约(holonomic constraint)是指系统组分对有关整体的定律的服从,而非整体性制约(nonholonomic constraint)则指系统组分在暂时失去中心控制后所表现出的,难以预测的自由行为

Weaver(1948)按照系统结构的性质将复杂性分为 3 类:有组织简单性(organized simplicity)、有组织复杂性(organized complexity)和无组织复杂性(disorganized complexity)。这 3 类复杂性对应于 Weinberg(1975)提出的小数系统(small-number system)、中数系统(middle-number system)和大数系统(large-number system)。有组织简单性即小数系统,所含变量少,相互作用形式简单,复杂性最小。因此,经典的数学方法对这些系统的研究很有效(如牛顿力学、传统的种群模型等)。无组织复杂性即大数系统,其组分数量很多,但组分的性质相同或相似,而且组分有高度的随机行为,因此,采用统计学方法很有效(如统计力学、生物统计学)。然而,生态学和环境科学中的大多数问题涉及有组织复杂性即中数系统(Allen 和 Star,1982;O'Neill 等,1986;Flood,1987)。用分析数学的方法研究中数系统,因其变量太多而不宜;若用统计方法,又因其变量不够多和组分的非随机行为也不适宜。解决这一难题的两个途径就是,在条件允许的情况下将中数系统转换成小数系统,或者发展完全不同于分析数学和统计学的新方法。系统科学和等级理论正是面对中数系统的这些挑战而发展起来的(Weinberg,1975;Flood 和 Carson,1993)。系统论方法强调过程与动态,可以成功地处理工程、社会、经济和生态系统中复杂的反馈和非线性作用,但在考虑空间异质性时则显得不是很有效。

Simon(1996)认为,对复杂性和复杂系统的研究在 20 世纪有 3 次高潮。第一次发生在第一次世界大战后,它以"整体论"(holism)、"格式塔"(Gestalts)等概念和理论为特征,这些观点有很强的反简化论(reductionism)色彩。第二次高潮是在第二次世界大战后,它以"一般系统论"(general system theory)、"信息论"(information theory)和"控制论"(cybernetics)为特征,主要强调反馈(feedback)和自我调控机制(homeostasis)在维持系统稳定性中的作用。第三次高潮正在进行,主要表现在描述和分析产生和维持复杂性的多种机制。其主要特征表现为"混沌"(chaos)、"灾变"(catastrophe)、"分形"(fractal)、"细胞自动机"(cellular automata)、"遗传算法"(genetic algorithms)和"等级"(hierarchy)等概念和理论的广泛应用。这些观点强调了复杂性的不同方面,在理解跨尺度现象时都是有用的。而等级理论提供了一个必要的概念框架,可将这些不同观点联系在一起(Simon,1996)。

3.4.2　等级理论的主要内容

等级(系统)理论(hierarchy theory)是 20 世纪 60 年代以来逐渐发展形成的关于复杂系统结构、功能和动态的理论(见 Allen 和 Starr,1982;O'Neill 等,1986;邬建国,1991;Wu,1999)。它的发展是基于一般系统论、信息论、非平衡态热力学以及现代哲学和数学有关理论之上的。广义地讲,等级是一个由若干单元组成的有序系统(Simon,1973)。Simon(1962)指出,复杂性常常具有等级形式,一个复杂的系统由相互关联的亚系统组成,亚系统又由各自的亚系统组成,以此类推,直到最低的层次(见图 3.10)。所谓最低层次依赖于系统的性质和研究的问题和目的。等级系统中每一个层次是由不同的亚系统或整体元(holon)组成的。整体元具有两面性或双向性,即相对于其低层次表现出整体特性,而对其高层次则表现出从属组分的受制约特性。根据等级理论,复杂系统可以看做是由具有离散性等级层次(discrete hierarchical level)组成的等级系统。强调等级系统的这种离散性反映了自然界中各种生物和非生物学过程往往有其特定的时空尺度,也是简化对复杂系统的描述和研究的有效手段。一般而言,处于这一等级中高层次的行为或过程常表现出大尺度、低频率、慢速度的特征;而低层次行为或过程,则表现出小尺度、高频率、快速度的特征。不同等级层次之间具有相互作用的关系,即高层次对低层次有制约作用。由

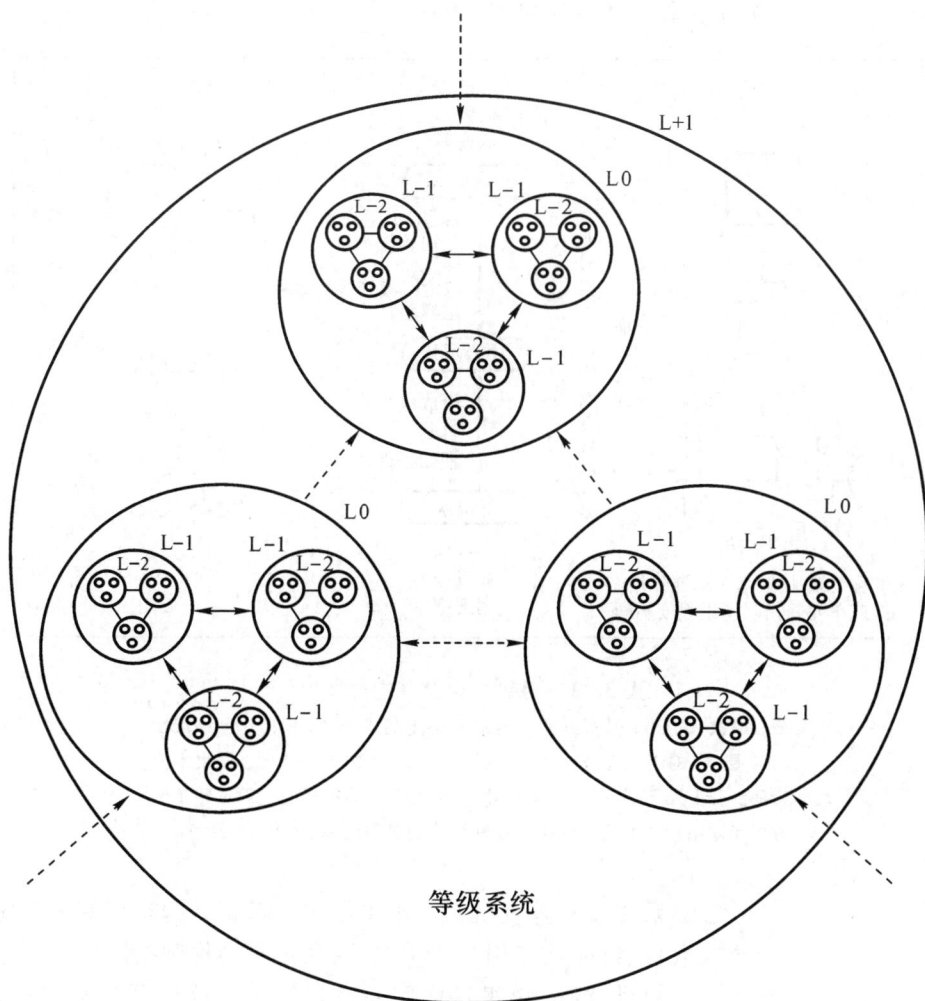

图 3.10 等级系统示意图
等级是一个由若干层次组成的有序系统,它由相互联系的亚系统组成,亚系统又由
各自的亚系统组成,以此类推。属于同一亚系统中的组分之间的相互作用在强度
或频率上要大于亚系统之间的相互作用。图中所表示的是一个巢式等级系统

于其低频率、慢速度的特点,在模型中这些制约(constraint)往往可表达为常数。低层次为高层次提供机制和功能,由于其快速度、高频率的特点,低层次的信息则常常可以平均值的形式来表达(见图 3.11)。概而言之,高等级层次上的生态学过程(如全球植被变化)往往是大尺度、低频率、慢速度;而低等级层次的过程(如局部植物群落中物种组成的变化)则常表现为小尺度、高频率、快速率

（O'Neill 等,1986;邬建国,1991）。

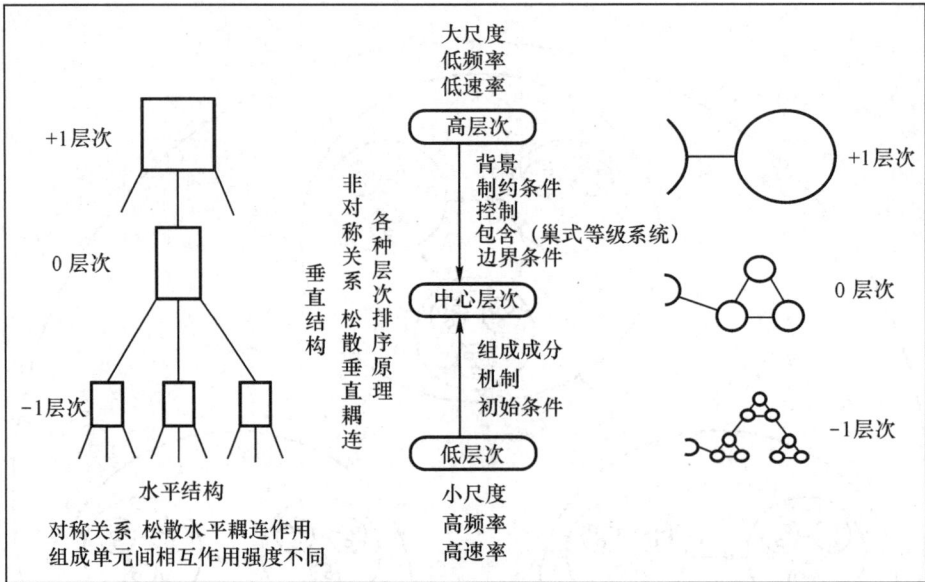

图 3.11 等级理论及其主要概念
核心层次(0 层次)是根据研究对象而确定的中心尺度,它是上一层次
(+1 层次)的组成部分,其行为受到上一层次的制约。核心层次本身
又是由若干处于下一层次(−1 层次)上的单元而构成的。而这些单元
的相互作用是产生核心层次上各种行为的机制所在(引自 Wu,1999)

　　等级系统具有垂直结构和水平结构。垂直结构是指等级系统
中层次数目、特征及其相互作用关系,而水平结构则指同一层次上
整体元的数目、特征和相互作用关系。等级系统可分为巢式(或
包含型,nested)和非巢式(或非包含型,non-nested)两类(见表
3.2)。在巢式等级系统中,高层次由低层次组成,即相邻的 2 个层
次之间具有完全包含与完全被包含的关系。例如,植被、土壤、地
理等分类系统均为巢式等级系统。在非巢式等级系统中,高层次
与低层次不具有完全包含与完全被包含的关系。例如,美国生物
科学协会(AIBS)由许多学会组成(如生态学会、植物学会、分类学
会、真菌学会等),各学会又由众多个人组成,从而形成一个等级
系统。然而许多人不只属于一个学会,因此该等级系统不具有完
全包含性,应属于非巢式。由此不难想象,食物网往往形成非巢式
等级系统。

表 3.2　巢式等级系统和非巢式等级系统的比较（根据 Ahl 和 Allen,1996）

巢式等级系统	非巢式等级系统
易于推测系统的未知特征	不易推测系统的未知特征
不同层次有不同的标准或测量单位	各个层次的划分标准（或测量单位）一致
等级间的比较不容易	容易比较不同等级之间的关系
通过研究系统组分及其相互作用可理解系统的整体行为	从系统的部分不能理解系统的整体行为

等级系统的垂直结构和水平结构都具有相对离散性或近可分解性（near-decomposability）。严格地讲，只有当组分间的相互作用强度为零时，系统才可称为具有完全可分解性。垂直结构的可分解性是因为不同层次具有不同的过程速率（例如，行为频率、缓冲时间、循环时间或反应时间）。而水平结构的可分解性来自于同一层次上整体元内部及其相互之间作用强度的差异。在层次和整体元间的边界叫界面。界面是系统组成成分相互作用强度差异最大的地方。由于界面对通过它的能流、物流和信息流具有过滤作用，因而也可理解成过滤器。因此，等级系统的垂直结构和水平结构均具有界面，而这些界面可能是有形的（如细胞壁、分水岭边界），或无形的和抽象的（如大气中不同物理过程形成的等级）。两个相邻层次间的关系是非对称性的（如高层次对低层次施以限制，如规定边界条件，而低层次为高层次提供动态机制）。然而，处于每一层次的亚系统（或整体元）间的关系是对称性的，整体元是能通过组分间的相互作用强度体现出来的。也就是说，组分间的相互作用强度或频率强于亚系统间（或界面间）的相互作用。例如，亚原子组分间的相互作用强度就强于原子间的相互作用，而原子间的相互作用又强于分子间的相互作用。由此可见，正是层次间和整体元间的相互作用强度的差异性确定了界面的位置。

等级结构的特征可以用"松散垂直耦连"（loose vertical coupling）和"松散水平耦连"（loose horizontal coupling）来解释。这些松散耦连特征正是层次之间以及整体元之间存在边界的根本原因或直接后果，也是复杂系统可分解性的基础。"松散"意味着"可分解"，而"耦连"却意味着"抵制分解"。可见，等级理论既不同于整体论，亦不同于简化论，而是综合二者为一体，强调系统中辩证统一的关系。

　　等级理论的重要作用之一是用以简化复杂系统,以便于对其结构、功能和动态进行理解和预测。复杂系统的可分解性是应用等级理论的前提和关键环节。用来"分解"复杂系统的标准包括过程的速率(如周期、频率、反应时间等)、边界和其他结构特征(如植被空间分布、动物体重空间分布等)。在所研究系统的等级结构确定后,一般需要同时考虑 3 个相邻层次,即核心层次、上一层次和下一层次(见图 3.11),方能较全面地了解所研究的对象(O'Neill 等,1986;Wu,1999)。等级系统理论对近年来景观生态学的兴起和发展起了重大作用(O'Neill,1996)。其中最为突出的是,它大大增强了生态学家的"尺度感",为深入认识和解译尺度的重要性,以及为发展多尺度景观研究方法起了显著的促进与指导作用。

3.4.3　等级理论的热力学基础

　　诺贝尔奖获得者,比利时物理学家 I. Prigogine 在非线性非平衡态热力学方面贡献卓著,并首先提出了耗散结构理论(Prigogine,1978)。他把系统分为 3 类:孤立系统(与外界环境既无能量又无物质交换)、封闭系统(与环境只有能量交换)和开放系统(与环境既有能量又有物质交换)。在任何系统中,总熵(系统无序程度的量度)的变化由两个部分组成:

$$dS = dS_i + dS_e \tag{3.20}$$

式中,dS 是总熵变化,dS_i 是系统内部产生的熵变,dS_e 是由于系统与外界环境发生物质和能量交换而产生的熵变化。对于孤立系统而言,dS_e 必然是零;对于非孤立系统而言,dS_e 则可能是大于零或小于零。对于任何系统而言,dS_i 总是大于或等于零(热力学第二定律)。因为总熵变化是上述两部分的代数和,所以其符号可正可负。因此,在封闭或开放系统中,总熵变化可能小于零,即熵值呈下降趋势。热力学第二定律认为,系统的熵总是增加的,在平衡态时达到最大值。此时,熵变化为零,系统具有最大无序性。因为自然生态学系统都属于开放系统,热力学第二定律是不宜用来解释其结构、功能和动态的。

　　虽然 dS_e 为零必然导致系统的熵或无序性的增加,但 dS_e 不为零并不能保证系统的熵减小或有序性增加。当 dS_e 大于零,来自环境的能量流和物质流增加系统的总熵值,系统加速达到其热力学平衡态,系统的原初结构最终彻底破坏。当 dS_e 小于零但很接近于零时,系统总熵的变化将主要取决于其内部熵变化 dS_i。在此情形中,系统最终将仍然达到其热力学平衡态,并不可能产生任何新结构。然而,当 dS_e 远远小于零时,即系统从外部环境不断通过获得物质和能量吸收负熵流时,系统的总熵值将减小,有序性增加,信息(负熵)量增加。在此情形下,一种新的组织结构可能形成,从而使得系统处于一种远离热力学平衡态的准稳态(metastable state)。因此,这种新的稳定结构是靠系统从环境中不断吸收负熵来形成并维持的,故称耗散结构。耗散结构是系统和环境间相互作用达到某一临界值时出现的有序结构。它的形成是一个由量变到质变,由无序到有序的过程。我们可以将其看做是一个自组织过程。耗散结构的形成至少要满足下列 3 个条件:① 系统必须处于远离热力学平衡态的非线性区域;② 开放系统;③ 系统的不同组成单元之间必须存在有非线性作用机制(如正、负反馈过程等)。

在稳定状态下,耗散系统的熵发生率小于任何相邻的非稳定态,即称为最小耗散原理。这种熵的局部最小化是所有生命有机体存在的重要热力学基础。系统组分的非线性作用和随机性涨落可引起自我放大效应,熵产生率随之增加。直至一个新的稳定态出现,熵值又重新达到局部最小化。涨落意味着系统的不稳定,但却是新的稳定结构形成的触发机制和杠杆。稳定源于涨落,有序出自无序。这种自组织过程可以产生所谓的分层稳定性(stratified stability),也正是这种过程产生了开放系统的等级结构。

生态系统是耗散系统。首先,生态系统是开放系统,它与环境不断发生着能量和物质交换。其次,所有"活"的生态系统都是远离其热力学平衡态的。热力学平衡意味着生命活动的终止,生态系统的彻底崩溃。再者,生态系统中不乏非线性过程(例如,种群控制机制,种间相互作用关系以及生物地球化学循环中的正、负反馈机制等)。当生态系统从环境中不断吸取能量和物质时,系统的总熵减小,信息量增加,结构复杂性随之而增加。生态系统在结构和功能方面的有序性和稳定性是靠连续不断的来自外界的负熵流来维持的。也就是说,生态系统的稳定性是通过熵最小化过程实现。当一个健康的生态系统受到胁迫或干扰后,它通常会以增加群落呼吸速率,提高熵产生率来将系统的无序性"泵"出去。当新的耗散结构形成后,系统便又进入稳定态。

在自然景观中,来自植物光合作用的高质量、低熵产生率的能量一部分以热量形式在呼吸及其他代谢过程中耗散,另一部分则进入景观生物量中。景观的组织有序化和信息量将随着食物网中结构和种类多样性的增加而增加,同时景观系统的熵产生率不断减小。对于半自然或人工景观系统,其稳定性更依赖于与外界环境永久性的能量、物质和熵交换。在这类景观中,尽管有周期性干扰(如火、放牧、采伐等),被促进的光合作用可以源源不断地输入负熵流,而且系统可以利用自由能增加其结构复杂性和生物多样性。这也是非自然系统对其多扰动环境的生态适应。然而,如果干扰太频繁、太强烈,这些系统的自组织能力将崩溃,从而准稳定性也随之消失。

O'Neill 等人(1986)指出,耗散结构和分层稳定性为等级系统高层次的演化提供了理论依据。耗散结构可解释开放系统中有序结构是如何按层次演化出来的,而分层稳定性则阐明了这些结构为什么能延续下来,并形成更高层次的结构单元。因此,O'Neill等(1986)认为,耗散结构是等级组织形成的渊源,而生态系统的分层稳定特征似乎是合乎客观实际的。

虽然组织的"层次"和"等级"概念可追溯到古代,但关于等级理论研究的主要进展还是近代的事(Wilson,1969)。Wilby(1994)认为等级理论在系统科学中取得成功是显然的,系统科学也促进了等级理论的应用和发展。但是,她指出等级理论尚存在几个问题:① 缺乏统一的定义和原理;② 缺乏系统的研究方法;③ 缺乏恰当的数学框架和理论。虽然等级理论可用来促进研究生态学复杂性以及发展尺度推绎原则(O'Neill,1996;Wu,1999),上述实际问题尚有待于在该理论的发展和应用中逐步得以解决。

近年来,一个多学科交叉,注重系统的自组织和适应特征的复杂性科学(science of complexity,或简称为复杂学)正在迅速发展。复杂适应系统(complex adaptive system,简称 CAS)似乎成为当前复杂学研究的中心内容。Levin(1998,1999)指出,生态系统,乃至整个生物圈,都是典型的复杂适应系统。他进而指出,复杂适应系统具有4大要素:异质性,非线性,等级结构,和能量、物质及信息流。正是这些要素促使了系统自组织的出现。复杂适应系统最本质的特性是自组织性。通过自组织,宏观层次上的系统特性可通过微观层次上组分间的局部性相互作用得以体现。而宏观层次又通过反馈作用反过来影响或制约这些微观层次上的相互作用关系的进一步发展。因此,自组织过程包括"旧"制约的瓦解和"新"秩序的建立。显然,复杂适应系统和等级理论有着多方面的联系,而这些理论的发展将对研究包括景观在内的生态学系统提供新的理论基础和研究途径(详见 Cowan 等,1994;Levin,1999;邬建国和申卫军,2002)。

以上,我们集中讨论了景观生态学中的几个重要的基本理论:岛屿生物地理学理论、复合种群理论、空间渗透理论和等级理论。作为现代景观生态学重要概念构架之一的斑块动态理论将在下一章中讨论。此外,O'Neill(1999)指出,经济地理学中的一些理论对景观生态学也很重要,读者可参阅 O'Neill(1999)和 Wiens 和 Moss(2005)。

3.5　景观生态学中的十大核心研究论题

在过去 20 多年中,景观生态学已从局限于中、东欧的地区性应用领域发展成为盛行世界的,并具有高度综合性的生态学主流科学。景观生态学在理论、方法及应用诸方面均取得了长足发展。但作为一个迅速发展中的学科,景观生态学尚面临着许多新的问题和挑战。为促进该学科的进一步发展,世界景观生态学家们就景观生态学的关键问题和优先研究领域在 2001 年和 2003 年先后两次进行了专门讨论。第一次是在 2001 年美国景观生态学会年会上,由邬建国召集并主持的题为"21 世纪景观生态学十大论题"的研讨会(2001 年 4 月 25 – 29 日)。16 位来自世界各地的景观生态学集大成者应邀对"什么是 21 世纪景观生态学最重要的或最具挑战性的研究论题"发表了他们的看法。会后,邬建国和 Richard Hobbs(当时的国际景观生态学会主席)把与会者的观点归纳为 6 个学科发展要素和 10 个关键研究论题(Wu 和 Hobbs,2002)。第二次是在 2003 年世界景观生态学大会上,由邬建国和 Richard Hobbs 召集和主持题为"景观生态学中的关键论题和优先研究领域"的研讨会。在这次会议上,十几位著名世界景观生态学家围绕着景观生态学十大论题逐个地进行了更深入的探讨。这次研讨会是剑桥大学出版社出版 *Key Topics in Landscape Ecology*(Wu 和 Hobbs,2007b)的基础。这里,我们只对景观生态学十大论题略加综述。

Wu 和 Hobbs(2002)指出,景观生态学的 6 个学科发展要素是:① 突出交叉学科性和跨学科性,② 基础研究和实际应用的整合,③ 发展和完善概念及理论体系,④ 加强教育和培训,⑤ 加强国际学术交流与合作,⑥ 加强与公众和决策者的交流及协作。而景观生态学十大论题可归纳如下。

(1) 异质景观中的能量、物质和生物流过程

景观生态学研究的主要目的之一是理解空间格局与生态过程之间的相互作用关系,而这一目的尚远未实现。斑块动态是将空间格局与生态过程紧密相结合的一个核心概念。迄今为止,景观研究中涉及格局分析方面的内容较多,往后应该多重视过程本身以及过程和格局的关系。种群过程与空间格局相互作用的研究进展较大,但许多复合种群模型只局限在基础研究范畴。有必要加强种群动态研究,并和生物多样性保护及景观可持续性研究结合起来。至今,我们对景观异质性和生态系统过程的相互作用关系所知甚少。比如,生态系统过程速率如何因空间和尺度而异? 在受人类活动不同特征和强度影响下的各种景观中,生态系统过程速率的差异性是由什么因素决定的? 在探究空间格局与生态过程之间的相互作用关系时,景观生态学须与种群生态学、群落生态学及生态系统生态学相整合(Turner 和 Cardille,2007)。总而言之,理解物流(包括有机体的迁移)、能流和信息流在景观镶嵌体中的动态机制是景观生态学最本质、最具有特色的内容之一。

(2) 土地利用和覆盖变化的起因、过程和效应

土地利用和土地覆盖变化是影响景观结构、功能及动态的最普遍的主导因素之一,同时也是景观生态学和全球生态学中极重要和颇具挑战性的研究领域之一(Antrop, 2007; Verburg, 2006)。土地利用和覆盖变化的主要驱动力是社会和经济过程,因此,经济地理学(研究经济活动的空间分布规律)和资源经济学(研究如何合理而高效地利用资源)在景观生态学中的应用尚有待发展。对于土地利用和覆盖变化的过程及生态学效应(如对种群动态、生物多样性和生态系统过程的影响)还需要进行更深入的研究。此外,有关区域及全球气候变化和土地利用/覆盖历史对景观结构和功能影响的研究甚少,亟待加强。

(3) 非线性科学和复杂性科学在景观生态学中的应用

景观是空间上广阔而又异质的复杂系统。聚现特征(emergent properties)、相变(phase transitions)以及阈值或临界(threshold)行为是各类景观作为空间异质非线性系统所具有的普遍特性。故而有必要发展和检验能够阐释这些复杂系统特征的复杂性

科学(science of complexity 或 complexity science)和非线性科学,使其在研究景观复杂性问题上发挥重要作用。近几年,一些复杂性科学的概念和方法已在景观生态学中得到广泛应用(如分形理论、细胞自动机)。有关自组织(self-organization)、自组织临界态(self-organized criticality)、复杂适应系统(complex adaptive systems,简称 CAS)、相变(phase transition)以及多稳态(metastability)等理论在研究景观复杂性和可持续性方面的理论和实践意义还需深入地探讨(见 Milne,1998;Wu 和 David,2002;邬建国和申卫军,2002;Solé 和 Bascompte,2006)。

(4)尺度推绎

尺度推绎通常是指把信息从一个尺度转译到另一个尺度上(Wiens,1989;Wu,1999;Wu 等,2006)。多数与会者认为尺度推绎是景观生态学理论研究与实践中最为重要的一个内容。尺度的概念在景观生态学中已受到广泛重视,但尚有许多重要研究问题亟待解决。如,研究格局与过程相互作用时如何确定合适尺度?如何在异质景观中进行尺度上推(upscaling)或下推(downscaling)?小尺度实验结果如何外推到真实景观世界?景观生态学研究中数据聚合(aggregation)和解聚(disaggregation)的理论基础与操作原则是什么?近几十年来,尺度推绎问题在许多学科都引起了广泛兴趣,文献颇多。但是,有关景观格局与过程尺度推绎的原理和方法还需进一步发展和检验。复杂性科学可能有助于景观生态学中尺度推绎理论基础和策略的探索,而综合野外观测、控制实验、遥感、地理信息系统和模型模拟为一体的途径必有利于推动尺度学(science of scale)的发展(详见 Wu,2006a,b;Wu 等,2006)。

(5)景观生态学方法论的创新

很多景观生态学问题都需以空间显式(spatially explicit)的方式在大尺度和多尺度上进行分析,而许多传统的生态学和统计学方法不宜用于研究空间异质性和景观复杂性。因此,景观生态学在方法论方面必须要有所创新。例如,在大的景观尺度上通常是很难找到重复的,这会引起所谓的假重复问题(pseudoreplication)。显然,这对运用传统实验方法造成了巨大的障碍。空间自相关在景观中普遍存在,它不符合传统统计分析和取样方法所要求的基本假设,因此景观生态学家在应用传统统计学方法进行实验设计和数据分析时应谨慎和具有创造性。同时,应更多关注景观生态学研究中空间统计学(包括地统计学)方法应用的合理性、有效性及其生态学含义。不管使用何种技术或手段,都应以生态学问题为前提或目标,避免拿着时髦的"武器"去盲目地寻找"靶子"(详见 Li 和 Wu, 2007; Ludwig, 2007)。

(6)景观指数与生态过程相结合,提高格局分析的科学性

格局指数已在景观生态学中广泛应用,但它们本身对不同景观特征和分析尺度的反应及其生态学意义尚不是很清楚。如何把景观指数与生态学过程联系在一起这一基本问题在很大程度上尚未解答。尺度(幅度和粒度)变化对景观指数的影响往往是很显著的。最近的一些研究表明,某些景观指数表现出不随景观类型变化的普遍性尺度推绎规律,而大多数则变化多端(Wu 等,2002; Shen 等,2004; Wu,2004)。如何确定景观指数值变化的统计学或生态学显著性? 是否应该或如何去制定一系列标准以提高景观指数选择和用其进行环境变化监测的规范化? 如何发展一些能反映社会、文化、生态多样性及异质性的整合型指数? 对上述问题的回答需要理论与经验途径相结合。要使景观指数成为真正反映景观格局与过程相互关系的指数,我们必须透过指数的数字外表而理解其生态学内涵。这就需要对格局与过程间的内在关系及机理做更多更深入的研究(见 Li 和 Wu,2004,2007; Ludwig,2007)。

(7)把人类和人类活动整合到景观生态学中

许多景观生态学研究是在大尺度上进行的,而大尺度生态学系统往往不可避免地受到人类活动的影响。多数与会者认为社会、经济过程驱动土地利用/覆盖变化,而土地利用/覆盖变化反过来也会影响景观结构、功能与动态。因此,人类自身及其活动在许多景观生态学研究中是不可忽略的。这种重视人类活动在景观中作用的认识在北美景观生态学中也日趋明显。另外,景观生态学的观点已在融入景观规划和设计的有关理念中。运用景观生态学原理指导规划与设计可减少或避免不合理的土地和资源利用状况。欧洲的景观生态学一直把人类及其活动视作景观整体的一部分。近年来,"整体论景观生态学"(holistic landscape ecology)再度得以提倡(Naveh,2000)。这一观点强调用系统学的观点把人文系统与自然系统联系起来。要把人类感知、价值观、文化传统及社会经济活动结合到景观生态学研究中需要多学科交叉,需要基础研究与应用实践的结合。这种结合必须付诸实施,而不仅仅是一种时髦的空谈。然而,尽管现在有一些理论和方法,把人类和人类活动整合到景观生态学中将是生态学家和其他相关领域的科学家在新世纪的最大挑战之一(见 Fry 等,2007; Vos 等,2007)。

(8)景观格局的优化

　　景观生态学的一个最基本假设是空间格局对过程（物流、能流和信息流）具有重要影响，而过程也会创造、改变和维持空间格局。因此，景观格局的优化问题在理论和实际上都有重要意义。这里所说的格局优化可以指土地利用格局的优化、景观管理、景观规划与设计的优化。与此相关的科学问题有：如何优化景观中斑块组成、空间配置以及基底特征，从而最有利于生物多样性保护、生态系统管理和景观的可持续发展？是否存在可以把自然与文化最合理地交织为一体的最佳景观格局？基于生态学过程来研究景观格局的优化问题可能是一个新的、颇有前景的研究方向。传统的运筹学方法对开展这类研究可能远远不够，其他方面的理论与方法有必要发展，不同领域科学家与实践者需要参与（见 Hof 和 Flather，2007）。

　　（9）景观水平的生物多样性保护和可持续发展

　　景观系统的生物多样性保护和可持续性是景观生态学的终极目标之一。大多数与会者认为景观生态学原理对生物多样性保护和景观可持续发展非常重要。但是，能够用来指导生物多样性保护实践的景观生态学具体原则尚有待于进一步发展。与此相关，我们需要发展一个全面的、可操作性强的景观可持续性概念。这个概念应该涵盖景观的物理、生态、社会经济和文化成分，并且明确考虑时空尺度。生态学家在考虑可持续性问题时主要是基于物种和生态系统的，但人类如何看待和衡量景观的价值对景观可持续发展实践亦有极重要的影响（见 Fry 等，2007；MacKey 等，2007；Wu，2006）。

　　（10）景观数据的获得和准确度评价

　　景观生态学家常常采用多种遥感技术以获取大尺度和多尺度上的地理、生态、人文等一系列资料。地理信息系统和全球定位系统的使用在景观生态学中已是司空见惯。这些技术大大地促进了空间数据的存贮、整理及分析。但是，技术终究不能取代科学。景观数据的获得和准确度评价方面尚有许多问题。要深入理解景观结构与功能的关系，就必须要有详尽而准确的生物个体、种群、群落和生态系统方面的数据。这些生物学数据往往需要通过野外实地考察才能获得。没有准确的数据就不会有可信的结论；但迄今为止，对景观数据的误差和不确定性分析或准确性评价方面的研究甚少。数据质量及元数据直接决定着景观生态学家能否正确地识别格局并将其与生态学过程相联系的能力及有效性。误差和不确定性分析及数据质量评价是景观生态学中一个极其重要并富于挑战性的研究方向（见 Iverson，2007；Li 和 Wu，2006，2007）。

推荐阅读文献

Goodwin B J. 2003. Is landscape connectivity a dependent or independent variable? Landscape Ecology ,18:687 – 699.

Fahrig L. 2007. Landscape heterogeneity and metapopulation dynamics. In: Wu J, and Hobbs R., eds. Key Topics in Landscape Ecology. Cambridge, UK: Cambridge University Press. 78 – 91.

Hanski I. 1998. Metapopulation dynamics. Nature, 396:41 – 49.

Milne B T. 1998. Motivation and benefits of complex systems approaches in ecology. Ecosystems, 1:449 – 456.

Levin S A. 1998. Ecosystems and the biosphere as complex adaptive systems. Ecosystems, 1: 431 – 436.

Wu J. 1999. Hierarchy and scaling: Extrapolating information along a scaling ladder. Canadian Journal of Remote Sensing, 25: 367 – 380.

Wu J, and Hobbs R. 2002. Key issues and research priorities in landscape ecology: An idiosyncratic synthesis. Landscape Ecology, 17:355 – 365.

等级斑块动态范式

4

第 四 章

从前面章节我们看到空间异质性无处不有;非线性关系在生态学中司空见惯;自然界处于复杂变化之中,而不是停留在任何"均衡"状态。景观是空间异质性的多尺度体系,其中格局、过程和尺度的相互作用极为复杂。传统的生态学理论和观点强调平衡、稳定性、均质系统以及生态学系统的确定性特征。这显然与景观生态学的宗旨不相吻合。

景观生态学需要新的理论和观点,其发展与生态学范式变迁有密切关系。因此,本章拟对生态学中几个主要范式及其变迁作一简要叙述,并着重介绍一个生态学新范式,即等级斑块动态理论(hierarchical patch dynamics)(Wu 和 Loucks, 1995;邬建国,1996;Wu, 1999)。

4.1　科学范式及其重要性

范式(paradigm)是现代科学哲学中的一个极为重要的概念(Cohen, 1985, 1994; Pickett 等,1994)。Kuhn 的一系列有关科学革命的结构和机制的论述对现代科学哲学的发展起了重大作用(Kuhn, 1962, 1970)。范式是一个科学群体所共识并运用的,由世界观、置信系统(belief system)以及一系列概念、方法和原理组成的体系。换言之,一个科学群体是由享有共同范式的个体组成(Pickett 等, 1994;Kuhn, 1970)。科学家们自觉地或不自觉地依循范式来定义和研究问题,并寻求答案。范式不但为科学家提供研究路线图,而且还对如何来制作这些图起着重要指导意义(Kuhn, 1970)。伴随着对已有范式认识的深化,新的概念、理论和研究方法将不断出现。范式是科学理论产生的媒介,同时,在一定意义上讲也是科学群体所共享的"大理论"(Pickett 等,1994; Kuhn,1970)。因此,"范式"和"理论"的界线有时是相对的,从而导致两词在某些时候可替换使用。

在科学发展史中,随着人们对研究对象认识的不断深化,新问题的出现,旧范式将必然为新范式所取代,这一过程即所谓的范式变迁(paradigm shift)。因此,范式变迁是科学进步的动力,也是其必然产物。当一个新范式萌生时,其内容、成分及理论体系一时尚不易清晰可识;而往往是以"轮廓"的形式出现,其发展和充实则有赖于那些能够充分吸引科学群体、对现有知识及未来发展的高度概括和综合(Capra, 1986)。

范式有不同的存在与应用范畴,从而形成"范式等级系统"

（paradigm hierarchy；如现代科学整体范式 - 分支学科范式等）。就整个现代科学而言,范式包括唯物论（materialism）、因果论（causality）、简化论（reductionism）及整体论（holism）等。涉及整个生态学领域的范式有平衡范式（equilibrium paradigm）、非平衡范式（nonequilibrium paradigm）及多平衡范式（multiple equilibrium paradigm）等。而生态学中又有学科范式,如种群生态学范式和生态系统生态学范式。综观生态学的历史,范式的作用是明显的,范式变迁是深刻的(图4.1)。认识生态学范式的内涵和实质对景观生态学在理论和应用方面的发展和完善具有极为重要的意义（Wu,1992a；Pickett 等,1994；邬建国,1994，1996）。

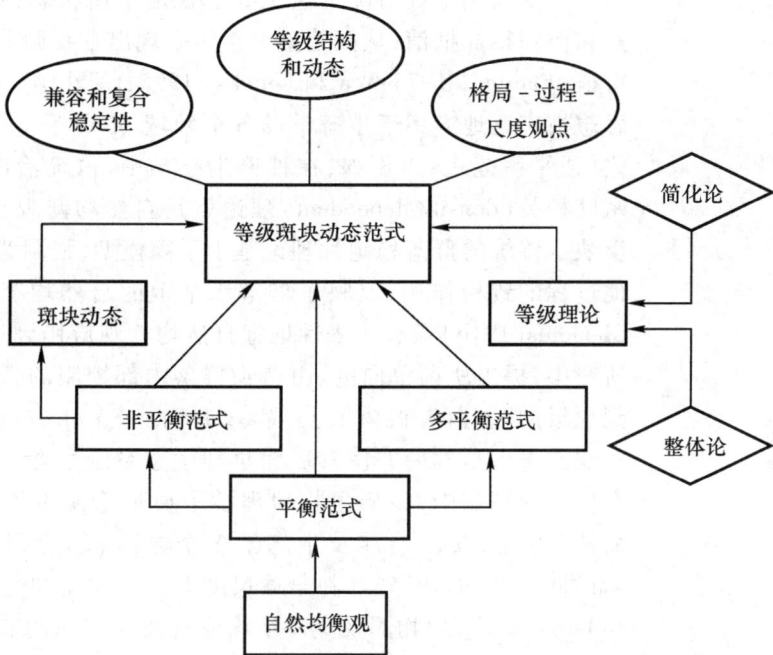

图 4.1　生态学范式和理论的发展及其相互关系图(引自邬建国,1996)

4.2　生态学范式及其变迁

4.2.1　平衡范式

范式存在并运用于学科等级系统的不同水平上。由于有些范式可能同时涉及几个学科层次,因此对范式等级的划分会有一定的主观性。这里,我们仅讨论生态学中几个对其理论和应用有显著作用的范式,即平衡范式(或经典生态学范式)、非平衡范式、多平衡范式,以及最突出的两个学科范式——种群生态学范式和生态系统生态学范式。并将对各范式的主要特点、彼此之间的联系及范式变迁作简要讨论。

　　自然均衡观(balance of nature)是西方文化传统的一部分,它在中国古代哲学中也有体现(如"阴阳"和"五行"学说)。自然均衡是生态学中历史最悠久,影响最广泛、最深远的传统观点和隐喻词(metaphor)。顾名思义,自然均衡在生态学中常被解释为自然界在不受人类干扰情况下总是处于稳定平衡状态;各种不稳定因素和作用相互抵消,从而使整个系统表现出自我调节、自我控制的特征(Egerton, 1973;Wu 和 Loucks, 1995;邬建国, 1996)。这一思想被广泛地应用于生态学的各个领域,形成了生态学的经典范式(或平衡范式)。例如,在种群生态学中,占统治地位几十年的密度相关(density-dependent)理论就是自然均衡观在种群水平的反映。传统的群落稳定性理论基于平衡模型,强调竞争、捕食和其他过程的致稳作用,反映了群落水平上的自然均衡思想。例如,Clements(1916)最有代表性地把自然均衡观应用到植物生态演替研究中,提出所谓单向的、由植物群落内部控制的、循序渐进而达到顶极的"群落有机体"论。Margalef(1968)和 Odum(1969)将这一观点进一步发展并使其成为早期生态系统生态学的理论核心。在生物地理学中,岛屿生物地理学平衡理论使该领域发生了"革命性"变化,其影响涉及生态学多个方面(邬建国,1989;Wu 和 Vankat, 1991a,1995)。在全球尺度上,"大地女神假说"(Gaia hypothesis)认为,生物圈及其环境构成自我控制和调节的系统,能够阻抑各种不利于生命的变化(Lovelock,1987)。这种观点似乎已成为生态哲学(ecophilosophy 或 deep ecology)中的重要概念(Wu,1992a)。

　　由上可见,平衡理论往往把生态系统看做是封闭的、具有内部控制机制的、可预测的以及确定性的(deterministic)。显然,平衡范式强调生态系统的平衡和稳定性。一般而言,平衡是指生态学系统中各种过程相互抑制或抵消时所表现出来的均衡状态。稳定性在生态学中用法不一,并引起许多误解和争议(Wu, 1992a;黄建辉,1994;Wu and Loucks, 1995;邬建国, 1996)。概而言之,稳定性有 4 种相互联系但又不同的含义和用法:① 抗变力或阻力

（resistance），即系统阻抑外界干扰的速率（常以某一变量在干扰后偏离平衡态的程度来度量）；② 恢复力（resilience），即系统在受干扰后恢复到先前平衡点的能力（常用恢复所需时间来度量）；③ 持续力（persistence），即在干扰作用下系统行为虽然发生波动，但这些变化总是在某一限度之内，从而使系统仍能保持生存的能力（常以系统生存时间来度量）；④ 恒定性（constancy）或变异性（variability），二者从不同角度来度量系统在一定时空尺度上所表现出的不确定性或变异程度（可用方差或变异系数来表示）。在经典生态学范式中，所谓的稳定性往往是指抗变力和恢复力，二者均基于稳定平衡点存在的假设之上。而持续力和恒定性（或变异性）的定义不依赖于平衡假设，因此其使用范围较广。

近 20 年来的生态学研究充分表明，自然界并非处于均衡状态，经典的平衡范式往往难以解释实际的生态学现象（Botkin，1990；Pickett 等，1992；Wu，1992a；Wu 和 Loucks,1995）。例如，Hall（1988）曾采用一批据称是支持平衡模型的实际数据对几个最有影响的生态学平衡模型（Logistic 和 Lotka – Volterra 模型的不同演变形式）进行了仔细的分析。他发现，所有的模型预测值都与实际数据大相径庭。与此相似，Gilbert（1980）在大量的野外资料中却难以找到确凿证据来全面支持岛屿生物地理学平衡理论的预测结果（又见邬建国，1989；Wu 和 Vankat, 1995）。生态学家正是由于在一定程度上认识到了平衡范式的这些根本性缺陷，才开始寻求多平衡态或非平衡范式。

4.2.2 多平衡及非平衡范式

生态学系统中存在有多种非线性的生物和非生物作用,这些与过程有关的复杂性与空间异质性一起使它们可能具有多平衡态特征（Levin,1979；Wu 和 Vankat,1991a）。多平衡态理论作为传统平衡理论的一个扩展或补充,为许多生态学现象（尤其是多物种共存和多样性问题）提供了满意的解释。例如,Holling（1973）利用来自水生和陆生生态系统的许多实例说明多平衡状态的存在。他指出,随机性气候变化和干扰（如火、虫害的突发）可使生态学系统从一个平衡状态转移到另一个平衡状态。许多近期的理论和实验研究结果似乎支持这种多平衡态观点（Sutherland,1974；May, 1977；Levin, 1979；Sharma 和 Dettman, 1989；Holling, 1992）。此外,草地研究和管理多年来以 Clements 演替理论为依据,假定草地生态系统有一稳定平衡状态,即顶极群落;若因放牧、火烧等干扰偏离这一状态后,只要控制过度放牧或其他干扰,草地系统就会恢复到其特定的平衡状态。然而,这一根深蒂固的传统观点自 1989 年开始受到草地生态学家的根本性否定(如 Westoby 等,1989;Laycock,1991)。取而代之的是在草地生态学中已著称的"状态和过渡"模式(the state and transition model)。这一模式的要点就是,草地生态系统有多种相对稳定状态,而气候变化和管理方式(如放牧、停牧、火烧等)都可以使其从一种状态转变为另一种状态。这一模式已得到许多实际研究的支持(见 Laycock,1991;Hobbs,1994;George 等,1992;Plant 等,1999)。

非平衡范式强调生态学系统的非平衡动态、开放性以及外部环境对系统的作用。对于许多生态学系统能够长期存在的解释,非平衡理论不将其归因于平衡点和系统内部自控和自调机制的存在。在种群生态学中,密度无关学说(density-independent theory)是非平衡范式的典型体现。它认为控制种群动态的主导因素是与其密度无关的环境变化。当然,极端的种群密度无关观点是不成立的。倘若种群动态完全由环境变化而决定,那就很难想象自然界尚会有这么多物种长期存活。因此,又有所谓的种群"密度模糊控制"(density-vague regulation)理论,即种群动态在大部分时候受密度无关因素控制,而在种群密度很小和很大时,密度相关机制将起作用(Strong,1984)。群落生态学中的非平衡观点既强调物理环境的随机作用,同时也强调长期性环境变化以及群落的历史因素。在生态系统研究中,以平衡稳定和自调、自控为核心的 Marglef – Odum 生态系统理论的主导地位已被强调随机事件、空间异质性、格局和过程相互作用以及开放系统特征的非平衡观点所取代(Bormann 和 Likens,1979;Engelberg 和 Boyarsky,1979;Risser,1990 ;Woodmansee,1990;Remmert,1991)。现代景观生态学强调格局 – 过程 – 尺度观点,显然超越了传统的平衡范式。它强调空间异质性、人为和自然干扰过程以及不同时空尺度上空间格局与生态过程的相互作用,与传统的平衡态理论形成鲜明的对比。而欧洲景观生态学学派的生物控制论观点(biocybernetics)在一定程度上延伸了传统平衡范式中的一些概念和理论。

在用非平衡观点描述和解释生态学系统的稳定性时,前面谈及的持续力和变异性概念往往被采用(Botkin 和 Sobel,1975;Pimm,1991)。自 20 世纪 70 年代以来,非线性数学和非平衡态热力学在生态学中的应用促进了多平衡态和非平衡态观点的发展。

例如,Levin(1974,1976,1979)将扩散–反应方程(diffusion-reaction equation)加以推广,使其包含空间异质性,从而为解释具有空间结构的生态学系统的多平衡态现象提供了一个数学理论。这一理论认为,空间斑块性有助于系统内部发展不尽相同的局部稳定性,而整个系统则由许多具平衡特征的子系统组成(Levin,1976)。显然,这一思想在时间尺度上亦可推广。非线性系统可表现出重要的临界行为(shreshold behavior)或歧变(bifurcation),即当一些参数经过吸引域(domain of attraction)边界时,系统状态会表现出非连续性的突变。研究生态学系统在吸引域边界的行为,在理论上和实践上都有重要意义(Holling,1973)。混沌理论(chaos theory)和灾变理论(catastrophe theory)的核心问题之一就是预测和解释临界现象。这些理论使生态学家对非线性系统行为的复杂性有了新的、更深刻的理解,而且也为生态学系统多平衡态的存在提供了新的依据。非线性反馈作用可使某些生态系统对微小扰动特别敏感,进而发生涨落或歧变,从一种状态进入另一种状态。这一观点在定性意义上与耗散结构理论相似。此外,混沌理论还表明,系统的确定性(或非随机性)并不一定增加其稳定性,相反,它却成为混沌行为的产生条件之一,这显然与传统的平衡范式相抵触。

4.2.3 种群生态范式与生态系统范式

长期以来,生态学内部最有代表性、对照也最鲜明的分支学科范式是种群生态与生态系统范式(O'Neill 等,1986;Pickett 等,1994)。种群生态学将研究对象集中于生物种群,主要研究生物有机体在空间和时间上的分布格局及其变化的原因和机制。通常种群范式强调个体行为、繁殖特征以及竞争和其他生物间相互作用。非生物因素通常被看做是影响生物个体和种群动态的外界环境。因此,虽然个体和种群存在于生态系统之中,但能量流动和物质循环对种群动态的影响长期以来却被忽视。而生态系统范式则正是强调能量和物质运动规律及其过程,提倡将生物有机体及其物理环境作为一个整体来研究。但是,种类繁多的生物通常被作为类似于“黑箱”的功能团(functional group,如生产者、消费者、分解者)来处理。与种群生态学显然不同,生态系统生态学的研究重点在于系统的输入、输出、能量转化、物质库的大小以及物质和能量流动速率等。前面谈及的平衡、非平衡和多平衡态范式在这两个分支学科范式中都有明显的影响(见 Pickett 等,1994)。种群生态学和生态系统生态学对生态学范式的发展和变迁起了重大作用。

种群生态学和生态系统生态学这两种范式的存在,不仅反映了从不同角度来研究生态学现象的必要性,同时也反映了在研究方向上力求简单易行的原则。生态学的发展历史表明,这两种范式指导下的研究途径都可以是很有效的(O'Neill 等, 1986;Pickett 等, 1994)。然而,能量流动和物质循环对种群动态和生物群落的结构会有重要影响(Cale, 1988;de Ruiter 等,1995),而种群动态和群落的种类组成变化亦会显著地影响生态系统的能量和物质运动及其稳定性(Marks, 1974;Paine, 1974;Vitousek, 1989)。因此,这两种范式的结合对于促进各个领域的发展,深化生态学理论有着重要意义,同时也成为现代生态学研究中的前沿和热点之一(Jones 和 Lawton, 1994;Pickett 等,1994)。

4.3 等级斑块动态范式

生态学中长期以来有关平衡和非平衡,稳定性和不稳定性的争议可归因于以下几个方面:①定义多异,用法混淆;②对于空间异质性在生态学过程中作用的认识和表达不同;③缺乏对时空尺度效应的考虑;④研究方法的理论基础不同,如简化论与整体论的区别,或然论(probabilism)与确定论(determinism)的区别,以及个体论(individualism)与超有机体论(superorganismic doctrine)的区别等等。近年来的大量研究表明,生态学理论的发展必须明确认识广泛存在的时空斑块性以及尺度的重要性,并以恰当的方式表达它们。平衡范式、非平衡范式及多平衡范式均不足以提供一个能将异质性、尺度和多层次关联作用整合为一体的概念构架。自20 世纪 80 年代以来,生态学中逐渐在形成一个新的范式,这就是等级斑块范式,它开始萌生的标志就是斑块动态理论的出现。

4.3.1 斑块动态理论

斑块动态(patch dynamics)的概念,一般追溯到 1947 年英国生态学家 A. S. Watt 提出的"格局与过程"学说(pattern - process hypothesis)。Watt 认为,生态学系统是斑块镶嵌体,斑块的个体行为和镶嵌体的综合特征决定生态系统的结构和功能。这种思想在苏联地植物学中也存在已久(如植物小群落、镶嵌群落或复合群落等概念)。自 20 世纪 70 年代开始,斑块理论的发展受到了岛屿生物地理学理论的启发,同时也大大受益于复合种群生态学的迅速发展。显然,复合种群系统是斑块镶嵌体的一种具体形式,其概念、研究方法和结果都对理解斑块动态的一般性规律有重要意义。1985 年 Pickett 和 White 编辑出版了《自然干扰生态学和斑块动态》(*The Ecology of Natural Disturbance and Patch Dynamics*)一书,综合了在种群和群落水平斑块动态实地研究之精华,为斑块动态这一概念的定义、推广、应用和发展奠定了极为重要的基础。无疑,这本经典著作是斑块动态理论发展史中最重要的里程碑之一。自此,斑块动态概念被广泛运用到种群和群落生态学的理论与实践中,并逐渐发展成为生态学中的一个新理论(Pickett 和 White,1985;Wu 和 Levin,1994;Wu 和 Loucks,1995;Pickett 等 1999)。

所谓斑块是指任何与周围环境不同,而表现出较明显边界的地理单元。其内容可以是生物的(如森林、草地、水生生物群落、动物居群及植物聚集斑块,甚至个体植株)或者是非生物的(如地形、地貌区、土壤类型、水、光和养分的斑块分布等)。如前一章所述,斑块性是多尺度上的特征,斑块可以大到地球,小到叶片上的气孔。然而,对于某一项生态学研究,或某一生态学现象而言,不需要也不可能考虑所有尺度上的斑块,而是要着眼于相关尺度上的斑块性及斑块间的相互作用。自然界可以看做是由无数的、多姿多态而又千变万化的斑块组成的多尺度镶嵌体,在不同的观察尺度上人们看到的是其不同的但又相互联系的侧面。

斑块动态是指斑块个体本身的状态变化和斑块镶嵌体水平上的结构和功能的变化。因此,它至少同时涉及两个尺度。例如,干扰和生态演替过程常常驱使许多不同种类的斑块发生变化,进而使整个群落或景观系统的空间结构和功能发生显著变化。生态系统可以看做是具有这种特征的动态斑块镶嵌体(shifting mosaic)(Bormann 和 Likens,1979;Wu 和 Levin,1994)。斑块动态是与传统生态学理论具有根本性区别的新观点,它强调空间异质性及其生态学成因、机制和作用,不但突出了生态学系统的斑块组分的动态特征,而且意味着作为斑块镶嵌体的系统整体也必然要经历变化。这显然和生态学中根深蒂固的“自然均衡”思想背道而驰(Wu,1992a;邬建国,1996;Pickett 等,1992)。

斑块动态理论的主要思想可通过下面的广义模型来表示：

$$\frac{\mathrm{d}Y_i^u}{\mathrm{d}t} = f_i^u(\boldsymbol{Y}^u, \boldsymbol{X}^u) + \text{斑块间的净交换} + \text{斑块与基底间的净交}$$

换   (4.1)

式中，$\boldsymbol{Y}^u$ 是由斑块 u 的状态变量组成的矢量($\boldsymbol{Y}_1^u, \boldsymbol{Y}_2^u, \cdots, \boldsymbol{Y}_n^u$)，$\boldsymbol{X}^u$ 是由一组与斑块 u 有关的参数组成的矢量($\boldsymbol{X}_1^u, \boldsymbol{X}_2^u, \cdots, \boldsymbol{X}_n^u$)，$f^u$ 是一组函数关系(Levin，1976)。能够最好地代表斑块动态理论的模型首先应该是 Levin 和 Paine(1974)、Paine 和 Levin(1981)发展的斑块景观模型。Levin-Paine 斑块模型最初是为了探讨干扰、空间异质性和种群动态以及群落结构之间的相互关系而发展起来的。Levin 和 Paine 早在 1974 年就明确指出，由各种内部和外部因素造成的空间异质性必然会影响群落的表观和功能特征，而传统的种群和群落生态学理论却往往忽视了这一点。与群落有机体观点恰恰相反，Levin 和 Paine(1974,1975)认为，生物群落可以看做是由许多相互作用的小斑块组成的空间和时间上的镶嵌体；干扰常常阻止群落达到所谓平衡顶极，成为产生和维持斑块镶嵌体的主要过程；因此，群落水平的统计特征是斑块水平很难预测的随机事件的整体反映。

Levin-Paine 斑块模型是把群落(或景观)中所有斑块作为一个"种群"来看待的，其动态特征是用下面的空间半显式偏微分方程模型来描述的：

$$\frac{\partial \rho}{\partial t} + \frac{\partial \rho}{\partial \alpha} + \frac{\partial}{\partial \xi}(g\rho) = -\mu(t, \alpha, \xi)\rho \qquad (4.2)$$

式中，$\rho(t, \alpha, \xi)$ 是描述不同年龄(α)和不同大小(ξ)的斑块在 t 时刻的频率分布的概率密度函数，$\mu(t, \alpha, \xi)$ 是不同年龄(α)和不同大小(ξ)的斑块在 t 时刻的平均绝灭率，$g(t, \alpha, \xi)$ 是不同年龄(α)和不同大小(ξ)的斑块在 t 时刻由于斑块增大或缩小所引起的平均增长率。上述模型可与生物种群模型(或其他生态学模型)相耦连(Levin，1976)：

$$\bar{n}_j(t) = \frac{1}{A(t)}\Big\{ \big[A(t) - \int_0^\infty\!\!\int_0^\infty \xi\rho(t, \alpha, \xi)\,\mathrm{d}\alpha\mathrm{d}\xi\big]\varphi_j^0(t)$$

$$+ \int_0^\infty\!\!\int_0^\infty \xi\rho(t, \alpha, \xi)\varphi_j(t, \alpha, \xi)\,\mathrm{d}\alpha\mathrm{d}\xi\Big\} \qquad (4.3)$$

式中，$\bar{n}_j(t)$ 是物种 j 在整个景观中的平均种群密度，$\varphi_j(t, \alpha, \xi)$ 是该物种在年龄为 α、大小为 ξ 的斑块中的种群密度，$\varphi_j^0(t)$ 是该物

种在景观基底中的种群密度,而 $A(t)$ 是景观的总面积。Levin -
Paine 模型可看做是一个非平衡态岛屿生物地理学模型,与反应 -
扩散方程模型有着重要区别(Levin,1978)。从另一方面来看,它
与复合种群都可用来研究生境空间斑块性对种群动态的影响,但
Levin - Paine 模型考虑生境斑块本身的动态,而复合种群模型通
常假设景观中生境斑块是不随时间变化的。

Levin 和 Paine(1974)提出,要建立关于这些斑块镶嵌系统的
模型必须先从空间异质性的产生过程入手,将斑块作为群落结构
的基本空间单元,明确认识到斑块水平的非平衡动态特征,将干扰
斑块动态与种群变化或其他生态学过程相耦连。这样的模型可将
空间异质性、干扰和种群与群落生态学结合在一起。显然,Levin
和 Paine 在 1974 年的精辟论述至今仍然对种群、群落、生态系统
和景观生态学的发展有重要指导意义。这些论述与 Watt(1947)
的"格局 - 过程学说",Levins(1969,1970)的复合种群动态概念,
Botkin 等(1972)及 Shugart 和 West(1977)的"林隙动态"概念与模
型(gap model),Pickett 和 Thompson(1978)的斑块动态概念,以及
Bormann 和 Likens(1979)的"动态镶嵌体学说"在思路上有极大
的相似之处。它们反映了斑块动态观点形成的多源性以及研究方
法的多样性。

斑块动态理论是对传统的、基于组织层次(如,个体 - 种群 -
群落 - 生态系统)途径的一个重要补充。这是因为,传统的组织
水平并不形成一个巢式等级系统,因而不利于研究时间和空间尺
度对生态学格局和过程的影响(Ahl 和 Allen,1996;Wu,1999)。
例如,就时空尺度而言,有些种群可能比另外一些群落或生态系统
大得多,这就会给尺度推绎造成很大的困难。而这一问题在采用
斑块动态途径时则不会出现。值得注意的是,斑块动态概念可与
各组织水平的研究相结合,可以产生新见解、新观点(例如复合种
群理论以及生态系统镶嵌体或景观镶嵌体理论的形成)。因此,
许多学者认为斑块动态理论为跨学科和跨系统的综合研究提供一
个空间概念构架和实际操作模式(Levin 等,1993;Wu 和 Loucks,
1995;Pickett 和 Rogers,1997;Pickett 等,1999;Wu,1999)。

4.3.2 等级斑块动态

自 20 世纪 80 年代以来,等级理论在生态学的多个领域广为
应用,为理解生态学系统结构、功能和动态的复杂性提供了一个新

的理论构架,并促进了新方法、新观点的产生和发展。根据等级理论,自然界的现象在空间和时间尺度上的分布应表现出一定的相互对应性。近年来不少实际研究支持这一论点(如 O'Neill 等,1991;Holling,1992)。等级理论对生态学的最大贡献之一就是大大地增强了生态学家的"尺度感",并且为许多领域研究多尺度问题提供了理论基础(O'Neill,1996)。

基于对生态学中已有范式和理论的分析和归纳,Wu 和 Loucks(1995)认为,生态学中正在经历着又一次范式变迁(见图4.1)。这一新范式是以斑块动态理论和等级理论的高度综合为特征的。因此,Wu 和 Loucks(1995)将这一新范式称为等级斑块动态范式,其要点包括以下 5 个方面。

(1)生态学系统是由斑块镶嵌体组成的巢式(或包容型)等级系统。例如,一片森林是一个由许许多多大小不同、年龄不同的林隙(tree gap)组成的系统。像风、火以及洪水这些干扰因素可以造成空间尺度逐渐增大的斑块,其结果是,由不同过程产生的大小各异的斑块形成一个具有等级层次的镶嵌体。这一概念同样适用于草原系统、荒漠系统以及水生系统。当然,在不同类型的生态系统中,斑块的真实意义及其形成过程往往是不同的(Pickett 和

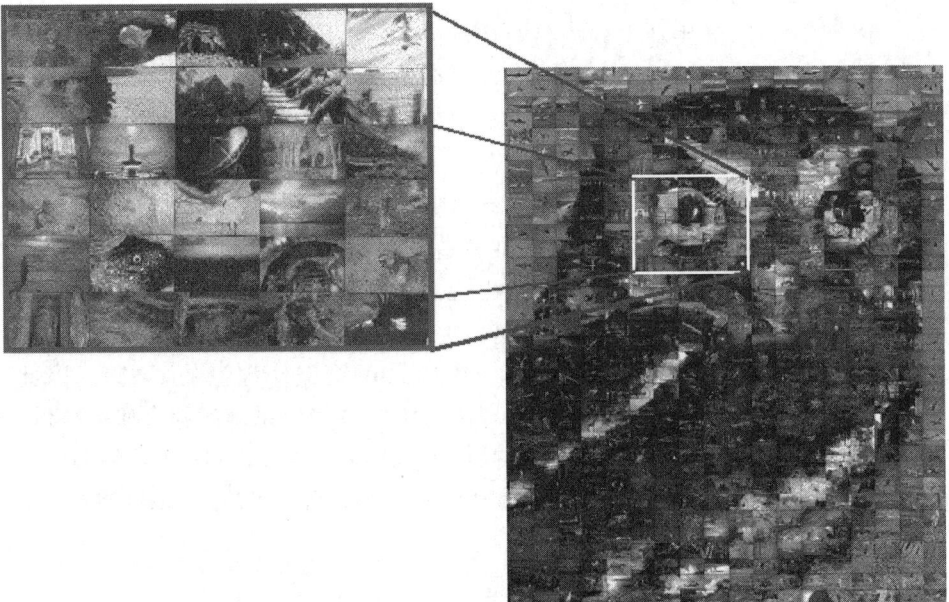

图 4.2　由许多反映不同内容的相片组合而成的猫头鹰相片镶嵌图(Silvers,1997)
它表现出明显的等级斑块结构,反映了整体与部分以及内容和形式的相互联系而达到统一的特征

White,1985；Forman 和 Godron,1986）。例如,草原中的斑块可能是由掘穴动物产生的大小和年龄不同的土丘（Wu 和 Levin,1994）,或由生物和非生物过程（如竞争、放牧和火）产生的斑片（如李永宏,1992）,或地下养分和水分资源斑块（如 Coffin 和 Lau-reuath,1989）。斑块镶嵌体概念已经成功地运用到许多生态系统中,包括森林、草原、湿地及水生环境（如 Pickett 和 White,1985）。景观的等级斑块结构的一些重要特征可以用"相片镶嵌图"（pho-tomosaic；见 Silvers,1997）来比喻说明（图4.2）。整个相片镶嵌图反映的是一个猫头鹰,其两只眼睛、喙、耳朵和躯体显然可见。这些部分分别由内容上各异的单独相片构成。若光着眼于某一部分或某一相片单元,不可能猜想出它竟是猫头鹰相片的一个组成部分。整体的形成来自于部分,而部分的意义又赖于整体所提供的背景。具体相片的内容可以千变万化,但只要在其特定的空间位置上与周围环境及整体的色调吻合,这个猫头鹰的相片就能保持"万变不离其形"。景观中的斑块是处于不断变化之中的,而且往

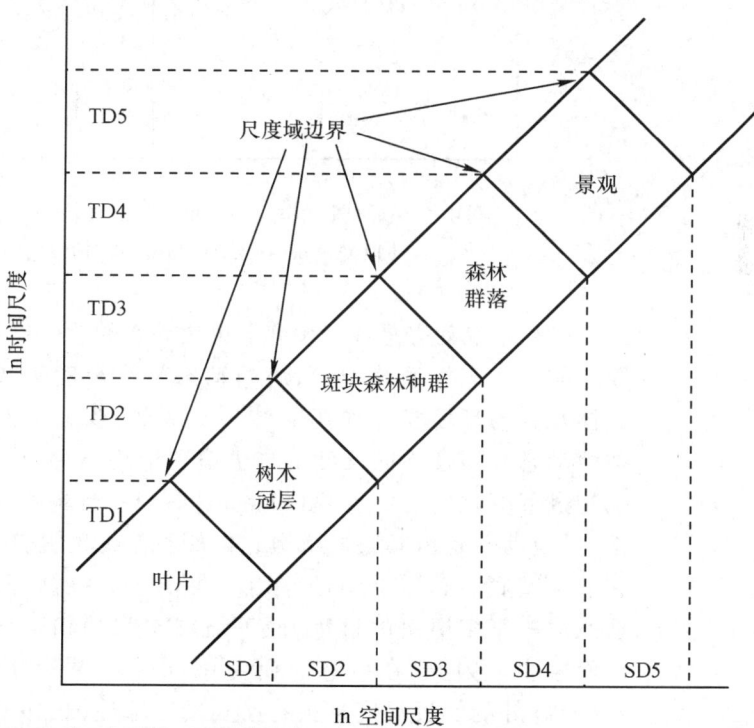

图4.3　生态学现象在时间和空间尺度上的对应关系（根据 Bissonette,1997a）
SD 指空间尺度域,TD 指时间尺度域。较长
的时间尺度往往与较大的空间尺度相对应

往在时、空上表现出特征尺度。例如,在森林景观中,叶片、树冠、种群、群落和区域景观常常形成一个等级斑块动态系统,并表现出多尺度特征(见图4.3和图4.4)。

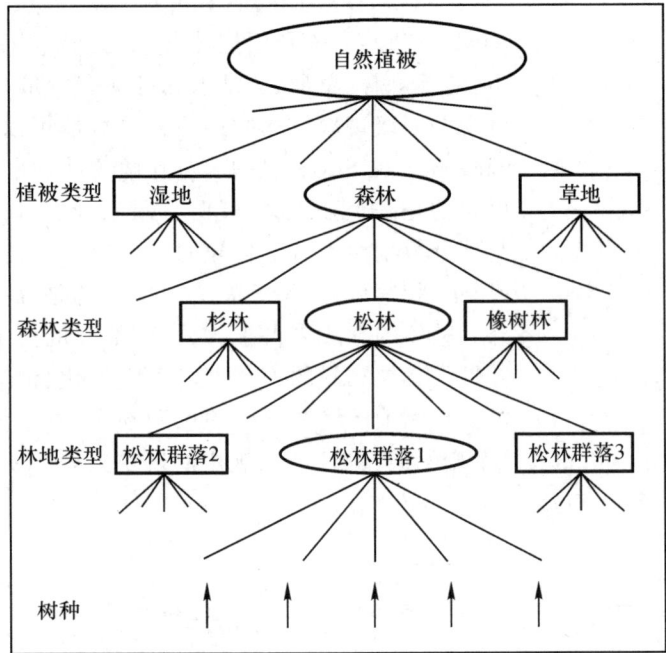

图 4.4　森林景观作为一个巢式等级斑块动态系统的例子
(根据 Woodcock 和 Harward,1992 重绘)

(2)系统动态是各个尺度上斑块动态的总体反映。在具有等级结构的生态学系统中,系统的动态是小尺度斑块和大尺度镶嵌体及其与环境相互作用的结果。例如,森林动态可以看做是林隙动态和涉及不同尺度上与土壤和地理格局有关的生物及非生物过程变化的总体反映(Shugart,1984;藏润国等,1999)。同样,景观动态是由其组成部分(生态系统或景观斑块)的变化和它们与基底和廊道之间的作用来决定的。根据等级理论,系统动态取决于多层次的过程,而等级层次间的相互作用则随着距离而减少。因此,在生态学研究中同时考虑除核心尺度(focal scale)以外的邻近尺度是很有必要的(邬建国,1991,1996;Allen 和 Hoekstra,1992)。因此,尺度推绎(scaling)即指利用某一尺度上所获得的信息和知识来推测其他尺度上的现象,这在景观生态学研究中非常重要。

（3）格局－过程－尺度观点。空间格局与生态学过程的关系
是生态学中的核心问题之一（Levin，1992）。过程产生格局，格局
作用于过程。若要正确理解格局与过程的关系，就必须认识到其
依赖于尺度的特点。无论是时空上的还是结构与功能上的格局，
都与观察尺度密切相关（见图4.2和图4.5）。因此，寻求格局时
应注意对过程的理解，研究过程时不应忽略格局的影响，无论是研
究格局还是过程，或二者的相互关系时，必须要考虑尺度效应
（Loucks等，1985；Levin，1992；Jelinski和Wu，1996；Wu，1999）。
生态学格局随空间尺度有显著变化（Turner等，1989；O'Neill等，
1991；Wu等，1994；Qi和Wu，1996），并表现出特征尺度域（do-
main of scale）。一些格局分析方法可用来确定尺度域，从而识别
生态学系统的等级结构（详见第5章）。格局分析中所揭示的尺
度断点或尺度域对生态学过程有重要指示意义，它们往往反映了
不同的生态学过程在不同尺度上起主导作用，从而有助于将格局
和过程的研究结合到一起，并增加我们对其相互作用的理解。在
同一尺度域中，由于过程的相似性，尺度推绎较容易；而当跨越多
个尺度域时，由于不同过程在不同尺度上起作用，且又有相互间的
作用，尺度推绎必然复杂化（详见第6章）。在尺度域间的过渡带

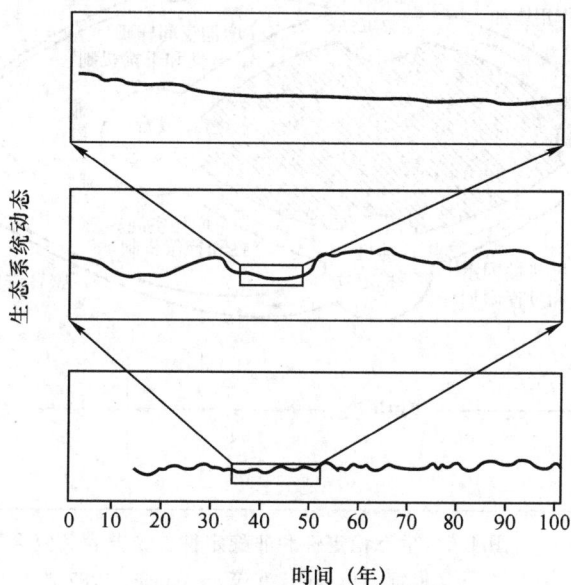

图4.5 等级斑块系统动态的多尺度特征
巢式等级斑块系统的动态是组成单元动态在不同
尺度上的整合。因此，系统动态是尺度的函数

多会出现混沌、灾变或是其他难以预测的非线性变化（Wiens，1989；Wu，1999）。

（4）非平衡观点。与传统平衡范式不同，等级斑块动态范式把非平衡和随机过程作为生态学系统稳定性的组成部分。一般来讲，生态学系统中有两类非稳定机制：生物和非生物因素的随机性，以及过强的生物反馈作用（见图4.6；DeAngelis 和 Waterhouse，1987；邬建国，1996）。一般而言，由于小尺度现象易受随机因素干扰，或由于非线性生物反馈作用影响强烈，因此常表现出非平衡特征。另一方面，若考虑特大时空尺度时，地质、气候和进化因素则不能忽略，这时生态学系统也往往表现出非平衡态特征。那么，生态学系统如何与非平衡因素抗衡而表现出一定的稳定性呢？这就涉及新范式的第五个方面（详细机制可参见 Wu 和 Loucks，1995）。

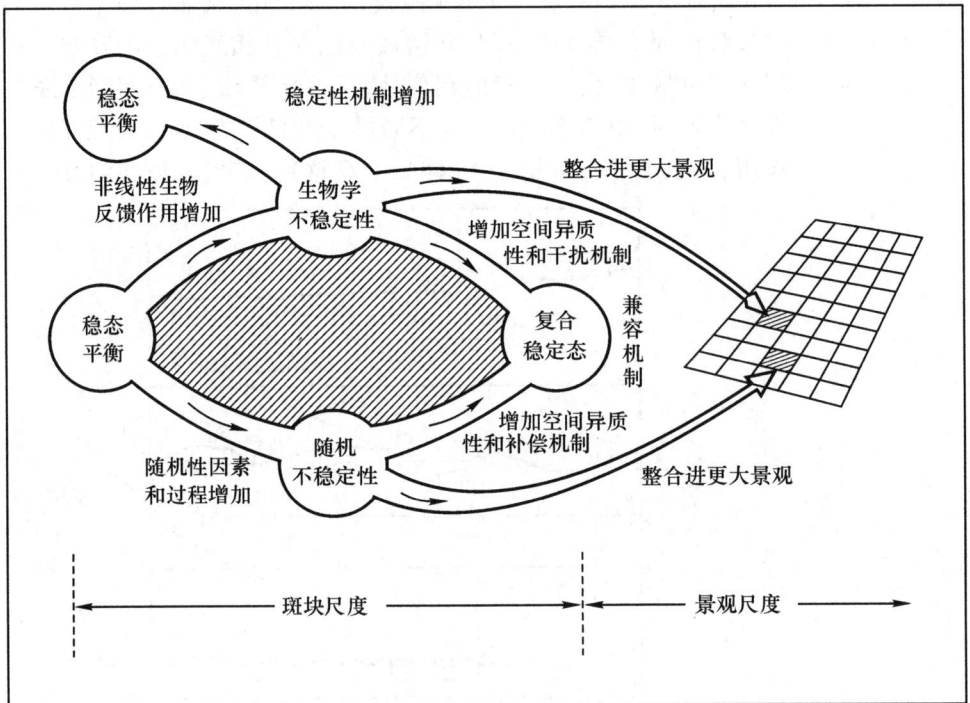

图 4.6   生态稳定性和非稳定性以及兼容和复合稳定性
（根据 DeAngelis 和 Waterhouse，1987 改绘）

（5）兼容机制（incorporation）和复合稳定性（metastability）概念。兼容和复合稳定性二者相互联系但又有区别，其来源与等级理论和非平衡态热力学有关。所谓兼容，是指低层次非平衡过程被整合到高层次稳定过程的现象（图4.6）；而系统的这种在高层次上表现出的"准"平衡态特性称为复合稳定性（这里将"meta"译为"复合"意在表达这种稳定性是来自斑块复合镶嵌体，而不是均质系统）。复合稳定性反映了一种"有序来自无序"的情形。例如，森林中树木倒亡，产生林隙，物种侵入、定居，然后通过竞争和稀疏作用，最终这个林隙往往只为一株生长旺盛的大树占据（见臧润国等，1999）。而当这棵树由于受某种干扰而倒下时，上面所描述的局部演替过程便会重新出现。显然，在林隙尺度上森林是处于非平衡态的（假定时间尺度是几年到几十年）。然而，在考虑整个森林的总体动态时，这种瞬变态特征经"空间过滤"（spatial filtering）作用而"平滑"（smoothing），从而使得整个森林的动态表现得比较稳定，这就是所谓的动态镶嵌体稳定态的核心所在。一般来说，火干扰会使森林生态系统向非平衡态变化，但在区域景观尺度上，新的复合稳定态又可能出现。Levin 和 Paine（Levin 和 Paine，1974；Paine 和 Levin，1981）对潮汐带群落的理论研究和野外实验结果都支持兼容机制和复合稳定性概念。他们发现，斑块水平上的随机过程在景观水平上得到兼容，从而表现出稳态。Loucks（1970）提出的"波形动态"（wave-form dynamics）假说是兼容现象在时间尺度上的一个范例。兼容和复合稳定性可以定量化，但是这方面的研究工作尚少。研究变异性的空间统计方法（如 Levin 和 Buttel，1987；O'Neill 等，1991）和空间模型（如 Turner 等，1993；Wu 和 Levin，1994）在研究景观动态机制和稳定性中是必不可少的（详见第5章和第6章）。

　　由此可见，景观稳定性可看做是干扰在时间和空间相对尺度上的函数（Shugart 和 West，1981；Shugart，1998；Turner 等，1993；Wu 和 Levin，1994；Wu 和 Loucks，1995）。换言之，干扰的频率和强度以及景观本身的生态学特征一起决定其稳定性。从空间尺度来看，当干扰面积与景观总面积之比很小时，景观一般表现出稳定态；当干扰面积与景观总面积之比增大时，景观稳定性趋于下降（图4.7）。从时间尺度来看，景观稳定性也表现出大致上相似的趋势（图4.7）。因此，可以根据干扰在时间和空间上的相对尺度，将景观分为稳定和不稳定景观两大类（Shugart 和 West，1981；Shugart，1998，1999）。然而，从图4.7可以看出，景观稳定性与干扰在时间和空间尺度上的关系是非常复杂的。另外，具体所考虑的景观生态学过程或对象对确定景观稳定性也起着重要作用。也就是说，对于同一景观中不同的生态学过程或对象来说，景观稳定性可能有很大差异。例如,一般而言,景观或生态系统的某些定量指标(如第一性生产力、生物量、物种丰富度)要比另外一些定量指标(如具体物种组成、种群动态等)要更稳定些。

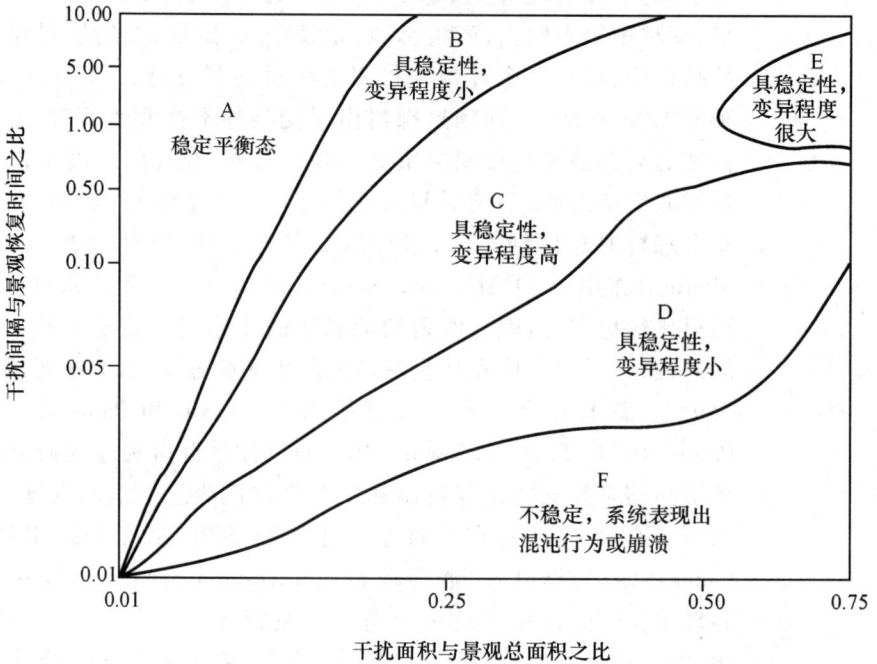

图 4.7   景观稳定性是干扰在时间和空间上相对尺度的函数
(根据 Turner 等,1993)

传统生态学平衡范式的一个重大缺陷就是未能考虑空间异质性以及格局和过程的尺度多重性。然而,当平衡假设松弛后(例如采用持续力概念),并同时考虑等级结构时,平衡理论和模型在描述某些尺度范围内的生态学现象时仍然有用。非平衡和多平衡范式能够解释一些平衡理论所不能解释的生态学现象,但其概念构架的局限性有碍于发展生态学统一性理论。等级理论综合了简化论和整体论的优点,并吸取了现代系统论、信息论和控制论的精华。景观生态学作为一个新的学科分支,其发展趋势反映了等级斑块动态观点。传统的景观概念只限于较大尺度,即几千米到几十千米范围(Forman 和 Godron, 1986),不利于其理论和方法的发展(Weins 和 Milne, 1989;Allen 和 Hoekstra, 1992;Wiens, 1992;Pickett 和 Cadenasso, 1995)。比如,对于不同的生物来说,景观的绝对尺度会很不相同。因此,人为地规定景观应该有多大,这在一定程度上反映了生态学中长期存在的"以人的意志为准则"的尺度观。具有等级斑块动态思想的景观生态学概念强调相对尺度,它考虑格局与过程的异质性和多尺度特征,有利于促进种群生态学、群落生态学和生态系统生态学的整合,并对野外实验研究有指导意义(Wiens 等,1993;Reynolds 和 Wu,1999)。

等级斑块动态范式促使我们从新的角度认识传统学科间的关系,并为多学科整合提供了一个新的理论构架。具体而言,生态学实体在自然界中形成等级系统,而个体、种群、群落和生态系统生态学往往只是研究其中某一等级层次上的结构、功能和动态(Allen 和 Hoekstra,1992;Pickett 等,1994)。然而,等级斑块动态范式表明,同时考虑毗邻层次将对各学科以及整个生态学的发展有促进作用。虽然每个学科有其独特的核心等级层次,机制性原理往往在其以下的层次揭示,而环境制约条件则往往在考虑其以上层次时才能了然。一般来说,随着层次的升高,研究的空间范围和粒度也增加,而分辨率(或详细程度)则降低。因此各有关学科应该一起构成一个相互联系的等级生态学科金字塔(图 4.8)。显然,尺度推绎对于每一学科来讲都是重要的,也是必需的。景观生态学的近期发展正是体现了这一点,因此它不但代表着一门新兴学科,同时也代表了一种新观点、新概念构架以及新范式的发展。因此,其思想和方法在种群、群落和生态系统生态学以及地理学、土壤学和其他有关领域得到广泛的应用。

等级斑块动态范式对应用生态学也有重要的指导意义(见 Meffe 和 Carrol,1997;Pickett 等,1997;Langston,1998;Zimmerer,2000;Lodge,2003;Gillson 等,2005)。与传统的平衡范式不同,新范式强调而不是忽视干扰、异质性和尺度多重性在管理和自然保护中的作用(Pickett 等 1992;Wu,1992a)。例如,等级斑块动态范式表明,小尺度过程往往是高频率、快节奏,因此小的种群和其他生态学系统容易被过强的生物反馈作用或随机因素毁灭。通过强调格局与过程的相互作用,新范式提倡在资源管理和自然保护中要同时重视生物及其所在环境结构、功能和系统的完整,仅仅保护物种的途径是不可取的。此外,与自然均衡观截然不同,新范式强调动态观点。生态学系统以及整个自然界总是处于不断变化之中,传统的平衡稳定性难以存在,也无法维持。那么,人们应该探讨和追求的也许只能是人类与其唯一的,然而已是破碎化、多污染的自然界一起所构成的某种复合稳定性,或动态斑块镶嵌体稳态。

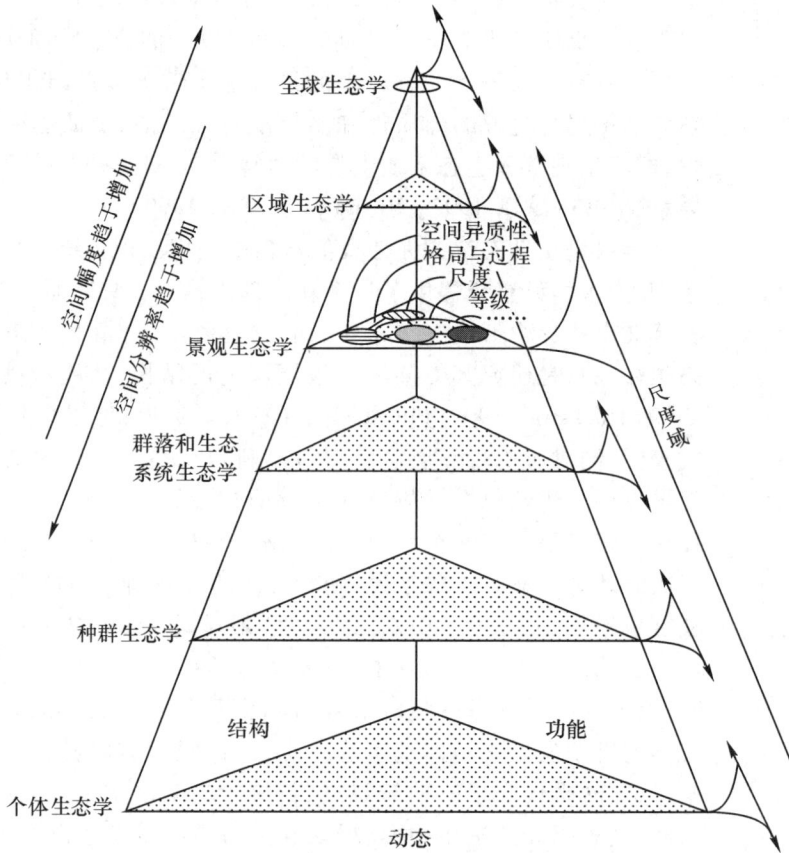

图 4.8　景观生态学与其他生态学学科的关系以及尺度特点
（根据邬建国，1996，2000a）

　　等级斑块动态范式代表了生态学发展历史上的一个新的理念
（Kingsland，2005）。这一范式的应用已经涉及许多领域，包括遥
感数据分析（Hay 等，2001，2002；Burnett 和 Blaschke，2003；Hall
等，2004）、古植被动态研究（Gillson，2004）、水生生态学（Poole，
2002；Poole 等，2004）以及其他生态学和地理学领域（Zimmerer，
2000；Briske 等，2003，2005；Perry，2002；）。

推荐阅读文献

邬建国．1996．生态学范式变迁综论．生态学报，16(5)：449－460.

Gillson L. 2004. Evidence of hierarchical patch dynamics in an East African savanna? Landscape Ecology, 19:883 – 894.

Kingsland S E. 2005. The Evolution of American Ecology (1890—2000). Baltimore:The Johns Hopkins University Press.

Levin S A. Paine R T. 1974. Disturbance, patch formation and community structure. Proceedings of the National Academy of Sciences (USA), 71: 2744 – 2747.

Pickett S T A, Wu J, Cadenasso M L. 1999. Patch dynamics and the ecology of disturbed ground. In: Walker L R, ed. Ecosystems of Disturbed Ground. Ecosystems of the World 16. Amsterdam: Elsevier. 702 – 722.

Wu J, Loucks O L. 1995. From balance-of-nature to hierarchical patch dynamics: A paradigm shift in ecology. Quarter Review of Biology, 70:439 – 466.

Wu J. 1999. Hierarchy and scaling: Extrapolating information along a scaling ladder. Canadian Journal of Remote Sensing, 25: 367 – 380.

景观格局分析

第 五 章

对于任何学科来讲,研究对象和内容往往决定其研究方法的特点和发展方向。研究方法上的成熟和创新不但充实和完善已存在的研究内容,而且能够促进新概念、新理论的发展,从而拓宽和深化该研究领域。景观生态学的发展正是体现了这样的一种关系。如前所述,景观生态学是一门横跨自然和社会科学的综合性学科,其研究领域十分广泛。常常涉及其他生态学分支、土壤学、地质学、地理学、水文学及气象学,以及一系列社会和经济学科。因此,景观生态学的研究方法也相应地具有多学科的特点。早期的景观生态学方法与区域地理学和植被科学十分密切,主要利用航片和各种照片来研究景观的结构和动态,故以区域性地理和植被调查方法为特点。随着科学和技术的迅速发展,尤其是遥感技术和地理信息系统(geographic information system,简称 GIS)的发展,现代景观生态学在研究宏观尺度上的景观结构、功能和动态的方法上已发生了显著变化。自 20 世纪 80 年代以来,北美景观生态学的蓬勃兴起不但使该领域在概念和理论上得以长足发展,而且还引发了一系列以空间分析和动态模型为特征的定量研究方法。

5.1 景观格局分析概述

景观生态学研究最突出的特点是强调空间异质性、生态学过程和尺度的关系。研究空间异质性自然会用到一些已经在生态学中应用的空间格局分析方法,同时又有必要发展新的方法来弥补传统方法的不足。此外,对于景观生态学过程的研究离不开生理、行为、种群、群落和生态系统生态学的一系列方法。生态学中长期以来缺乏把空间格局、生态学过程和尺度结合到一起来研究,而景观生态学的一系列研究方法正是强调这三者的相互关系。这一特点也已成为景观生态学与其他生态学科的主要区别之一。

研究景观的结构(即组成单元的特征及其空间格局)是研究景观功能和动态的基础。空间格局分析方法是指用来研究景观结构组成特征和空间配置关系的分析方法。它们不仅包括一些传统的统计学方法,同时也包括一些新的、专门解决空间问题的格局分析方法。分析景观结构或空间格局一般由以下几个基本步骤组成:收集和处理景观数据(如野外考察、测量、遥感及图像处理等),然后将景观数字化,并适当选用格局研究方法进行分析,最后对分析结果加以解释和综合(图5.1,关于图中所列方法的介绍见后)。景观的数字化有两种表达形式,一种是栅格化数据(raster data),另一种是矢量化数据(vector data,见图5.2)。前者以网格来表示景观表面特征,每一个网细胞对应于景观表面的某一面积,而一个斑块可由一个至多个网细胞组成;后者则以点、线和多边形表示景观的单元和特征,例如,一个斑块对应于一个多边形,而线段往往表示道路或河流(图5.2)。景观数据包括非空间的和空间的,而空间数据又可分为点格局数据(如单个树木的分布)、定量空间数据(如生物量)和定性空间数据(如植被类型图)。景观生态学中的空间分析方法有多种,它们分别适用于不同的研究目的和数据类型(表5.1)。笼统地讲,这些方法可分为两大类:格局指数方法和空间

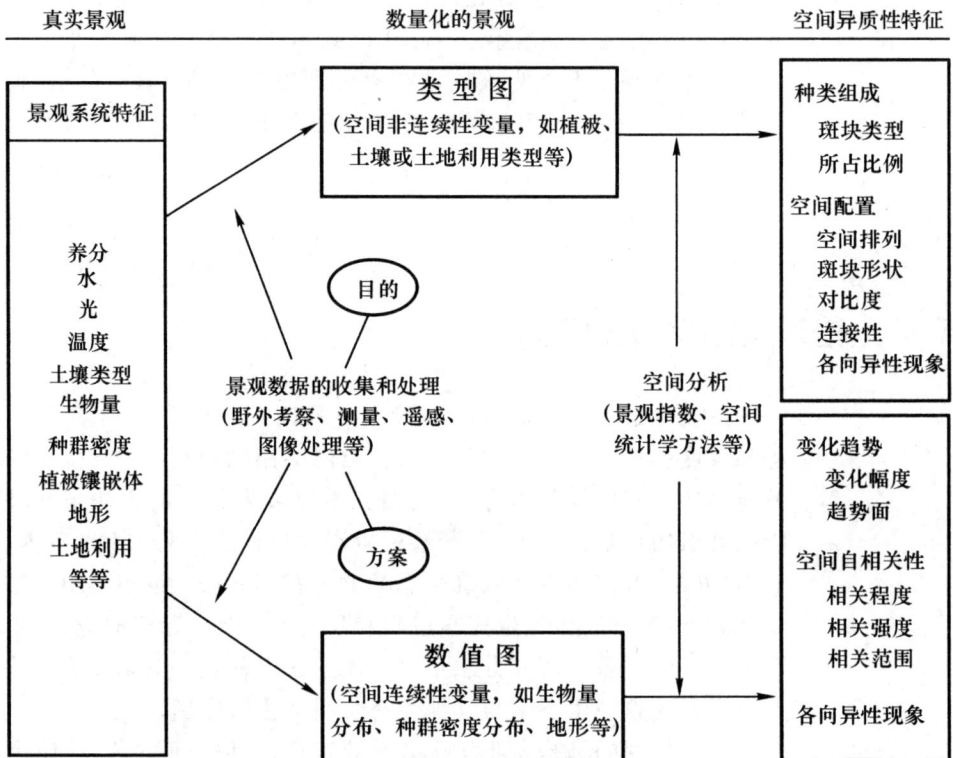

图5.1　景观格局分析图示

分析景观结构组成和空间格局的基本步骤:收集和处理景观数据,数字化景观,选用适当的格局研究方法进行分析,最后对分析结果加以解释和综合(根据 Li 和 Reynolds,1995 改绘)

统计学方法。前者主要用于空间上非连续的类型变量数据(categor-ical data),而后者主要用于空间上连续的数值数据(quantitative da-ta)。本章将对这两类中一些较常用的方法做一介绍。

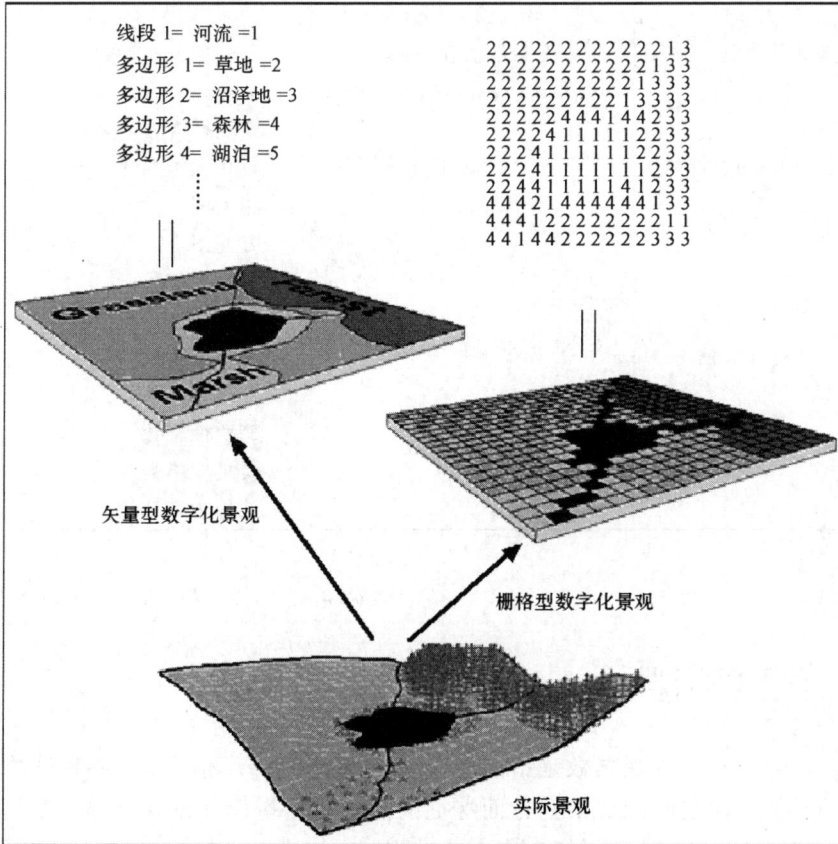

线段 1= 河流 =1
多边形 1= 草地 =2
多边形 2= 沼泽地 =3
多边形 3= 森林 =4
多边形 4= 湖泊 =5

```
2 2 2 2 2 2 2 2 2 2 2 2 1 3
2 2 2 2 2 2 2 2 2 2 2 2 1 3
2 2 2 2 2 2 2 2 2 2 1 3 3 3
2 2 2 2 2 2 2 2 2 1 3 3 3 3
2 2 2 2 4 4 4 1 4 4 2 3 3
2 2 2 4 1 1 1 1 1 2 3 3
2 2 4 1 1 1 1 1 1 2 3 3
2 2 1 1 1 1 1 1 2 3 3
2 2 4 1 1 1 1 1 4 1 2 3 3
2 2 4 2 1 4 4 4 4 4 1 3 3
4 4 4 1 2 2 2 2 2 2 2 1 1
4 4 1 4 4 2 2 2 2 2 2 3 3 3
```

矢量型数字化景观

栅格型数字化景观

实际景观

图 5.2　景观格局分析中常用的数据结构类型
在进行景观格局分析时,实际景观首先要经过取样、数字化过程转化为栅格型或矢量型数字地图

表 5.1　描述景观格局的数据类型和相应的定量研究方法举例
(根据 Li 和 Reynolds,1995 改制)

数 据 类 型	特　　征	方 法 举 例
非空间数据	无取样地点信息	方差分析 回归分析 信息论指数(如各种多样性、均匀度指数)

续表

数 据 类 型	特 征	方 法 举 例
空间数据	取样空间位置是 数据的一部分	
点格局数据	变量取值在空间 上非连续,呈离散点分布	负二项分布参数 k 最近邻体指数 聚块样方方差分析
定量网格数据	数值地图	自相关指数 相关图 方差图 分维数 聚块样方方差分析
定性网格数据	类型地图	多样性指数 分维数 斑块性指数 聚集度指数 共邻边统计量

5.2 景观指数

景观指数是指能够高度浓缩景观格局信息,反映其结构组成和空间配置某些方面特征的简单定量指标。景观格局特征可以在3个层次上分析:① 单个斑块(individual patch)。② 由若干单个斑块组成的斑块类型(patch type 或 class)。③ 包括若干斑块类型的整个景观镶嵌体(landscape mosaic)。因此,景观格局指数亦可相应地分为斑块水平指数(patch-level index)、斑块类型水平指数(class-level index)以及景观水平指数(landscape-level index)。斑块水平指数往往作为计算其他景观指数的基础,而其本身对了解整个景观的结构并不具有很大的解释价值。然而,斑块水平指数提供的信息有时还是很有用的。例如,每一生境斑块的大小、内部生境数量或生境核心区的大小对于研究某些物种的存活率和种群动态有着重要的意义。斑块水平上的指数包括与单个斑块面积、形状、边界特征以及距其他斑块远近有关的一系列简单指数。在斑块类型水平上,因为同一类型常常包括许多斑块,所以可相应地计算一些统计学指标(如斑块的平均面积、平均形状指数、面积和形状指数标准差等)。此外,与斑块密度和空间相对位置有关的指数对描述和理解景观中不同类型斑块的格局特征很重要,例如,斑块密度(单位面积的斑块数目)、边界密度(单位面积的斑块边界数量)、斑块镶嵌体形状指数、平均最近邻体指数等。在景观水平上,除了以上各种斑块类型水平指数外,还可以计算各种多样性指数(如 Shannon – Weaver 多样性指数、Simpson 多样性指数、均匀度指数等)和聚集度指数。下面,我们就对一些较常用的景观指数的数学表达式和生态学含义做一介绍。

5.2.1 常用的景观指数

(1) 斑块形状指数(patch shape index)

一般而言,形状指数通常是经过某种数学转化的斑块边长与面积之比。结构最紧凑而又简单的几何形状(如圆或正方形)常用来标准化边长与面积之比,从而使其具有可比性。具体地讲,斑块形状指数是通过计算某一斑块形状与相同面积的圆或正方形之间的偏离程度来测量其形状复杂程度的。常见的斑块形状指数 S 有两种形式:

$$S = \frac{P}{2\sqrt{\pi A}} \quad (以圆为参照几何形状) \tag{5.1}$$

$$S = \frac{0.25P}{\sqrt{A}} \quad (以正方形为参照几何形状) \tag{5.2}$$

式中,P 是斑块周长,A 是斑块面积。当斑块形状为圆形时,式(5.1)的取值最小,等于1;当斑块形状为正方形时,式(5.2)的取值最小,等于1。对于式(5.1)而言,正方形的 S 值为 1.1283,边长分别为 1 和 2 的长方形的 S 值为 1.1968。由此可见,斑块的形状越复杂或越扁长,S 的值就越大。

(2) 景观丰富度指数(landscape richness index)

景观丰富度 R 是指景观中斑块类型的总数,即:

$$R = m \tag{5.3}$$

式中,m 是景观中斑块类型数目。

在比较不同景观时,相对丰富度(relative richness)和丰富度密度(richness density)更为适宜,即:

$$R_r = \frac{m}{m_{max}} \tag{5.4}$$

$$R_{\mathrm{d}} = \frac{m}{A} \tag{5.5}$$

式中,R_{r} 和 R_{d} 分别表示相对丰富度和丰富度密度,$m_{\max}$ 是景观中斑块类型数的最大值,A 是景观面积。

（3）景观多样性指数（landscape diversity index）

多样性指数 H 是基于信息论基础之上,用来度量系统结构组成复杂程度的一些指数。常用的包括以下两种。

① Shannon – Weaver 多样性指数（有时亦称 Shannon – Wiener 指数,或 Shannon 多样性指数）：

$$H = - \sum_{k=1}^{n} P_k \ln(P_k) \tag{5.6}$$

式中,P_k 是斑块类型 k 在景观中出现的概率（通常以该类型占有的栅格细胞数或像元数占景观栅格细胞总数的比例来估算）,n 是景观中斑块类型的总数。

② Simpson 多样性指数：

$$H' = 1 - \sum_{k=1}^{n} P_k^2 \tag{5.7}$$

式中各项定义同前。多样性指数的大小取决于两个方面的信息：一是斑块类型的多少（即丰富度）,二是各斑块类型在面积上分布的均匀程度。对于给定的 n,当各类斑块的面积比例相同时（即 $P_k = 1/n$）,H 达到最大值（Shannon – Weaver 多样性指数：$H_{\max} = \ln(n)$；Simpson 多样性指数：$H'_{\max} = 1 - (1/n)$）。通常,随着 H 的增加,景观结构组成的复杂性也趋于增加。

（4）景观优势度指数（landscape dominance index）

优势度指数 D 是多样性指数的最大值与实际计算值之差。其表达式为：

$$D = H_{\max} + \sum_{k=1}^{m} P_k \ln(P_k) \tag{5.8}$$

式中,$H_{\max}$ 是多样性指数的最大值,P_k 是斑块类型 k 在景观中出现的概率,m 是景观中斑块类型的总数。通常,较大的 D 值对应于一个或少数几个斑块类型占主导地位的景观。

（5）景观均匀度指数（landscape evenness index）

均匀度指数 E 反映景观中各斑块在面积上分布的不均匀程度,通常以多样性指数和其最大值的比来表示。以 Shannon 多样性指数为例,均匀度可表达为：

$$E = \frac{H}{H_{max}} = \frac{-\sum_{k=1}^{n} P_k \ln(P_k)}{\ln(n)} \qquad (5.9)$$

式中,H 是 Shannon 多样性指数,H_{max} 是其最大值。显然,当 E 趋于 1 时,景观斑块分布的均匀程度亦趋于最大。

(6)景观形状指数(landscape shape index)

景观形状指数 LSI 与斑块形状指数相似,只是将计算尺度从单个斑块上升到整个景观而已。其表达式如下:

$$LSI = \frac{0.25E}{\sqrt{A}} \qquad (5.10)$$

式中,E 为景观中所有斑块边界的总长度,A 为景观总面积。当景观中斑块形状不规则或偏离正方形时,LSI 增大。

(7)正方像元指数(square pixel index)

正方像元指数 SQP 是周长与斑块面积比的另一种表达方式,即将其取值标准化为 0 与 1 之间(Frohn,1998)。其表达式如下:

$$SQP = 1 - \frac{4\sqrt{A}}{E} \qquad (5.11)$$

式中,A 为景观中斑块总面积,E 为总周长。当景观中只有一个斑块且为正方形时,$SQP = 0$;当景观中斑块形状越来越复杂或偏离正方形时,SQP 增大,渐趋于 1。显然,SQP 与 LSI 之间有直接的数量关系,即:

$$LSI = \frac{1}{1 - SQP} \qquad (5.12)$$

(8)景观聚集度指数(contagion index)

景观聚集度 C 的一般数学表达式如下(O'Neill 等,1988):

$$C = C_{max} + \sum_{i=1}^{n} \sum_{j=1}^{n} P_{ij} \ln(P_{ij}) \qquad (5.13)$$

式中,C_{max} 是聚集度指数的最大值$[2\ln(n)]$,n 是景观中斑块类型总数,P_{ij} 是斑块类型 i 与 j 相邻的概率。在一个栅格化的景观中,P_{ij} 的一般求法是:

$$P_{ij} = P_i P_{j/i} \qquad (5.14)$$

式中,P_i 是一个随机抽选的栅格细胞属于斑块类型 i 的概率(可以斑块类型 i 占整个景观的面积比例来估算),而 $P_{j/i}$ 是在给定斑块类型 i 的情况下,斑块类型 j 与其相邻的条件概率,即

$$P_{j/i} = m_{ij}/m_i \tag{5.15}$$

式中，m_{ij} 是景观栅格网中斑块 i 和 j 相邻的细胞边数，m_i 是斑块类型 i 细胞的总边数。在比较不同景观时，相对聚集度 C' 更为合理（Li 和 Reynolds，1993），其计算公式如下：

$$C' = C/C_{\max} = 1 + \frac{\sum\limits_{i=1}^{n}\sum\limits_{j=1}^{n} P_{ij}\ln (P_{ij})}{2 \ln (n)} \tag{5.16}$$

式中各项定义前面已提及。聚集度指数反映景观中不同斑块类型的非随机性或聚集程度。如果一个景观由许多离散的小斑块组成，其聚集度的值较小；当景观中以少数大斑块为主或同一类型斑块高度连接时，其聚集度的值则较大。与多样性和均匀度指数不同，聚集度指数明确考虑斑块类型之间的相邻关系，因此能够反映景观组分的空间配置特征。关于聚集度指数的用法和所存在的问题，可见 Li 和 Reynolds(1993) 和 Riitters 等(1996) 的详尽描述。

　　因为多样性、均匀度、优势度和聚集度指数都是以信息论为基础而发展起来的，有时统称为信息论指数(information theoretic index)。除聚集度外，多样性、均匀度和优势度在种群和群落生态学中应用已久（例如 MacArthur，1965；Whittaker，1975；Pielou，1977）。

　　(9) 分维

　　分维或分维数(fractal dimension)可以直观地理解为不规则几何形状的非整数维数。而这些不规则的非欧几里德几何形状可通称为分形(fractal)。不难想象，自然界的许多物体，包括各种斑块及景观，都具有明显的分形特征。近年来，分维方法已被广泛地应用在生态学空间格局分析中（如 Burrough，1981；Phillips，1985；Krummel 等，1987；Palmer，1988；Lam，1990；Sugihara 和 May，1990；Milne，1991，1997；Lam 和 Quattrochi，1992；Olsen 等，1993；Leduc 等，1994；常学礼和邬建国，1996；Cain 等，1997；Nikora 等，1999）。

　　对于单个斑块而言，其形状的复杂程度可以用它的分维数来量度。斑块分维数可以下式求得(Frohn，1998)：

$$P = kA^{F_d/2} \tag{5.17}$$

即：

$$F_d = 2 \ln \left(\frac{P}{k} \right)/\ln (A) \tag{5.18}$$

式中,P 是斑块的周长,A 是斑块的面积,F_d 是分维数,k 是常数。对于栅格景观而言,$k=4$。一般来说,欧几里德几何形状的分维为 1;具有复杂边界斑块的分维则大于 1,但小于 2。

在用分维数来描述景观斑块镶嵌体的几何形状复杂性时,通常采用线性回归方法,即:

$$F_d = 2s \qquad (5.19)$$

式中,s 是对景观中所有斑块的周长和面积的对数回归而产生的斜率(Krummel 等,1987;O'Neill 等,1988)。因为这种回归方法考虑不同大小的斑块,由此求得的分维数反映了所研究景观不同尺度的特征。

分形结构最重要的特征之一就是自相似性(self – similarity),即整体结构可由其结构单元的反复叠加而形成。因此,对于具有分形结构的景观,其斑块性在不同尺度上应该表现出很大的相似性。这可以通过在不同尺度区段(或尺度域,domain of scale)上计算分维数,然后观察其值的变化来确定。如果分维数在某一尺度域上不变,那么该景观在这一尺度范围可能具有结构的自相似性。倘若分维数随着尺度域改变,那么这些变化的转折点有可能指示景观具有等级结构(Sugihara 和 May,1990;Lam 和 Quattrochi,1992;Leduc 等,1994)。

除以上数种外,还有许多其他的景观指数。表 5.2 列出了 20 种,其中包括一些在上面已提及的景观指数。近年来,许多免费景观格局分析软件可以从因特网上获得。其中最常用的一种是 FRAGSTATS(网址:http://www.umass.edu/landeco/research/fragstats/fragstats.html)。FRAGSTATS 是一个定量分析景观结构组成和空间格局的计算机程序。FRAGSTATS 在 3 个层次上计算一系列景观格局指数:斑块水平指数、斑块类型水平指数和景观水平指数。在使用 FRAGSTATS 时,用于分析的景观是由使用者来定义的,它可以代表任何空间现象。FRAG-STATS 定量化景观中斑块的面积大小和空间分布特征,它只能分析类型数据(如各种类型图)。使用者必须根据景观数据的特征和所研究的生态学问题合理地选择所分析景观的幅度和粒度,并进行适当的斑块分类及其边界的确定。如同任何其他计算机软件一样,数据的生态学含义不可能"编入"软件包中,而只能靠研究者将各种信息汇总并经大脑加工后而获得。另外,虽然景观指数的数目繁多,但大多属于以下几类:信息论类型、面积与周长比类型、简单统计学指标类型、空间相邻或自相关类型及分维类型。这些指数相互之间的相关性往往很高,因此,同时采用多种指数(尤其是同一类型的指数)往往并不增加"新"信息(Li 和 Reynolds,1994;Riitters 等,1995;Hargis 等,1998)。

表5.2 景观格局分析软件 FRAGSTATS 中包含的一些常用景观指数

(根据 McGarigal 和 Marks,1995)

景观指数 (栅格数据结构)	缩　写	描　　述
1. 斑块数	NP	公式: $$NP = N$$ 景观中斑块的总数。取值范围:$NP \geq 1$,无上限
2. 斑块密度	PD	公式: $$PD = N/A$$ 每平方千米(即 100 hm^2)的斑块数。取值范围:$PD > 0$,无上限
3. 边界总长度	TE	公式: $$TE = E$$ 景观中所有斑块边界总长度(米)。取值范围:$TE \geq 0$,无上限
4. 边界密度	ED	公式: $$ED = \frac{E}{A} 10^6$$ 景观中所有斑块边界总长度(米)除以景观总面积(平方米),再乘以 10^6(转换成平方千米)。取值范围:$ED \geq 0$,无上限
5. 斑块丰富度	PR	公式: $$PR = m$$ 景观中不同斑块类型的总数。取值范围:$PR > 0$,无上限
6. 斑块丰富度密度	PRD	公式: $$PRD = \frac{m}{A} 10^6$$ 景观中不同斑块类型总数除以景观总面积(平方米),再乘以 10^6(转换成平方千米)。取值范围:$PRD > 0$,无上限
7. Shannon 多样性指数	SHDI	公式: $$SHDI = -\sum_{i=1}^{m} [P_i \ln (P_i)]$$ 每一斑块类型所占景观总面积的比例乘以其对数,然后求和,取负值。取值范围:$SHDI \geq 0$,无上限。当景观中只有一种斑块类型时,$SHDI = 0$。当斑块类型增加或各类型斑块所占面积比例趋于相似时,$SHDI$ 的值也相应增加

续表

景观指数 （栅格数据结构）	缩　写	描　　　述
8. 最大斑块指数	LPI	公式： $$LPI = \frac{Max(a_1, \cdots, a_n)}{A}(100)$$ 景观中最大斑块的面积（平方米）除以景观总面积（平方米），再乘以 100（转换成百分比）。取值范围：$0 < LPI \leqslant 100$
9. 平均斑块面积	MPS	公式： $$MPS = \frac{A}{N}10^{-6}$$ 景观中所有斑块的总面积（平方米）除以斑块总数，再乘以 10^{-6}（转换成平方千米）。取值范围：$MPS > 0$，无上限
10. 斑块面积标准差	PSSD	公式： $$PSSD = \sqrt{\frac{\sum_{i=1}^{m}\sum_{j=1}^{n}\left[a_{ij} - \left(\frac{A}{N}\right)\right]^2}{N}}10^6$$ 每一斑块面积（平方米）与平均斑块面积之差的平方的总和除以斑块总数，然后开方，再乘以 10^6（转换成平方千米）。取值范围：$PSSD \geqslant 0$，无上限。当景观中所有斑块的大小一致，或只有一个斑块时，$PSSD = 0$
11. 斑块面积变异系数	PSCV	公式： $$PSCV = \frac{PSSD}{MPS}(100)$$ 斑块面积的标准差（$PSSD$）除以平均斑块面积（MPS），再乘以 100（转换成百分率）。取值范围：$PSCV \geqslant 0$，无上限
12. 景观形状指数	LSI	公式： $$LSI = \frac{0.25E}{\sqrt{A}}$$ 景观中所有斑块边界的总长度（米）除以景观总面积（平方米）的平方根，再乘以正方形校正常数。取值范围：$LSI \geqslant 1$，无上限。当景观中只有一个正方形斑块时，$LSI = 1$；当景观中斑块形状不规则或偏离正方形时，LSI 值增大

续表

景观指数 （栅格数据结构）	缩　写	描　　述
13. 平均斑块形状 指数	MSI	公式： $$MSI = \frac{\sum_{i=1}^{m}\sum_{j=1}^{n}\left(\dfrac{0.25P_{ij}}{\sqrt{a_{ij}}}\right)}{N}$$ 景观中每一斑块的周长（米）除以面积（平方米）的平方根，再乘以正方形校正常数，然后对所有斑块加和，再除以斑块总数。取值范围：$MSI \geqslant 1$，无上限。当景观中所有斑块均为正方形时，$MSI = 1$；当斑块的形状偏离正方形时，MSI 值增大
14. 面积加权平均 斑块形状指数	AWMSI	公式： $$AWMSI = \sum_{i=1}^{m}\sum_{j=1}^{n}\left[\left(\frac{0.25P_{ij}}{\sqrt{a_{ij}}}\right)\left(\frac{a_{ij}}{A}\right)\right]$$ 每一斑块的周长（米）除以面积（平方米）的平方根，再乘以正方形校正常数，再乘以斑块面积（平方米）与景观总面积（平方米）之比，然后对所有斑块加和。取值范围：$AWMSI \geqslant 1$，无上限。$AWMSI$ 随斑块形状的不规则性增加而增加；当景观中所有斑块均为正方形时，$AWMSI = 1$
15. 双对数回归分 维数	DLFD	公式： $$DLFD = \frac{2}{\dfrac{\left\{N\sum_{i=1}^{m}\sum_{j=1}^{n}\left[\ln(P_{ij})\ln(a_{ij})\right]\right\} - \left[\sum_{i=1}^{m}\sum_{j=1}^{n}\ln(a_{ij})\right]}{\left\{N\sum_{i=1}^{m}\sum_{j=1}^{n}\left[\ln(P_{ij}^2)\right]\right\} - \left[\sum_{i=1}^{m}\sum_{j=1}^{n}\ln(P_{ij})\right]^2}}$$ 2 除以通过斑块面积（平方米）的对数与斑块周长（米）的对数回归而得到的直线的斜率。取值范围：$1 \leqslant DLFD \leqslant 2$。对二维空间的斑块来说，分维数大于 1 表示偏离欧几里德几何形状（如正方形或矩形）。当斑块边界形状极为复杂时，$DLFD$ 趋于 2
16. 平均斑块分 维数	MPFD	公式： $$MPFD = \frac{\sum_{i=1}^{m}\sum_{j=1}^{n}\left[\dfrac{2\ln(0.25P_{ij})}{\ln(a_{ij})}\right]}{N}$$ 2 乘以景观中每一斑块的斑块周长（米）的对数，0.25 为校正常数，除以斑块面积（平方米）的对数，对所有斑块加和，再除以斑块总数。取值范围：$1 \leqslant MPFD \leqslant 2$。也就是说，$MPFD$ 是景观中各个斑块的分维数相加后再取算术平均值

景观指数（栅格数据结构）	缩写	描述
17. 面积加权平均斑块分维数	AWMPFD	公式： $$AWMPFD = \sum_{i=1}^{m} \sum_{j=1}^{n} \left[\frac{2 \ln (0.25 P_{ij})}{\ln (a_{ij})} \left(\frac{a_{ij}}{A} \right) \right]$$ 2乘以景观中每一斑块的斑块周长（米）的对数，0.25为校正常数，除以斑块面积（平方米）的对数，乘以斑块面积（平方米）与景观总面积（平方米）之比，再对所有斑块加和。取值范围：$1 \leqslant AWMPFD \leqslant 2$。也就是说，$AWMPFD$ 是景观中单个斑块的分维数以面积为基准的加权平均值
18. 聚集度	CONT	公式： $$CONT = \left[1 + \sum_{i=1}^{m} \sum_{j=1}^{n} \frac{P_{ij} \ln (P_{ij})}{2 \ln (m)} \right] (100)$$ 式中，m 是斑块类型总数，P_{ij} 是随机选择的两个相邻栅格细胞属于类型 i 与 j 的概率。聚集度指数通常度量同一类型斑块的聚集程度，但其取值还受到类型总数及其均匀度的影响。取值范围：$0 < CONT \leqslant 100$
19. 平均最近邻体距离	MNN	公式： $$MNN = \frac{\sum_{i=1}^{m} \sum_{j=1}^{n} h_{ij}}{N'}$$ 景观中每一个斑块与其最近邻体距离的总和（米）除以具有邻体的斑块的总数。无上限
20. 核心区总面积指数	TCAI	公式： $$TCAI = \frac{\sum_{i=1}^{m} \sum_{j=1}^{n} a_{ij}^{c}}{A} (100)$$ 景观中每一个斑块的核心区面积总和（平方米），除以景观总面积（平方米），再乘以100转化为百分数。$0 \leqslant TCAI \leqslant 100$

注：表中符号与 FRAGSTATS 一致，一般都是英文字头缩写

5.2.2　景观指数应用举例

景观指数在景观生态学中的广泛应用始于 20 世纪 80 年代中后期,正是《景观生态学报》创刊之时。美国橡树岭国家实验室的景观生态学家们为此做出了卓越贡献(见 Krummel 等,1987;O'Neill 等,1988,1997;Turner,1989;Turner 和 Gardner,1991)。自此,景观指数方法在景观结构的描述、比较和动态研究中应用很广。这里,我们通过一些例子来系统地说明景观指数应用中的一些重要特点。

首先让我们看一个简单的例子,图 5.3 表示两个简单景观。通过计算一些景观指数,我们可以比较两个景观的结构特征。例如,景观 1 的斑块数远远小于景观 2。景观 2 的斑块密度显然要远远大于景观 1,这反映了景观 2 的破碎化程度较景观 1 要高。景观 2 的多样性指数较景观 1 高大约 2 倍,这与景观 2 中

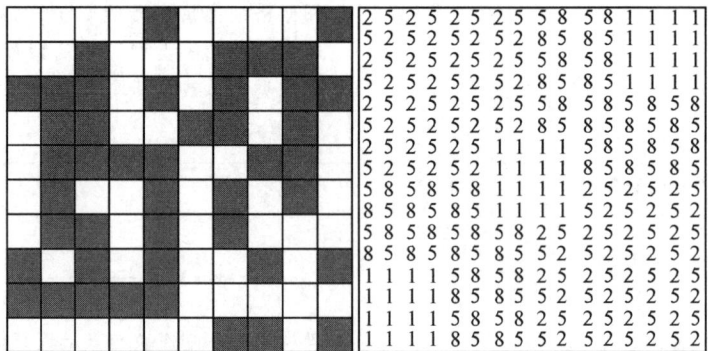

景观1   景观2

	景观 1	景观 2
斑块数	17	199
斑块密度	1 700/km^2	7 773/km^2
Shannon 多样性指数	0.688	1.323
景观分维数	1.534	1.036
聚集度	0.543%	27.49%
景观形状指数	3.30	7.19

图 5.3　两个具有不同空间格局的景观及其相应的一些景观指数

斑块类型多有关。景观 2 的分维数比景观 1 要低,这是因为前者中斑块大多呈矩形。有趣的是,景观 2 的聚集度比景观 1 高出 50 倍,但景观 1 似乎具有较高的连接度(或较低的破碎化程度)。这是因为聚集度指数不但受斑块类型数目的强烈影响(Li 和 Reynolds,1993),而且两种不同类型斑块的频繁相邻也会大大增加聚集度的值(Riitters 等,1996)。因此,在比较不同景观的斑块连接度或破碎化程度时,聚集度指数可能导致错误结论,但斑块密度则不会有这一问题。一般而言,在比较不同景观或同一景观在不同时间的格局时,一定要注意所选用景观指数的影响因子以及景观数据的特征(见 O'Neill 等,1996;Riitters 等,1996;Frohn,1998)。

　　景观指数可以用来定量地描述和监测景观结构特征随时间的变化。例如,图 1.5 展示了美国人口增长速度最快的大城市之一,亚利桑那州凤凰城地区,1912 年至 1995 年间的景观格局的变化。下面我们选 10 个景观指数来将这一变化定量化(图 5.4)。为了对尺度效应(详见本章后面有关部分)有所了解,我们在 4 个不同空间粒度上进行分析。首先,斑块密度和边界密度随着城市化的迅速发展而急剧增加(图 5.4A 和 B)。这反映了该荒漠景观的破碎化程度和生境斑块相互之间的隔离程度大大增加。随着景观的不断破碎化,平均斑块面积和最大斑块指数迅速减小(图 5.4C 和 5.4D)。以景观的结构复杂性来看,景观形状指数(图 5.4E)和正方像元指数(图 5.4F)明显地增加,反映了景观中斑块形状的复杂化趋势。景观分维数在 4 个粒度水平上都表现出增加、下降、又增加的变化趋势(图 5.4G)。尽管总的趋势与前面两个形状指数相似,但也反映了双对数回归分维数在描述景观格局时的不稳定性问题(Frohn,1998)。景观聚集度指数随着城市化加剧而下降(图 5.2H),与斑块密度和边界密度结果一致,从不同方面反映了景观的连接度下降,与此同时,破碎化程度增加。图 5.2I 和图 5.2J 反映了景观多样性和丰富度随着城市化进程的变化趋势。尽管丰富度一致保持未变(只是从 1912 年的 3 种类型增加到 1934 年的 4 种),但景观多样性迅速增加。这说明景观多样性的增加不是由于丰富度的增加所致,而是土地利用类型在面积分布上均匀度增加的结果。

斑块密度

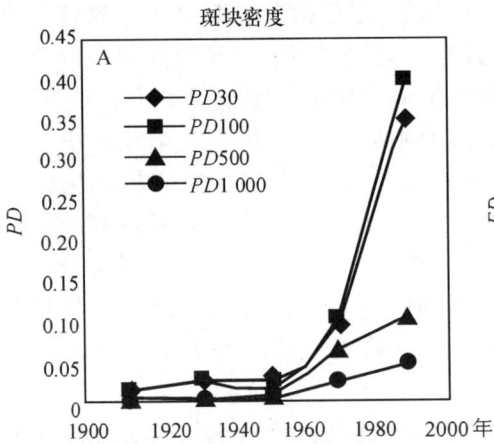

边界密度

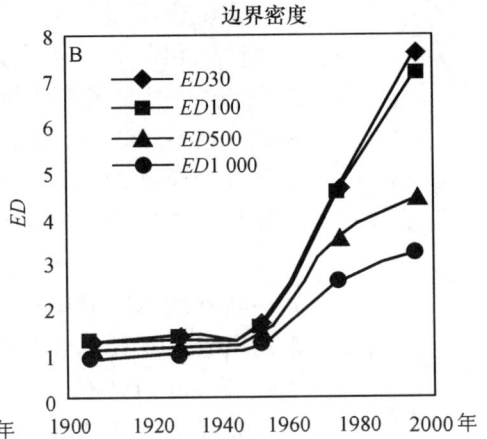

平均斑块面积

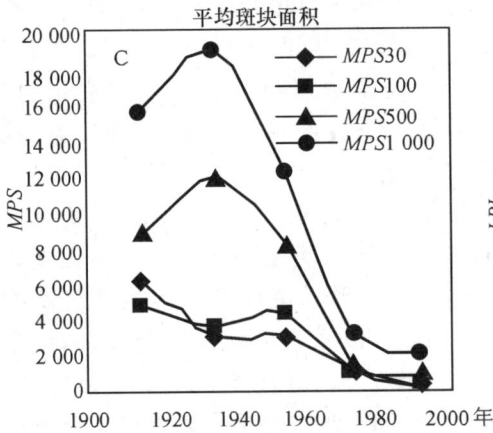

最大斑块指数

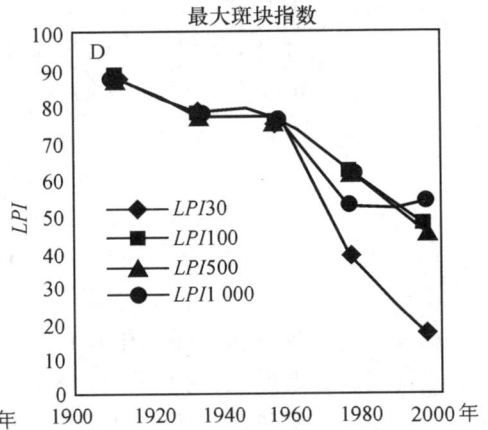

景观形状指数

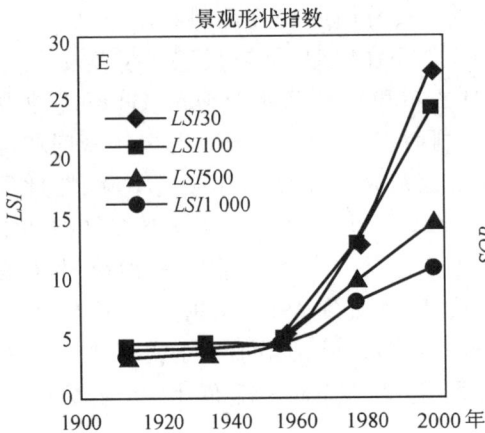

正方像元指数

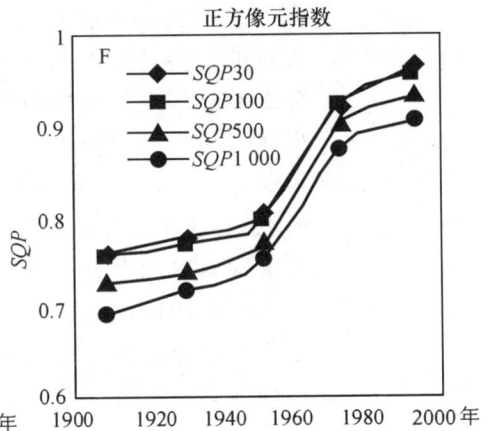

双对数分维数

景观聚集度指数

Shannon—Weaver 多样性指数

斑块丰富度

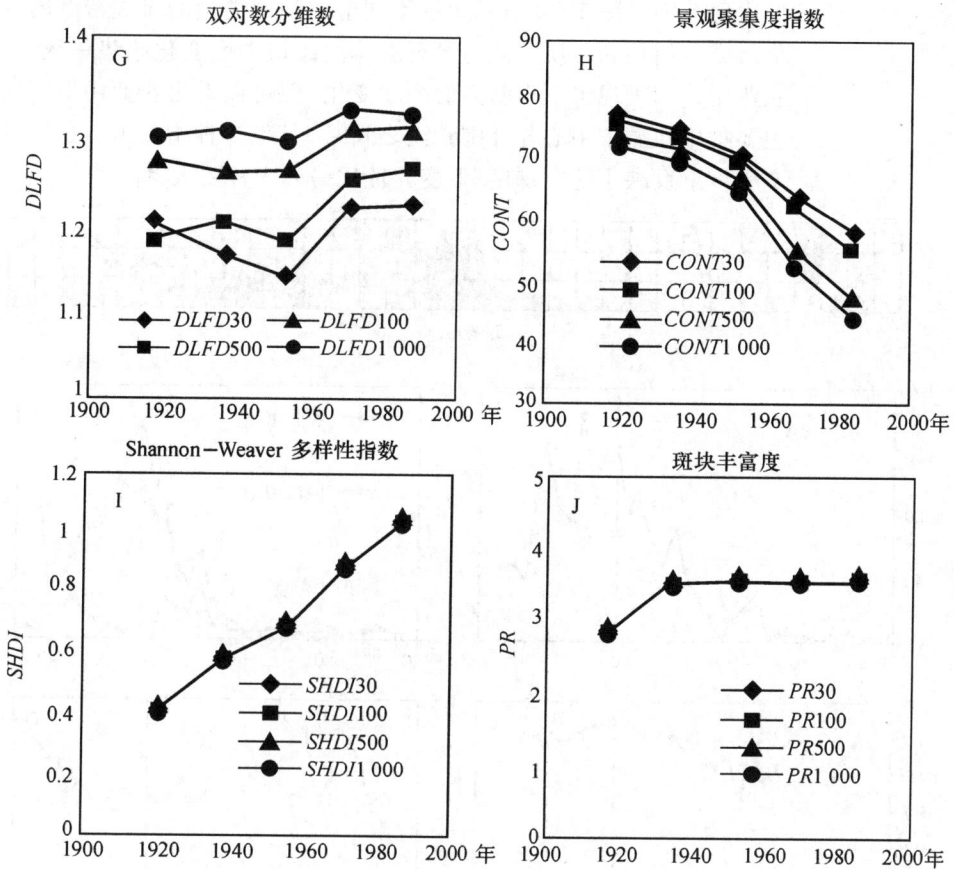

图 5.4　景观格局变化的定量描述

图中以 10 个景观指数(详见表 5.2)举例说明美国凤凰城
地区从 1912 年至 1995 年土地利用变化的情形(见图 1.5)

　　景观指数还可以用来描述和辨识景观中生态学特征的空间梯度。以图 1.5 中 1995 年的土地利用图为例,我们可选用斑块密度、分维数、聚集度、平均斑块面积和周长与面积比来定量描述该地区城市化强度的空间梯度(Luck 和 Wu,2005)。从图 5.5 可以看出,沿着一条 15 km 宽、165 km 长的东西走向的样带(粒度为 5 km×5 km),斑块密度和斑块周长与面积比由荒漠向城市中心方向先缓慢增加,然后迅速增加,进而达到最高值,最后又开始下降(图 5.5A 和 F)。这一变化趋势明确地反映了景观破碎化程度形成一个从城市中心向外围荒漠逐渐减小的空间梯度。这两个指数的最高值出现处对应着在空间结构上城市化程度最高的荒漠地理位置,而曲线在近外围荒漠植被处的转折点可用来指示这一城市景观的边界范围。图 5.5B 表示 3 种不同土地利用类型的斑块密度的变化。城市用地和荒漠植被与景观总体的斑块密度变化趋势一致,而农业用地却表现出不很明显的梯度变化(但可以看出农业用地密度主要集中在城市中心与外围荒漠之间)。其他 3 种指数虽然也在一定程度上反映了这一梯度,但变异性比另外 3 种要大得多。

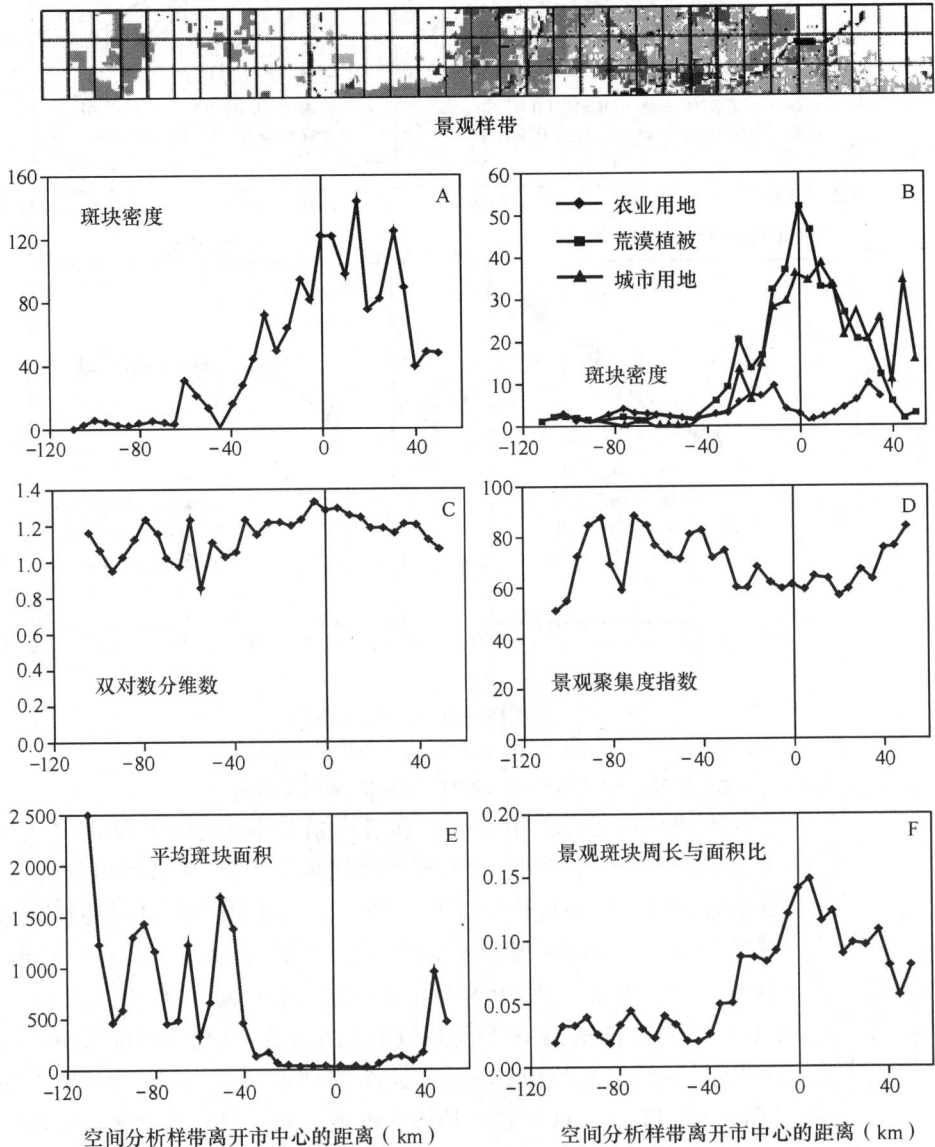

景观样带

图 5.5 用景观指数来研究凤凰城城市景观格局梯度

图中 A 和 B 表示斑块密度和边界密度随着离市中心距离的增加而减小,从而对城市化强度梯度在景观尺度上加以定量化

5.2.3 景观指数的尺度效应、方向性以及其他行为学特征

    景观指数随空间幅度和粒度的变化而变化,因此,在使用这些指数时必须要明确指出分析尺度(scale of analysis)。下面,我们就以一个研究实例来说明一些常用景观指数对分析尺度的敏感性。图 5.6 是位于美国大盆地(The Great Basin)的 Carson 地区的土地利用与覆盖图。该图是根据 1984 年卫星遥感数据(Landsat TM)经图像处理并分类而制成的(Wu 等,1997)。为研究景观指

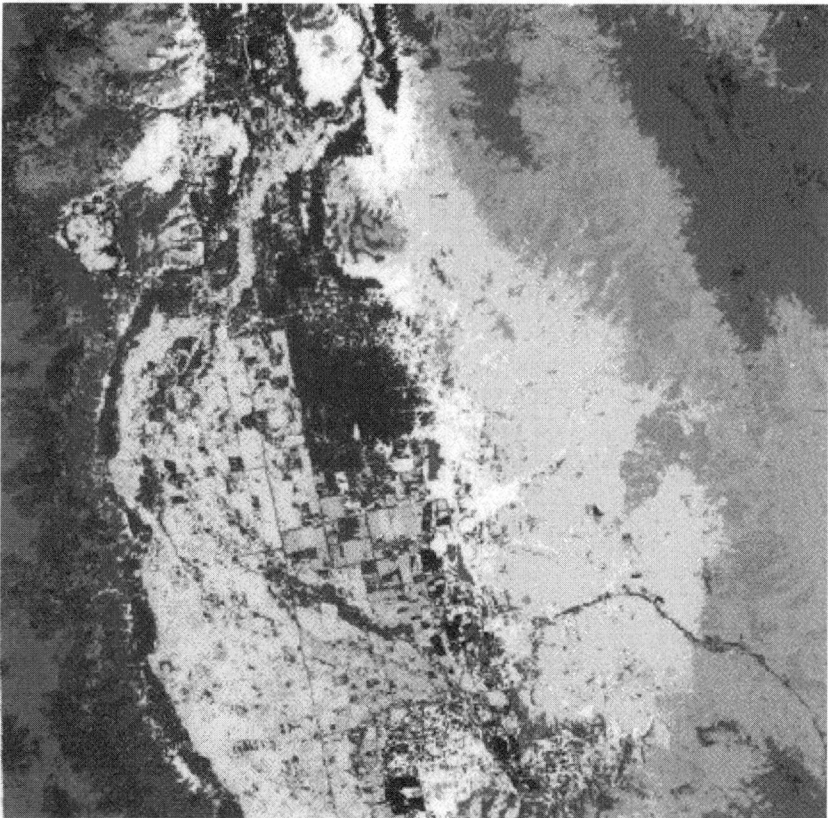

图 5.6   位于美国大盆地(The Great Basin)
的 Carson 地区的土地利用和土地覆盖图
总面积为 380 km^2,空间分辨率为 30 m。主要土地覆盖类型包括城
市用地、农业用地、放牧用地、荒漠灌木群落以及山地针叶林等

数与分析尺度之间的关系,我们系统地将幅度和粒度分别逐渐增大,而且从 4 个对角线方向进行分析,以观察其方向性的变化(图 5.7)。研究表明,所有 6 种景观指数都对幅度变化有明显的响应(图 5.8)。其中,正方像元指数和多样性指数表现出随幅度增加而增加的趋势。这是因为随着景观面积的增加,一般而言,景观丰富度的增加使得多样性亦增加;同时景观形状也趋于更复杂。而斑块密度、聚集度和平均斑块面积随幅度的变化则不易预测(图 5.8)。这 3 种指数对景观结构异质性的细节更为敏感。景观分维数比其他指数的变化要小得多,总的趋势是随着幅度的增加而增加,或基本不变。

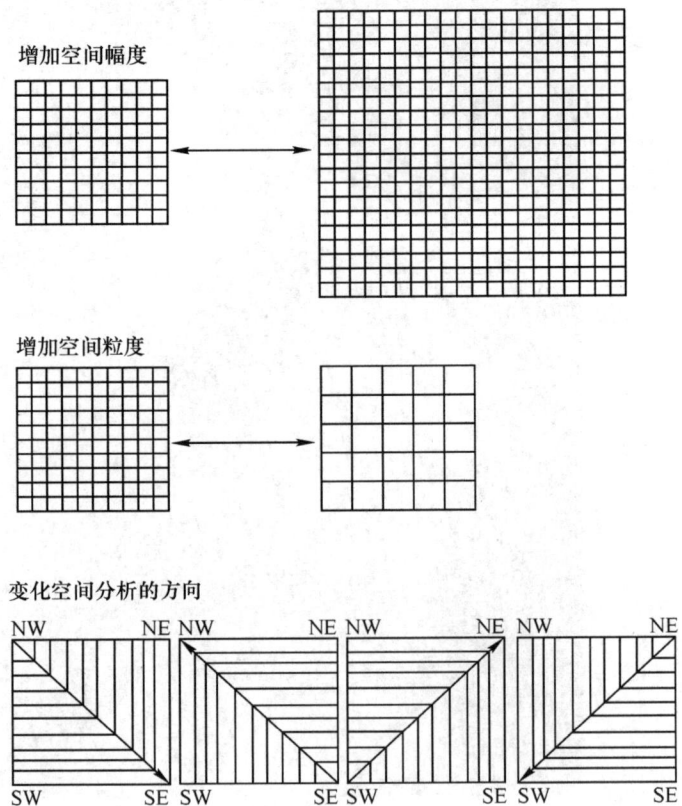

图 5.7　研究空间尺度(粒度与幅度)
以及方向性对景观格局分析影响的设计方案
NW,西北;NE,东北;SW,西南;SE,东南

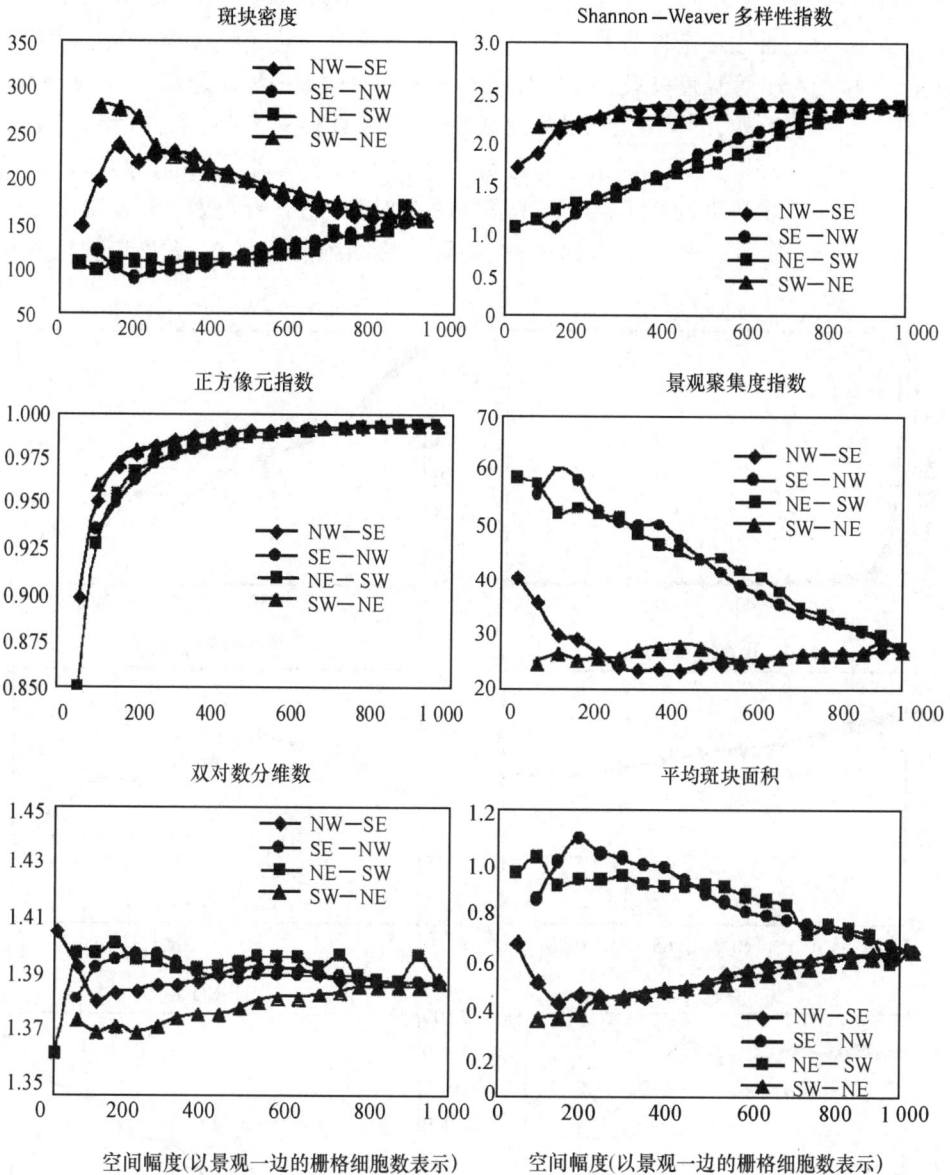

斑块密度

Shannon—Weaver 多样性指数

正方像元指数

景观聚集度指数

双对数分维数

平均斑块面积

空间幅度(以景观一边的栅格细胞数表示)　　空间幅度(以景观一边的栅格细胞数表示)

图 5.8　改变空间幅度对景观指数的影响

随着研究所采用的空间幅度的增加,景观指数的值也在
改变,而且,分析的起始方向对结果也有明显影响

当幅度固定不变,只改变粒度对景观指数也有明显影响(图 5.9)。这里,粒度增加是按照"多数原则"(the majority rule),通过逐渐聚合相邻栅格细胞而实现的。对于许多景观指数而言,尽管粒度变化对它们的影响不尽相同,但大致趋势是可预测的。例如,随着粒度增加,斑块密度呈指数形式下降,多样性和正方像元指数都表现出下降趋势。面积加权平均斑块分维数也表现出持续下降的特征,但景观总体的双对数回归分维数再次表现出不确定性。从另一方面来看,随着栅格细胞逐渐聚并,平均斑块面积持

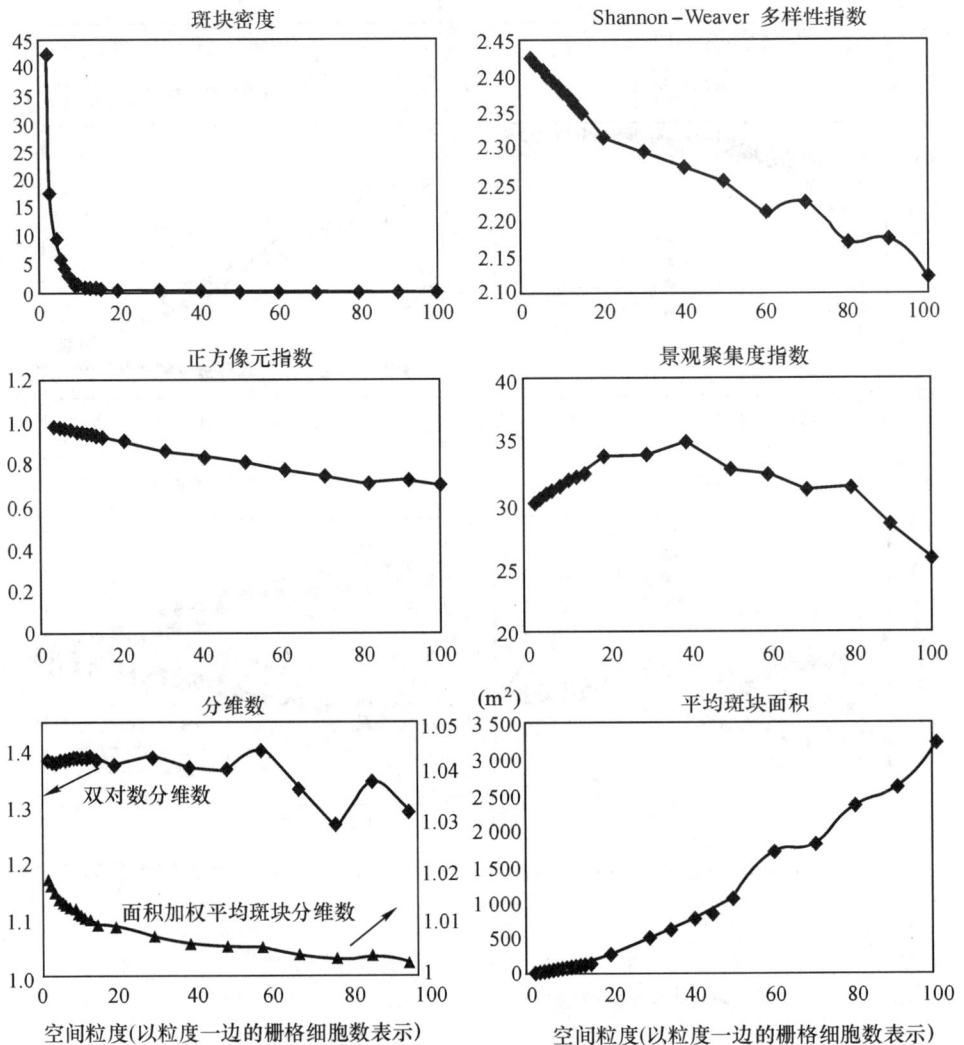

图 5.9　改变空间粒度(或空间分辨率)对景观指数的影响

续增加。景观聚集度指数随粒度变化的趋势与其他指数不同,表现出非单调性。实际上,聚集度指数随粒度的变化似乎是因具体景观空间结构的不同而异。这是因为聚集度指数受到结构组成成分的丰富度和其空间配置(不同类型斑块的相邻关系)的双重影响。一般而言,随着斑块丰富度的增加,聚集度指数也增加(Li 和 Reynolds,1994)。当粒度增加时,虽然丰富度下降,但由于栅格细胞聚合造成的"新"的斑块空间配置关系还有可能使聚集度指数的值增高。然而,当粒度增加到一定程度后,聚集度指数势必要持续下降。

景观指数的尺度效应、方向性以及其他行为学特征近几年来有大量研究,使我们对常用景观指数的行为学有了比较全面的了解。由邬建国主持的"景观生态学和模型实验室"(Landscape Ecology and Modeling Laboratory,简称 LEML)从 20 世纪 90 年代初开始针对景观指数与分析尺度、方向性和景观格局特征的关系进行了一系列的研究(邬建国和 Jelinski,1995;Jelinski 和 Wu,1996;Qi 和 Wu,1996;Wu 等,2000,2002;Wu,2004;Shen 等,2004)。Wu 等(2002)首次归纳出景观水平指数尺度效应的一般性规律;Wu(2004)进一步总结出了斑块类型水平指数随尺度变化的一般性规律,并对这两类指数的尺度效应的特点作了比较(见 Wu,2004 表 1 至表 3)。概而言之,景观指数表现出 3 种趋势:简单的线性或幂函数关系(如斑块数量、总斑块边长、景观形状指数)、阶梯状递变(如丰富度和多样性指数)和无规则变化(大多数指数属于此类)。景观指数对不同景观格局特征(如斑块类型总数及其相对数量、斑块的空间聚集特征)也已经有大量研究(如 Li 和 Reynolds,1993;Neal 等,2004;Saura,2004;Shen 等,2004)。此外,Buyantuyev 和 Wu(2007)对同一地区不同景观分类图如何影响景观指数也进行了研究,即所谓的"主题分辨率效应"(thematic resoluation effect)。结果发现,在用斑块类型总数来表示主题分辨率时,景观指数表现出与尺度效应既相似又不全同的响应。

5.3 空间统计学方法

许多景观格局的数据以类型图来表示(如植被图、土壤图、土地利用和土地覆盖图等),也就是说,景观格局是以空间非连续型变量来表示的。景观指数方法可以用来分析这类景观数据,以描述空间异质性的特征,比较景观格局在空间上或时间上的变化。然而,在实际景观中,异质性在空间上往往是连续的,即斑块与斑块之间的变化不总是截然分明的,而同一斑块内部也并非是完全均质的。例如,动植物、土壤养分、温度及湿度等因素在空间上的分布往往表现出连续性,而不是陡然变化。对于存在有某种环境梯度的景观,这种异质性的空间连续性更是显著。因此,我们必须认识到,将景观格局用类型图来表示必然有客观的和主观的误差存在。例如,斑块的类型和边界的划分取决于景观的物理学和生态学特征、分类和划界标准、所采用的工具和方法。由于这些原因所造成的分类和划界差异必然会影响景观指数的数值。景观生态学家对这一问题的研究尚少,认识肤浅。从另一方面而言,了解空间异质性在景观中是如何连续变化的,即是否具有某种趋势或统计学规律,是理解景观格局本身及其与生态学过程相互作用的重要环节。这就要求景观格局以连续变量来表示(如土壤养分、水分分布图、植物密度分布图、生物量图及地形图),或通过抽样产生点格局数据来表示。这时,景观指数方法不再适宜,而下面所介绍的空间统计学方法正是为解决这些问题发展起来的。

　　景观格局的最大特征之一就是空间自相关性(spatial autocorrelation)。所谓空间自相关性就是指,在空间上越靠近的事物或现象就越相似。景观特征或变量在邻近范围内的变化往往表现出对空间位置的依赖关系。当你站在一个草地斑块中的时候,几步远的地方极可能还是草地。温度、水分、土壤特征、植被特征等在空间上的分布都反映了这种"近朱者赤,近墨者黑"的现象。空间自相关性被称为是地理学第一定律(Tobler,1970)。广而言之,在自然界中,正是由于普遍存在空间自相关性,我们才得以看到千姿百态的河流、山川、各类生态系统和景观格局。没有空间自相关的世界是不可思议的。设想,倘若组成世界的万事万物的相对位置像布朗运动中的分子一样(即无空间自相关性),我们看到的世界将会是何等模样?因此,时间上和空间上的相关性是自然界存在秩序、格局和多样性的根本原因之一(Goodchild,1986)。然而,空间自相关性的存在使得传统的统计学方法不宜用来研究景观的空间特征。这是因为传统统计学方法(如方差分析、回归分析等)的最根本的假设包括取样的独立性和随机性。然而,景观异质性往往以梯度和斑块镶嵌体的形式出现,表现出不同程度的空间自相关性。因此,在取样时只要样点相距不远,这些样点就不应该看做是随机样本,那么,传统的统计学方法也就不宜采用了。正因如此,空间自相关性曾被认为是生态学分析中的一大障碍。然而,从另一方面来看,生态学变量在空间上如何关联,又如何变化正是景观格局研究的核心之一,又是理解和预测生态学过程和功能的基础。例如,景观中沿某一方向的高度自相关性可能预示某种生态学过程在起着重要作用。显然,我们需要不受自相关性限制的统计学方法,空间统计学正是提供这样的一系列方法。

空间统计学的目的是描述事物在空间上的分布特征(如随机的、聚集的或有规则的),以及确定空间自相关关系是否对这些格局有重要影响。空间统计学方法有许多种,例如:空间自相关分析(spatial autocorrelation analysis)、趋势面分析(trend surface analysis)、谱分析(spectral analysis)、半方差分析(semivariance analysis)以及克瑞金(Kriging)空间插值法等。本节将重点讨论空间自相关分析和半方差分析,其他方法只作简略介绍。有兴趣的读者请参阅文中列出的有关文献。

5.3.1 空间自相关分析

空间自相关分析的目的是确定某一变量是否在空间上相关,其相关程度如何。空间自相关系数常用来定量地描述事物在空间上的依赖关系。具体地说,空间自相关系数是用来度量物理或生态学变量在空间上的分布特征及其对其邻域的影响程度。如果某一变量的值随着测定距离的缩小而变得更相似,这一变量呈空间正相关;若所测值随距离的缩小而更为不同,则称之为空间负相关;若所测值不表现出任何空间依赖关系,那么,这一变量表现出空间不相关性或空间随机性。

空间自相关分析一般涉及3个步骤(Cliff 和 Ord,1981;Goodchild,1986):① 取样,② 计算空间自相关系数或建立自相关函数,③ 自相关显著性检验。空间自相关系数有数种,分别适合于不同数据类型(Goodchild, 1986;Griffith, 1988;Upton 和 Fingleton, 1985, 1989;Legendre 和 Fortin,1989;Legendre,1993)。例如,共邻边统计量(join – count statistic)适用于类型变量(如各种类型图),而 Moran 的 I 系数(Moran, 1948)和 Geary 的 c 系数(Geary,1954),严格地讲,只适用于数值型变量。此外,还有 Mantel 检验可用来研究多变量数据中的自相关性(详见 Legendre 和 Fortin,1989)。本节着重讨论两种最常用的自相关系数,即 Moran 的 I 系数和 Geary 的 c 系数。

Moran 的 I 系数和 Geary 的 c 系数的计算公式分别是：

$$I = \frac{n \sum_{i=1}^{n} \sum_{j=1}^{n} w_{ij}(x_i - \bar{x})(x_j - \bar{x})}{\sum_{i=1}^{n} \sum_{j=1}^{n} w_{ij} \sum_{i=1}^{n} (x_i - \bar{x})^2} \qquad (5.20)$$

$$c = \frac{(n-1) \sum_{i=1}^{n} \sum_{j=1}^{n} w_{ij}(x_i - x_j)^2}{2 \sum_{i=1}^{n} \sum_{j=1}^{n} w_{ij} \sum_{i=1}^{n} (x_i - \bar{x})^2} \qquad (5.21)$$

式中，x_i 和 x_j 是变量 x 在相邻配对空间单元（或栅格细胞）的取值，$\bar{x}$ 是变量的平均值，w_{ij} 是相邻权重（通常规定，若空间单元 i 和 j 相邻，$w_{ij} = 1$，否则 $w_{ij} = 0$），n 是空间单元总数。I 系数的取值在 -1 和 1 之间：小于 0 表示负相关，等于 0 表示不相关，大于 0 表示正相关。c 系数的取值一般在 0~2 之间：大于 1 表示负相关，等于 1 表示不相关，而小于 1 则表示正相关（图 5.10）。

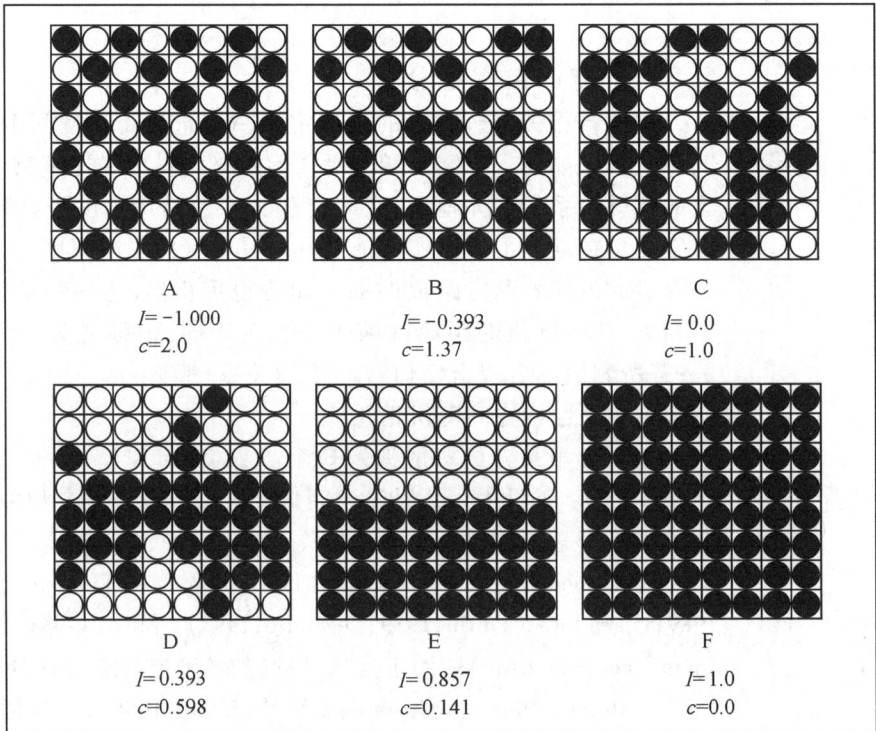

A
I= -1.000
c=2.0

B
I= -0.393
c=1.37

C
I= 0.0
c=1.0

D
I= 0.393
c=0.598

E
I= 0.857
c=0.141

F
I= 1.0
c=0.0

图 5.10　不同格局的空间自相关系数举例（根据 Goodchild，1986 改绘）

这里的假设景观为一个 8×8 栅格网，空心圆表示 0，实心圆表示 1

A. 完全负相关；B. 一定程度上的负相关；C. 不相关或随机分布；

D. 一定程度上的正相关；E. 很强的正相关；F. 完全正相关

　　像前面介绍的景观指数一样,空间自相关系数也随观察尺度(或分析尺度)的改变而变化(见 Qi 和 Wu,1996;Fortin,1999a)。因此,在进行空间自相关分析时,最好在一系列不同尺度上计算自相关系数,以揭示所研究变量的自相关程度随空间尺度的变化。以自相关系数为纵坐标,样点间隔距离为横坐标所作的图称为自相关图(correlogram)。[但是,Goodchild(1986)将以 Geary 的 c 系数为纵坐标,样点间隔距离为横坐标所作的图称为方差图(variogram)。]自相关图可用来分析景观的空间结构特征,判别斑块的大小以及某种格局出现的尺度(Legendre 和 Fortin,1989;Fortin,1999a)。Legendre(1993)系统地讨论了空间自相关分析方法在生态学中的应用(另见 Sokal 和 Oden,1978),并列出一系列常用的计算机软件。

5.3.2　半方差分析

　　地统计学(geostatistic)是一系列检测、模拟和估计变量在空间上的相关关系和格局的统计方法(Journel 和 Huijbregts,1978;Isaaks 和 Srivastava,1989;Goovaerts,1997),一般被认为是空间统计学的一部分,它的一个独特之处就是有很强的应用性。在很大程度上,这是因为它起源于采矿业和地质勘测领域。地统计学是以区域化变量理论(regional variable theory)为基础发展起来的。该理论强调在短距离之内的观察值比远距离的观察值要更相似,即方差较小(Matheron,1963)。

　　半方差分析(又称变异距或变异函数分析,见李哈滨等,1998)是地统计学中的一个重要组成部分。半方差分析主要有两种用途:一是描述和识别格局的空间结构,二是用于空间局部最优化插值,即克瑞金插值,简称克瑞金或 Kriging。本节将重点讨论第一个用途。

　　在统计学中有三种二阶矩,即方差、协方差(或自协方差,covariance 或 autocovariance)和半方差(Burrough,1995)。方差的定义是:

$$\mathrm{Var}Z(x) = E[(Z(x) - \mu)^2] \tag{5.22}$$

在应用时,以下式估计:

$$\hat{C}(0) = \frac{1}{n} \sum_{i=1}^{n} [Z(x_i) - \bar{z}]^2 \tag{5.23}$$

式中,Z 为代表某一系统属性的随机变量,x 为空间位置,μ 为数学

期望值,n 为抽样总数,$\bar{z}$ 为样本平均值。自协方差的定义是:

$$C(x_1,x_2) = E\{[Z(x_1) - \mu][Z(x_2) - \mu]\} \qquad (5.24)$$

式中,x_1 和 x_2 表示空间上两个抽样点。对于一维空间数据(例如样带)来说,自协方差的实际计算公式可表达为:

$$\hat{C}(h) = \frac{1}{n(h)} \sum_{i=1}^{n(h)} [Z(x_i + h) - \bar{z}][Z(x_i) - \bar{z}] \qquad (5.25)$$

式中,h 为配对抽样间隔距离,$n(h)$ 是抽样间距为 h 时的样点对的总数,$Z(x_i)$ 和 $Z(x_i + h)$ 分别是变量 x_i 和 $x_i + h$ 点的取值。显然,当 $h = 0$ 时,自协方差与方差相同,即 $C(h) = C(0)$。空间自相关则可以用自协方差与方差之比来表示,即:

$$r(h) = \hat{C}(h)/\hat{C}(0) \qquad (5.26)$$

半方差以下式定义:

$$\gamma(h) = \frac{1}{2}\text{Var}[Z(x_1) - Z(x_2)] \qquad (5.27)$$

或

$$\gamma(h) = \frac{1}{2}E\{[Z(x+h) - Z(x)]^2\} \qquad (5.28)$$

其相应的实际计算公式可为:

$$\gamma(h) = \frac{1}{2n(h)} \sum_{i=1}^{n(h)} [Z(x_i + h) - Z(x_i)]^2 \qquad (5.29)$$

式中各项定义与前面几个公式相同。显然,半方差是从另一方面来描述和估测空间数据的自相关关系。半方差与分维的关系可以下式表示:

$$D = (4 - m)/2 \qquad (5.30)$$

式中,D 为分维数,m 是半方差与抽样间距双对数线性回归的斜率(见 Phillips,1985;Palmer,1988;Dale,1999)。也就是说,分维数随着半方差对数曲线斜率的增加而减小,该斜率越陡,分维数就越小,而空间格局的空间依赖性就越强。因此,半方差图可用来确定景观中变量空间相关的尺度范围,而分维数可用来比较不同变量间空间依赖性的强度(Bian 和 Walsh,1993)。

　　以半方差 $\gamma(h)$ 为纵坐标,抽样间隔 h 为横坐标作图即是所谓的半方差图(semivariogram,或称变异距图;见图 5.11)。为了确保半方差图有意义,一般每一抽样间距上至少要有 30 ~ 50 个样点对,或者使 h 不超过所研究景观幅度的 1/2(见 Journel 和 Huijbregts,1978;Webster,1985;Rossi 等,1992)。与自相关图相比,半方差图是通过样对变异程度随样对间隔距离增加的变化来刻画变量的空间自相关特征的。半方差图中包含 3 个重要参数:半方差

基台值(sill)、块金方差(nugget variance)和自相关阈值或自相关
变程(range;见图5.11)。当数据中存在有空间依赖性时,半方差
值一般随抽样间距的增加而增加,并逐渐达到一个最大值,即基台
值(见图5.11和5.12)。基台值表示某变量在研究系统或地区中
总的变异程度,它可理解为是两个部分的和,即块金方差和结构方
差(structural variance)。块金方差是小于最小抽样距离时的空间
异质性(或变量的变异性)和测量及分析误差的综合反映。采矿
工程师们发现在空间上连续的矿层之外的地方有时也有金块的存
在,故名块金方差(Rossi 等,1992)。

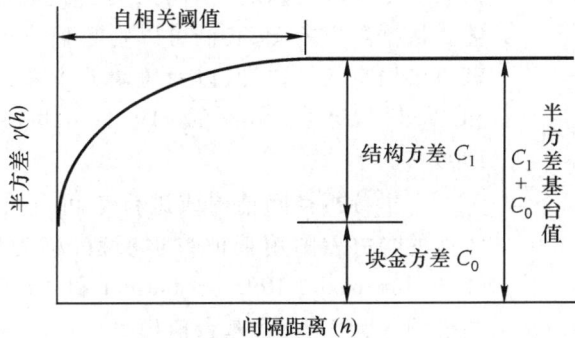

图5.11　一个典型化的半方差图

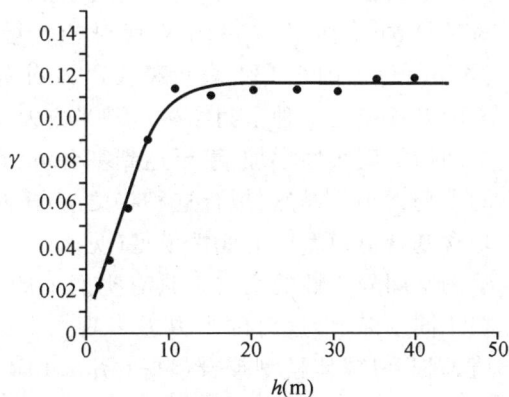

图5.12　某一弃耕地中土壤无机氮含量的半方差图(Robertson,1987)
　　　　实线是用加权最小二乘法所得的指数模型的拟合曲
　　　　线,$\gamma(h) = 0.001 + 0.115 (1 - e^{-h/13.1})$

在理论上,当样对间隔距离趋于零时,样对应表现出百分之百的空间自相关,故块金方差应该成为零。但实际应用中,由于样方不可能无限小,测量及分析误差不可能完全杜绝,块金方差往往是大于零的。结构方差表示由于空间非随机结构造成的变异,反映了该变量的空间自相关的变化特征。结构方差与系统总方差(基台值)的比例,即 $C_1/(C_1 + C_0)$,是对变量在空间上的可预测性的一个重要度量(Robertson 和 Gross,1994)。而块金方差占总体方差的比例则可用来估计随机因素在所研究的空间异质性中的相对重要性(李哈滨等,1998)。自相关阈值表示某一特征在空间上自相关的空间幅度,在大于阈值的空间尺度上该特征不再有自相关性。根据半方差图,我们可以判断某一景观特征是否具有斑块性,斑块格局有何规律性,以及斑块大小和格局的尺度特征(Legendre 和 Fortin,1989;Rossi 等,1992;Robertson 和 Gross,1994;Dale,1999)。

为了分析空间结构或进行空间内插值,都有必要将实际计算所得的半方差图用某种数学模型(称为理论半方差图或模型)来拟合(Burrough,1995)。Journel 和 Huijbregts(1978)将理论半方差模型分为 3 类:含基台值模型(model with a sill)、无基台值模型(model without a sill)和自相关阈为零模型(model with zero range)。这些模型在表 5.3 中列出。在实际应用中,以球体模型和指数模型最为常见。

如何根据半方差图来解释空间结构特征呢? Burrough(1995)对常见的几种半方差图及其对应的空间结构作了一个总结(图 5.13)。图 5.13A 表示斑块边界明显,过渡骤然,而且变化距离较有规律的一种空间结构。其半方差图表现出半方差随抽样间距的增加而线性增加,直至达到基台值,其自相关阈值反映了斑块的平均大小。显然,拟合这种半方差图的最合适的理论模型应该是含基台值模型中的线性模型(见表 5.3)。假如图 5.13A 中所表示的空间异质性的变化不具有空间上的规则性,而陡然变化出现在不同距离上,这时的半方差表现为非线性增加,渐渐达到基台值,因此以球体模型拟合最好(图 5.13B)。如果陡然变化出现在所有尺度上(设想一个由许多大小不同的斑块组成的景观),若这些变化的距离符合泊松分布,那么,半方差将开始迅速增加,然后逐渐缓慢增加(图 5.13C)。指数模型最合适拟合这一半方差图,此时的自相关阈值定义为对应于半方差值达到基台值的 95% 的抽样间隔距离(Goovaerts,1997)。线性空间变化趋势(如环境梯

表5.3 常用的半方差理论模型

(Journel 和 Huijbregts,1978;Burrough,1995)

含基台值模型	无基台值模型	自相关阈为零模型(或 100% 块金效应模型)
球体模型(spherical model) $\gamma(h) = C_0 + C_1 \left[\dfrac{3h}{2a} - \dfrac{1}{2} \left(\dfrac{h}{a} \right)^3 \right]$ $\hspace{4cm} (0 < h < a)$ $\gamma(h) = C_0 + C_1 \hspace{1.5cm} (h \geqslant a)$ 线性模型(linear model) $\gamma(h) = C_0 + bh \hspace{1cm} (0 < h < a)$ $\gamma(h) = C_0 + C_1 \hspace{1.5cm} (h \geqslant a)$ 指数模型(exponential model) $\gamma(h) = C_0 + C_1(1 - e^{-h/a})$ 高斯模型(Gaussian model) $\gamma(h) = C_0 + C_1(1 - e^{-h^2/a^2})$	线性模型(linear model) $\gamma(h) = C_0 + bh$ 对数模型(logarithmic model) $\gamma(h) = C_0 + C_1 \ln(h)$	$\gamma(h) = C_0$

度)导致半方差随样间距而不断增加,而且增加的速率越来越快(图5.13D)。在实际景观中的空间周期性变化相应地反映在半方差图中(图5.13E)。当所研究的现象或特征无空间依赖性(或自相关性),半方差随抽样间隔距离的增加表现出随机变化,此时的基台值等于块金方差(图 5.13F)。Robertson 和 Gross(1994)指出,半方差图可以揭示空间格局的等级结构特征(又见Palmer,1988)。但也有研究表明,半方差分析在研究具有多尺度空间结构特征的景观时,并不很有效(见 Bradshaw 和 Spies,1992;Meisel 和 Turner,1998)。Robertson 和 Gross(1994)假设,从植物个体、种群、群落及区域景观以至到全球,空间依赖性表现出等级结构,从而使半方差表现出随间隔距离增加而呈阶梯式上升的趋势(图5.14)。虽然这一假设很有趣,但其真实性和普遍性尚有必要进一步研究。

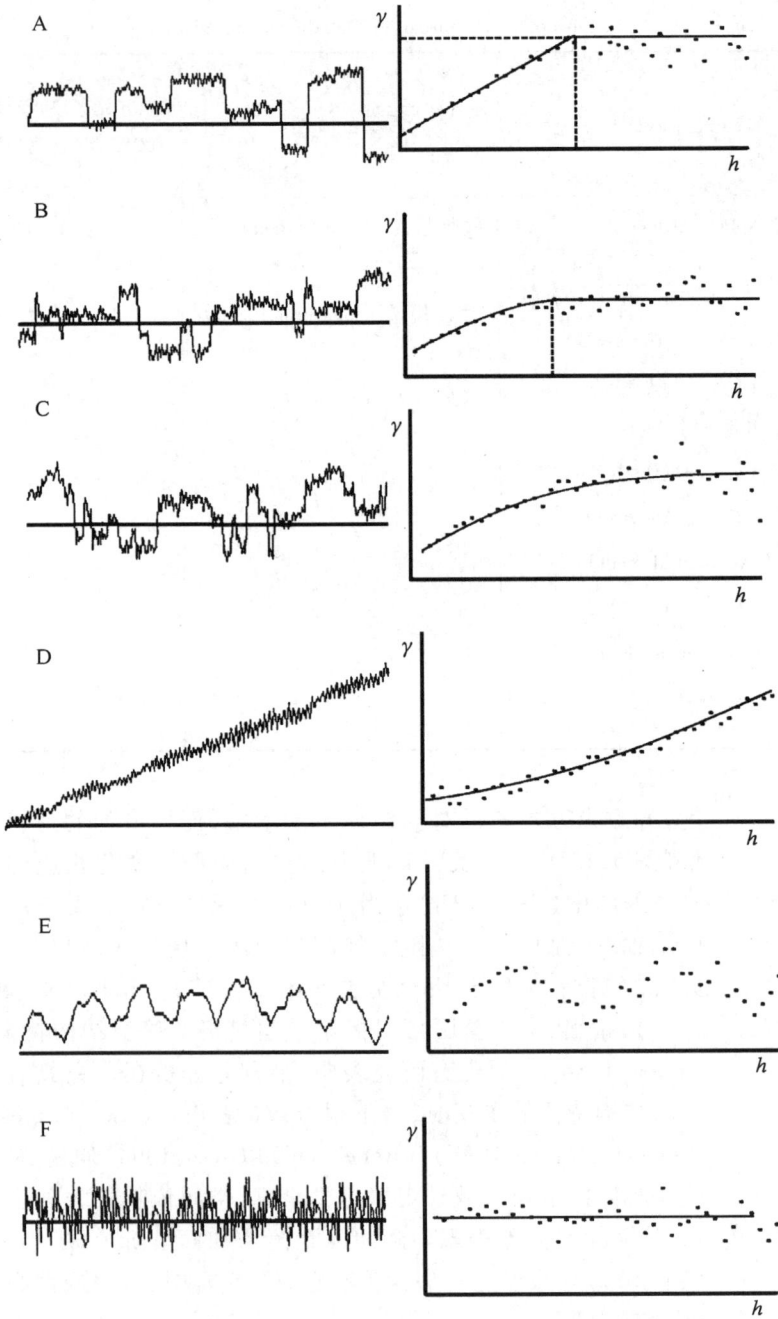

图 5.13   常见的几种空间结构特征（左半边）
及其对应的半方差图（右半边）（引自 Burrough，1995）

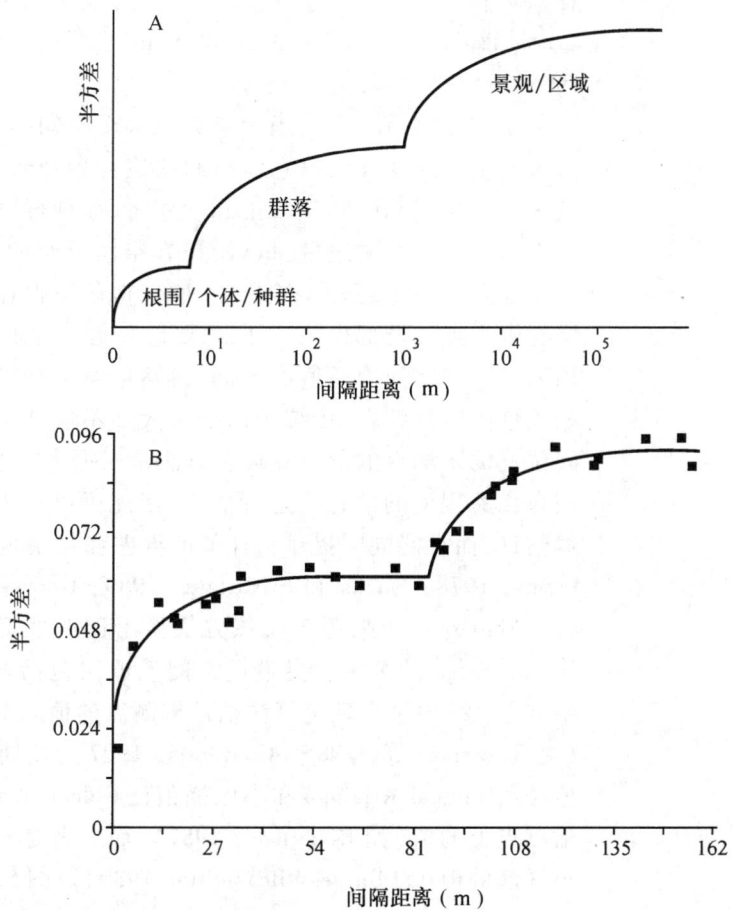

图 5.14 巢式半方差图

A. 巢式半方差图假设:在不同尺度上(从局部到全球)空间依赖性表现出
等级结构,该特征可以在巢式半方差图中反映出来;B. 一块 42 hm^2 的农田
中土壤 pH 的半方差图表现出巢式结构,即土壤 pH 在两个尺度上表现出
空间依赖性,因此具有两个基台值(根据 Robertson 和 Gross,1994)

在现实景观中,虽然随机空间结构是存在的,但不是普遍的。
这是因为各种生态学过程往往导致景观特征在空间上的非随机分
布。此外,空间自相关性在不同方向上常常是不同的,即所谓的各
向异性(anisotropy),这就要求在不同方向上计算半方差(Legendre
和 Fortin, 1989;Burrough, 1995;Goovaerts, 1997)。近年来,半方
差分析已经被广泛地应用到景观生态学的研究中,用来描述景观

中植被、土壤养分、生物量分布及其他生态学特征的空间格局,并且检测和定量化这些格局出现的尺度(如 Phillips, 1985;Palmer, 1988;Rossi 等, 1992;Bian 和 Walsh, 1993;Meisel 和 Turner, 1998)。

半方差的另一重要用途是为克瑞金空间插值法提供必要的、有关变量空间变异的信息。空间插值在景观研究中不可缺少,尤其表现在景观制图和获取生态学变量,如种群密度、土壤养分、各种生态系统过程的通量(flux)等,在空间分布的数据方面。例如,无论是野外测量还是实验研究,所获得的数据往往只能代表景观中有限个点或局部样区。那么,要想知道未测地点的变量值,就必须采用某种空间内插值法(Lam, 1983;Wu,1992b)。由于空间自相关性的广泛存在,传统的内插法大多不能准确地估计出不同空间位置的未测点的值。克瑞金方法是根据半方差分析所提供的空间自相关程度的信息来进行插值,因此可以对未测点给出最优无偏估计,而且能同时提供估计值的误差和精确度(Journel 和 Huij-bregts, 1978;Isaaks 和 Srivastava, 1989;Goovaerts, 1997)。克瑞金(Kriging)一词来源于对该方法做出创造性贡献的采矿工程师 D. G. Krige 的名字。克瑞金空间插值法包括两个步骤:① 计算半方差,② 根据克瑞金算法估计未测点的值。克瑞金算法有多种(见 Trangmar 等, 1985;Goovaerts, 1997),最简单的两种是点插值法(punctual Kriging)和小区插值法(block Kriging)。前者用来估测点上的值(如 Robertson, 1987),而后者是用于估计未测量的小样区的值(如 Burgess 和 Webster,1980)。图 5.15 是克瑞金点插值法的一个实际例子。有关克瑞金方法的细节和应用可参阅 Journel 和 Huijbregts (1978)、Fortin 等(1989)、Isaaks 和 Srivastava (1989)、Robertson 等(1988)、Rossi 等(1992)、Goovaerts (1997)、Sanderson 等(1998)。

5.3.3 其他空间分析方法

本小节将简略介绍另外几种景观空间分析方法,它们包括趋势面分析、聚块样方方差分析、谱分析、小波分析、空隙度分析和尺度方差分析。

(1) 趋势面分析

趋势面分析(trend surface analysis)是用来研究区域尺度上空间结构的趋势和逐渐变化的一种空间分析方法(Haining, 1990;

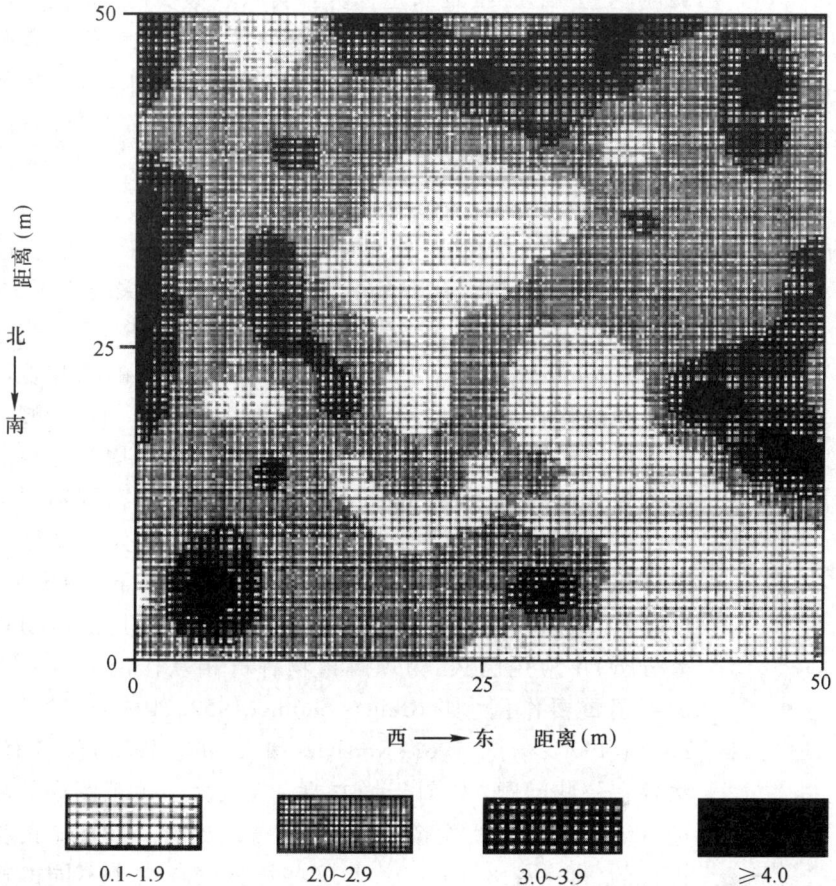

图 5.15　某一弃耕地中土壤无机氮含量的克瑞金点插值图(Robertson, 1987)
取样间距为 0.6 m,总面积为 0.25 hm²。所采用的半方差由图 5.12 所示

Burrough, 1995)。趋势面分析根据对某一变量的观察值和其取样位置的多项式回归结果来进行内插值,从而产生一维、二维或三维的连续线段、平面或立体面。因此,趋势面本身是一个多项式函数,它的次数愈高,与实际数据的拟合程度就愈高,但通用性和预测性则降低。趋势面分析常可用来区分区域尺度的空间格局与局部尺度的空间变异,去除空间数据中存在的趋势,或空间插值等目的。趋势面分析存在一些概念上和技术上的问题(Burrough, 1995):① 假如对拟合的趋势面没有任何物理或生态学解释的话,拟合这一趋势面本身并没有多大的意义;② 回归模型假定残差(residual)呈正态分布,而且空间上独立,但普遍存在的空间自相

关性使这一假设很难满足;③ 当实测点数少时,极大或极小值可能严重地歪曲趋势面的形状,趋势面对边缘效应极为敏感;④ 因为该分析采用的回归模型是在区域尺度上运作,对于局部点上未测值的估计可能受到距之很远的实测值的异常变化的过分影响,从而使趋势面空间插值不够精确。

（2）聚块样方方差分析

聚块样方方差分析(blocked quadrad analysis)采用连续网格系统取样,而后逐级归并相邻样方并计算每一聚块水平方差,最后以方差为纵轴,聚块大小为横轴作图,即均方差－聚块大小关系图(mean square variance－block size graph),曲线的峰和谷可用来表示景观斑块性的尺度特征(如斑块平均大小)。通常,峰值所对应的是斑块的平均大小,而谷值则对应于斑块内均质部分。如果图中有多个峰值出现,这可能反映了该景观中存在有不同空间尺度上的斑块(如等级斑块结构)。聚块样方方差分析又称为巢式方差分析(ver Hoef 等,1993)或等级方差分析(Carpenter 和 Chaney,1983)。聚块样方方差分析方法在生态学(尤其是植物种群和群落分析)中应用已久,为理解植物种群相互作用关系和空间格局起到了重要作用(如 Greig－Smith,1952,1983;Kershaw,1957;Pielou,1977;杨持,1983;Kershaw 和 Looney,1985)。然而,这一方法存在一些问题:① 对于均方差－聚块大小关系图中的峰值无法进行统计学显著性检验;② 因为样方的聚合是按照 2 的指数形式进行的(即 2,4,8,16,…),与这些样方聚块大小不同的斑块便无法测得;③ 随着样方不断聚合,自由度减小,因此分析结果的准确性也随之下降;④ 该方法对连续网格样方的起始位置很敏感。改进和扩展的一系列聚块样方分析方法在不同程度上克服了以上的几个问题(如 Hill,1973;Goodall,1974;Ludwig 和 Goodall,1978;Ludwig,1979)。Turner 等(1991)和 Dale(1999)对聚块样方的各种方法及其应用作了详尽的讨论。

（3）谱分析

谱分析(spectral analysis)可用来分析一维或二维空间数据中反复出现的斑块性格局及其尺度特征。它的基本思想是利用傅立叶转换(Fourier transformation)将实测数据分解为若干不同频率、不同振幅和不同起始点的一组正弦波,然后寻求对实际数据拟合最好的波函数。谱分析的要点是建立谱密度或强度(spectral density or power)的周期图(periodogram),简称谱周期图。谱周期图以谱密度为纵坐标,频率或周期为横坐标,反映空间数据的周期性变化(峰值)和随机性变化(非峰值部分)。该方法对在研究等距离取样的时间和空间生态学序列数据的格局中已有广泛应用(见Platt 和 Denman,1975;Ripley,1978;Ford 和 Renshaw,1984;Turner等,1991;Dale,1999)。从其用途上看,谱分析与自相关分析、半方差分析和聚块样方方差分析相似,但其技术方法却迥然不同。谱分析是通过把空间数据与已知波形函数比较来检测其格局,而以上提及的另 3 种方法是通过实测数据点之间的相互比较来确定格局特征的(Turner 等,1991)。谱分析尤其适合于分析具有周期性结构的空间和时间数据。由于采用三角函数转换,它不受空间数据起始位置的影响。然而,该方法从统计运算角度而言仍然是空间分析方法中最为复杂的一种,而其结果的解释也比较困难。迄今为止,谱分析的应用尚主要以一维数据为主。谱分析似乎对小尺度格局敏感,而对大尺度结构特征却不很有效(见 Turner 等,1991;Dale,1999)。此外,尽管检验整个谱周期图的显著性是可行的,但单个波峰的显著性是无法检验的(Ripley,1978;Dale,1999)。

(4) 小波分析

小波分析(wavelet analysis)是一种能够将时间上或空间上的格局与不同尺度以及具体时、空位置相联系的分析方法(Chui,1992;Daubechies,1993)。小波分析在许多学科有广泛应用,但在生态学中的应用始于 20 世纪 90 年代初(Bradshaw 和 Spies,1992)。小波分析与谱分析或傅立叶分析有相似之处,但它不要求数据在研究的空间范围内具有恒定的均值或方差(即所谓数据的稳平性假设,stationarity)。它不但能从频率(或尺度)的角度分析格局,而且能将格局、尺度与具体空间位置明确地表示出来。小波分析的核心部分是小波转换(wavelet transform)。对于一维数据而言,它可定义为:

$$W(a,x) = \frac{1}{a} \int_{-\infty}^{\infty} f(x)g(x - b/a)\,\mathrm{d}x \qquad (5.31)$$

式中,$f(x)$ 称为数据函数(data function),函数 $g(x)$ 称为分析小波(analyzing wavelet),a 是空间尺度,b 代表小波在空间上的中心位置(Garcia - Moliner 等,1993)。

分析小波可视为具有固定边长(a)的移动“窗口”,它沿着数据样带(x)滑动。当样带中出现与小波相似的结构,小波转换值则高,否则,小波转换值则低(Bradshaw 和 Spies,1992)。具体的小波函数有数种,其选用要根据数据结构特点和研究目的而定。经过小波转换后的数据成为尺度（移动窗口的大小）和具体空间位置的函数,以此作图即可将数据中不同尺度上的特征及其相互关系反映出来。因此小波分析很适于揭示空间格局的多尺度和等级结构。因为即使是一维数据的小波转换图有时已不易解释,因此往往需要计算小波方差（wavelet variance）并作图,来帮助识别斑块格局的特征尺度（如斑块的平均大小）。小波分析是景观空间分析中的新方法之一,应用尚少（但见 Bradshaw 和 Spies,1992;Garcia – Moliner 等,1993;Bradshaw 和 McIntosh,1994）,但其应用价值是显而易见的。

（5）空隙度分析

空隙度分析（lacunarity analysis）是一种多尺度的、用来分析景观空间格局"质地"（texture）的方法（Plotnick 等,1993;Plotnick,1996）。景观指数存在的一个普遍问题是"一值多形"的问题,即不同的空间格局可以具有相同的景观指数值,就连具有同样分维数的物体也可以是不同形状的（Mandelbrot,1983;Plotnick 等,1993）。基于多尺度的空隙度分析则可避免这一弊端。空隙度概念起源于分维几何学,最初被用来定量地确定固体物质中空隙（lacunae）的几何结构和分布（Mandelbrot,1983;Lin 和 Yang,1986）。Plotnick 等于1993年首次将该方法引入景观生态学。空隙度在这里可想象成是对景观质地中间隙特征和分布的一种度量。具有均匀间隙的同质景观其空隙度值较低,而具有许多大小差异显著间隙的异质景观的空隙度则较高（Plotnick 等,1993）。

计算空隙度的方法有多种（见 Gefen 等,1984;Lin 和 Yang,1986;Allain 和 Cloitre,1991）,Plotnick 等（1993,1996）所采用的是"滑动框"算法（"gliding box" algorithm）。这种算法采用一个滑动框（通常为方形）对空间数据进行系统的、最详尽的再取样（systematic and exhaustive resampling）,然后计算方差与均值的比,确切讲,是（方差的平方/均值的平方）+1。据此,二维数据的空隙度可以下式计算：

$$\Lambda(r) = S_S^2(r)/\bar{S}^2(r) + 1 \tag{5.32}$$

式中,$\bar{S}(r)$是用滑动框每次取样中所含"斑块网细胞"（可以是生境或其他感兴趣的物质）的平均值,$S_S^2(r)$是其方差,r是滑动框的边长。

一般而言,高空隙度值表示景观中某一斑块类型的聚集程度较高,或者其空隙的大小变异很大（Plotnick 等,1993）。显然 r 不同（即滑动框的大小不同）时,计算所得的空隙度也会不同。因此,空隙度分析采用一系列大小不同的滑动框反复计算空隙度值,从而获得它是如何随观察尺度的变化而变化的。然而,以空隙度为纵坐标,以滑动框的大小作图(分别取对数),图中曲线所表示的空隙度及其形状可用来描述某一景观在多尺度上的空间格局特征,也可用来比较不同景观在结构上的异同(详见 Plotnick 等,1993;Plotnick,1996)。

与景观指数方法相比,空隙度分析有显著不同。它同时提供多尺度空间信息,适合于检测景观的等级结构、自相似性、随机性以及聚集性等重要特征。它的多尺度特征与半方差分析、谱分析、聚块样方方差分析和小波分析诸方法有类似之处。空隙度分析在近些年来的应用表明,这一方法在景观格局以及空间过程的研究中有很大的潜力(见 Henebry 和 Kux,1995;Larsen 和 Bliss,1998;With 和 King,1999;McIntyre 和 Wiens,2000)。

(6) 尺度方差分析

尺度方差分析(scale variance analysis)是 Moellering 和 Tobler 于 1972 年发展的一种空间等级分析方法。其最初的目的是用来确定一个已知巢式等级系统各组织水平的相对变异程度,也就是说,每个组织水平上的空间变异性对整个系统变异性各自独立的贡献。例如,大学系统就其行政结构而言是一个巢式等级系统,常包括以下几个组织水平:教授、系、学院以及整个大学。假如我们想知道教授之间工资的差异性究竟是由于所在的系、学院,还是大学不同而造成的,我们只要能对各水平的工资情况的变异性有确切了解,这个问题就迎刃而解了(Moellering 和 Tobler,1972)。许多社会组织、学术组织以及自然系统都具有等级结构,若能将其主要等级水平加以识别,尺度方差分析就可直接用来研究这些系统的空间变异性究竟主要发生在哪些水平(或对应于的空间尺度)。其实,这一方法对于检测景观的多尺度结构和等级结构来说,应该是同样有效的。一般而言,变异性突出的尺度往往是重要过程运作的尺度,因此尺度方差分析的结果可用来判识那些在功能上值得重点研究的等级水平或空间尺度。因为这一方法在生态学中尚未得到应有的重视,应用尚乏,下面将对该方法作一较详细的介绍。

尺度方差,顾名思义,是将整个系统的方差按照等级系统的水平逐渐分解,因此,在思路上与半方差、空间自相关分析、聚块样方方差分析以及谱分析有相似之处。然而,尺度方差分析有其简单而又独特的技术方法。尺度方差的统计模型可写作:

$$X_{ijk\cdots z} = \mu + \alpha_i + \beta_{ij} + \gamma_{ijk} + \cdots + \omega_{ijk\cdots z} \qquad (5.33)$$

式中，$X_{ijk\cdots z}$ 表示等级系统最低层次上某组成单元的取值，μ 表示在这一层次上系统的基本组成单元的总体平均值，其余各项分别表示来自各个层次上的影响（α, β, γ 以及 ω 表示等级系统的不同层次），其中 α_i 表示系统分解的最高层次的影响。

根据以上模型，Moellering 和 Tobler 导出了求各层次上平方和的公式（以具有 4 个层次的等级系统为例，即系统整体→α 层次→β 层次→γ 层次）：

总平方和

$$SS_{\text{Total}} = \sum_{i=1}^{I} \sum_{j=1}^{J_i} \sum_{k=1}^{K_{ij}} (X_{ijk} - \bar{X}\ldots)^2 \qquad (5.34)$$

α 层次平方和

$$SS_{\alpha} = \sum_{i=1}^{I} \sum_{j=1}^{J_i} \sum_{k=1}^{K_{ij}} (\bar{X}_{i..} - \bar{X}\ldots)^2 \qquad (5.35)$$

β 层次平方和

$$SS_{\beta} = \sum_{i=1}^{I} \sum_{j=1}^{J_i} \sum_{k=1}^{K_{ij}} (\bar{X}_{ij.} - \bar{X}_{i..})^2 \qquad (5.36)$$

γ 层次平方和

$$SS_{\gamma} = \sum_{i=1}^{I} \sum_{j=1}^{J_i} \sum_{k=1}^{K_{ij}} (X_{ijk} - \bar{X}_{ij.})^2 \qquad (5.37)$$

式中，I 是 α 层次上的单元数，J_i 是第 i 个 α 层次单元中所包含的 β 层次上的单元数，K_{ij} 是第 ij 个 β 层次单元中所含的 γ 层次上的单元数。

以各式之间的关系是：

$$SS_{\text{Total}} = SS_{\alpha} + SS_{\beta} + SS_{\gamma} \qquad (5.38)$$

用自由度去除平方和则得到各层次的平均平方和，即：

$$MS_{\alpha} = \frac{SS_{\alpha}}{I-1} \qquad (5.39)$$

$$MS_{\beta} = \frac{SS_{\beta}}{\sum_{i=1}^{I}(J_i - 1)} \qquad (5.40)$$

$$MS_{\gamma} = \frac{SS_{\gamma}}{\sum_{i=1}^{I} \sum_{j=1}^{J_i}(K_{ij} - 1)} \qquad (5.41)$$

对于景观格局研究中常用的栅格数据（如遥感图像）来说，尺度方差可根据以下公式计算：

$$SV_\alpha = MS_\alpha / JK \qquad (5.42)$$

$$SV_\beta = MS_\beta / K \qquad (5.43)$$

$$SV_\gamma = MS_\gamma \qquad (5.44)$$

因此，尺度方差是平方和经由自由度标准化后所得。与半方差分析和谱分析相似，以尺度方差和等级层次（或空间尺度）作图，即得尺度方差图，由此可看出各层次上的变异程度。如果想知道各层次对系统整体变异性的相对贡献，可直接将各平方和与尺度作图。采用尺度方差分析时，空间数据必须要进行重新取样，使其具有巢式等级结构（例如，让空间粒度的大小按照 2^n 或 2^{2n}，$n = 0,1,2,\cdots$ 的序列来增加）。

下面，让我们看一个应用尺度方差方法分析空间格局的例子。为了简单起见，姑且假设一个由 32×32 个栅格细胞组成的景观（图 5.16），并假设所研究的变量是空间连续型数值变量（如生物量）。通过仔细观察图 5.16（最好变换距眼睛的观察距离），似乎可以看出景观在 3 个尺度（即 1×1，8×8 和 16×16 个栅格细胞的水平或粒度）上有明显不同的斑块格局。尺度方差能揭示这一格局特征吗？图 5.17A 显示的计算结果表明，尺度方差图中的 3 个峰值确实准确而显然地将 3 个尺度识别了出来。这 3 个尺度代表了景观格局斑块性表现突出的尺度，其数值正好对应于平均斑块的大小。这一分析明确地表明该景观是一个包含 3 个层次的等级斑块系统。在实际研究中，这些层次所对应的尺度也正是过程和功能研究应该重视的尺度。图 5.17 还显示了另外 2 种方法的结果。随着粒度的增加，数据不断聚合，方差变小；但有趣的是其下降曲线表现出骤然转折点，而且出现位置正好分别对应于平均斑块大小（图 5.17B）。采用这种简单的方差－尺度分析方法也可以有效地识别景观格局的多尺度和等级特征（Wiegert，1962；Levin 和 Buttel，1987；O'Neill 等，1991）。通常，以方差的对数和对应的空间尺度来作图，看是否有"方差阶梯"（variance staircase）出现，若有，则所研究景观具有等级结构（详见 O'Neill 等，1991；Cullinan 等，1997）。图 5.17C 是采用自相关系数分析的结果，可以看出，尺度方差的峰值对应于空间自相关程度最低值。

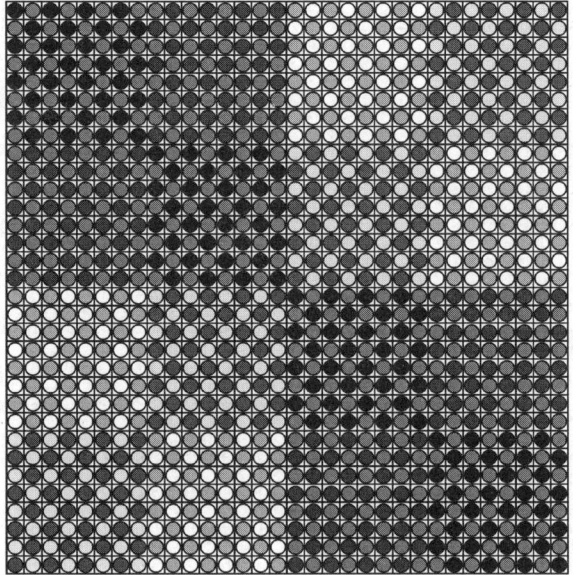

A

```
1 4 1 4 1 4 1 4 4 9 4 9 4 9 4 9 3 0 3 0 3 0 3 0 2 7 2 7 2 7 2 7
4 1 4 1 4 1 4 1 9 4 9 4 9 4 9 4 0 3 0 3 0 3 0 3 7 2 7 2 7 2 7 2
1 4 1 4 1 4 1 4 4 9 4 9 4 9 4 9 3 0 3 0 3 0 3 0 2 7 2 7 2 7 2 7
4 1 4 1 4 1 4 1 9 4 9 4 9 4 9 4 0 3 0 3 0 3 0 3 7 2 7 2 7 2 7 2
1 4 1 4 1 4 1 4 4 9 4 9 4 9 4 9 3 0 3 0 3 0 3 0 2 7 2 7 2 7 2 7
4 1 4 1 4 1 4 1 9 4 9 4 9 4 9 4 0 3 0 3 0 3 0 3 7 2 7 2 7 2 7 2
1 4 1 4 1 4 1 4 4 9 4 9 4 9 4 9 3 0 3 0 3 0 3 0 2 7 2 7 2 7 2 7
4 1 4 1 4 1 4 1 9 4 9 4 9 4 9 4 0 3 0 3 0 3 0 3 7 2 7 2 7 2 7 2
4 9 4 9 4 9 4 9 1 4 1 4 1 4 1 4 2 7 2 7 2 7 2 7 3 0 3 0 3 0 3 0
9 4 9 4 9 4 9 4 4 1 4 1 4 1 4 1 7 2 7 2 7 2 7 2 0 3 0 3 0 3 0 3
4 9 4 9 4 9 4 9 1 4 1 4 1 4 1 4 2 7 2 7 2 7 2 7 3 0 3 0 3 0 3 0
9 4 9 4 9 4 9 4 4 1 4 1 4 1 4 1 7 2 7 2 7 2 7 2 0 3 0 3 0 3 0 3
4 9 4 9 4 9 4 9 1 4 1 4 1 4 1 4 2 7 2 7 2 7 2 7 3 0 3 0 3 0 3 0
9 4 9 4 9 4 9 4 4 1 4 1 4 1 4 1 7 2 7 2 7 2 7 2 0 3 0 3 0 3 0 3
4 9 4 9 4 9 4 9 1 4 1 4 1 4 1 4 2 7 2 7 2 7 2 7 3 0 3 0 3 0 3 0
9 4 9 4 9 4 9 4 4 1 4 1 4 1 4 1 7 2 7 2 7 2 7 2 0 3 0 3 0 3 0 3
3 0 3 0 3 0 3 0 2 7 2 7 2 7 2 7 1 4 1 4 1 4 1 4 4 9 4 9 4 9 4 9
0 3 0 3 0 3 0 3 7 2 7 2 7 2 7 2 4 1 4 1 4 1 4 1 9 4 9 4 9 4 9 4
3 0 3 0 3 0 3 0 2 7 2 7 2 7 2 7 1 4 1 4 1 4 1 4 4 9 4 9 4 9 4 9
0 3 0 3 0 3 0 3 7 2 7 2 7 2 7 2 4 1 4 1 4 1 4 1 9 4 9 4 9 4 9 4
3 0 3 0 3 0 3 0 2 7 2 7 2 7 2 7 1 4 1 4 1 4 1 4 4 9 4 9 4 9 4 9
0 3 0 3 0 3 0 3 7 2 7 2 7 2 7 2 4 1 4 1 4 1 4 1 9 4 9 4 9 4 9 4
3 0 3 0 3 0 3 0 2 7 2 7 2 7 2 7 1 4 1 4 1 4 1 4 4 9 4 9 4 9 4 9
0 3 0 3 0 3 0 3 7 2 7 2 7 2 7 2 4 1 4 1 4 1 4 1 9 4 9 4 9 4 9 4
2 7 2 7 2 7 2 7 3 0 3 0 3 0 3 0 4 9 4 9 4 9 4 9 1 4 1 4 1 4 1 4
7 2 7 2 7 2 7 2 0 3 0 3 0 3 0 3 9 4 9 4 9 4 9 4 4 1 4 1 4 1 4 1
2 7 2 7 2 7 2 7 3 0 3 0 3 0 3 0 4 9 4 9 4 9 4 9 1 4 1 4 1 4 1 4
7 2 7 2 7 2 7 2 0 3 0 3 0 3 0 3 9 4 9 4 9 4 9 4 4 1 4 1 4 1 4 1
2 7 2 7 2 7 2 7 3 0 3 0 3 0 3 0 4 9 4 9 4 9 4 9 1 4 1 4 1 4 1 4
7 2 7 2 7 2 7 2 0 3 0 3 0 3 0 3 9 4 9 4 9 4 9 4 4 1 4 1 4 1 4 1
2 7 2 7 2 7 2 7 3 0 3 0 3 0 3 0 4 9 4 9 4 9 4 9 1 4 1 4 1 4 1 4
7 2 7 2 7 2 7 2 0 3 0 3 0 3 0 3 9 4 9 4 9 4 9 4 4 1 4 1 4 1 4 1
```

B

图 5.16   栅格景观一例

由 32 ×32 个栅格细胞组成的人造景观(A);B 是 A 的数字表达

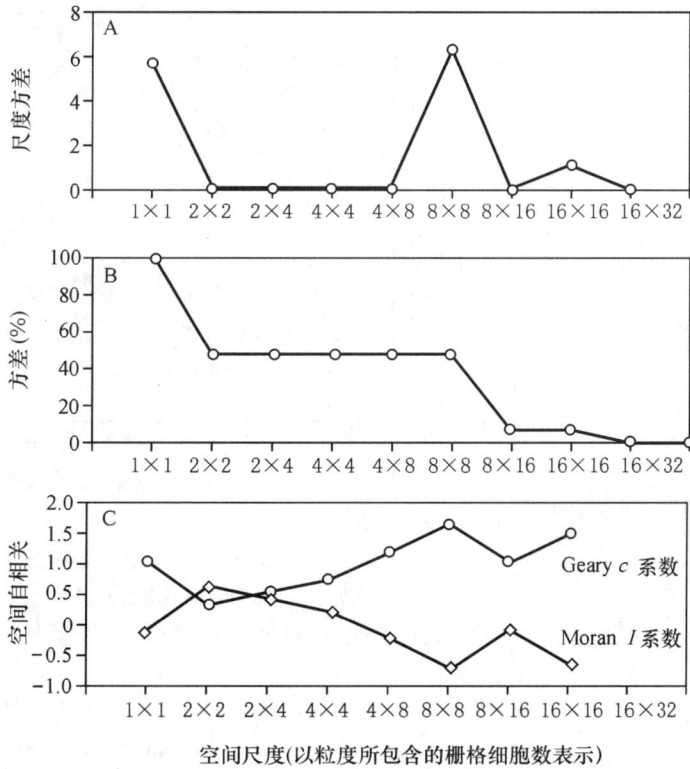

图 5.17 尺度方差方法应用举例
在不同空间尺度(粒度)上,尺度方差(A)、方差(B)
和空间自相关系数(C)的取值(数据来自图 5.16)

　　Wu 等(1994,2000)曾采用尺度方差方法分析了一个加拿大针叶林景观在空间格局上所表现的多尺度和等级特征,并成功地揭示了该景观在两个尺度上的斑块性(见图 5.18)。虽然尺度方差方法在生态学研究中尚乏实例,在遥感领域中的几个应用表明,这一方法在研究多尺度上的空间变异性以及确定格局的特征尺度方面是很有效的(Townshend 和 Justice,1988,1990;Justice 等,1991;Barnsley 等,1997)。Townshend 和 Justice(1988,1990)比较了尺度方差分析和谱分析两种方法,结果表明尺度方差分析比谱分析在运算和解译方面简单得多,但其准确性和有效性一点都不差。

　　本章主要介绍了一些较常用的景观空间分析方法。此外,还有许多其他方法尚未谈及。有兴趣的读者可参阅 Cliff 和 Ord

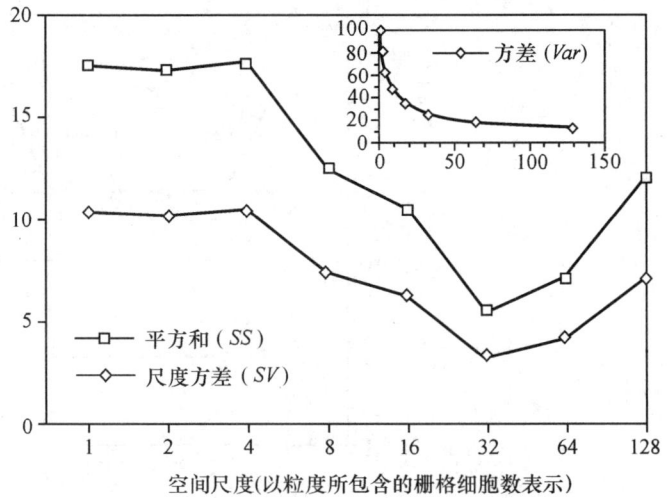

图 5.18   尺度方差方法应用实例

采用尺度方差方法分析景观在空间格局上所表现的多尺度和等级特征的例子,该景观位于加拿大北部的一个针叶林地区(Wu 等,1994)

(1981)、Upton 和 Fingleton(1985,1989)、Haining(1990)、Turner 和 Gardner(1991)、Fotheringham 和 Rogerson(1994)、Longley 和 Batty(1996)、Legendre 和 Legendre(1998)以及 Dale(1999)。Fortin 和 Dale(2005)的新作,*Spatial Analysis: A Guide for Ecologists*,是介绍空间统计方法在生态学中应用的一本很好的参考书。究竟选用哪种或哪些种方法,应该根据景观数据的类型和特点以及所研究的问题和目的而定(参见表 5.1 和 5.4)。一般而言,景观空间分析至少要同时使用 2 到 3 种不同的方法,而且多尺度分析往往是必要的。

表5.4   按照研究目的来分类的空间统计学方法举例

(根据 Fortin,1999b 修改)

研究目的	空间统计学方法
描述景观的空间结构	Ripley *K* 系数,Ripley *K*12 系数
	相关图:如利用 Moran *I* 系数和共邻边统计量进行多尺度分析
	方差图:如半方差分析
	空间聚类分析
	谱分析
	小波分析

续表

研究目的	空间统计学方法
制图(空间内插值)	趋势面分析 克瑞金(Kriging)
检验空间自相关是否存在	Ripley K 系数,Ripley $K12$ 系数 相关图:如 Moran I 系数,Geary c 系数和共邻边统计量 方差图:如半方差分析 Mantel 检验

注:Fortin 和 Dale(2005)对这些方法进行了更为详细的介绍

5.4 可塑性面积单元问题

在景观生态学研究中,许多数据(如遥感数据、土地利用数据等)是与面积相联系的,或称为面积数据(areal data)。在分析这类数据时,常常出现其结果随面积单元(栅格细胞或粒度)定义的不同而变化的问题,这就是所谓的"可塑性面积单元问题"(the modifiable areal unit problem,简称 MAUP;见邬建国和 Jelinski,1995)。空间分析方法常常在不同程度上受到 MAUP 的影响,因此,有必要将这一问题作一较为详细的讨论。

5.4.1 什么是可塑性面积单元问题

空间格局分析常常涉及面积数据(area-based data),包括野外考察资料、航空照片及遥感信息。格局与过程所出现的空间是连续性的;在取样或分析空间数据时,把这一空间按某一基本面积单元划分有无穷多种方法。由此所致的有关面积单元选择的主观任意性问题,会给空间分析的结果造成影响。因此,就面积单元问题而言,空间分析研究的有效性决定于数据中的基本面积单元的性质和含义(Openshaw,1984)。可塑性面积单元问题正是由于基本面积单元在选择上的任意性而造成。具体而言,它是空间分析结果对资料收集和分析所基于的面积单元的敏感性所致。可塑性面积单元问题包括两个方面,即尺度效应(scale effect)和划区效应(zoning effect)。尺度效应是指当空间数据经聚合(aggregation)而改变其粒度或栅格细胞大小时,分析结果也随之变化的现象;而划区效应则指在同一粒度或聚合水平上由于不同聚合方式(即划区方向)而引起的分析结果的变化(Openshaw,1984;邬建国和 Jelinski,1995;Jelinski 和 Wu,1996)。图 5.19 具体地表明跨尺度聚合和同尺度上不同聚合方式或划区方案的区别。图 5.20 通过用平均值、方差和两种空间自相关系数来举例说明尺度效应和划区效应。从图 5.20 可以看出,虽然许多空间分析方法受 MAUP 影响,但也有例外(如本例中的平均值)。图 15.21 通过分析 3 个实际景观的空间自相关性进一步说明可塑性面积单元问题。

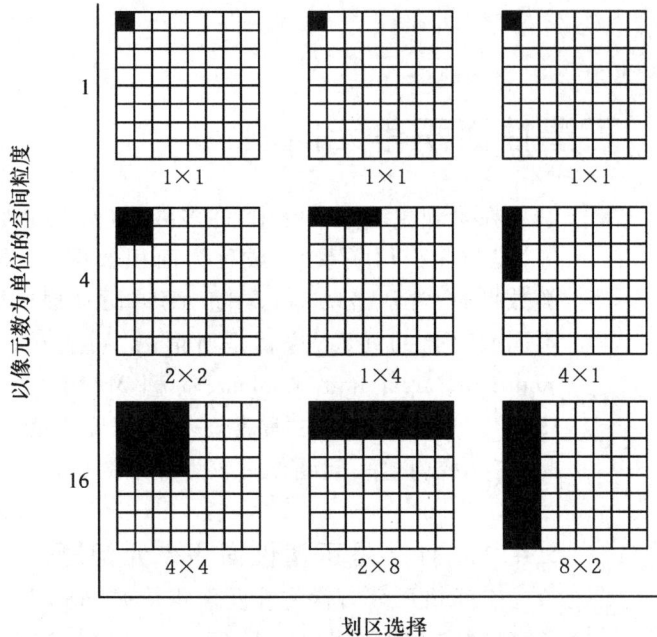

图 5.19　跨尺度聚合和同尺度上不同聚合方式(即划区方案)的示意图
每一行代表一个空间尺度,在这一尺度上可以有不同的划区
方案。图中数字表示聚合单元(粒度)所包含的栅格细胞数

面积单元的任意性问题在人文地理学中早有记载,例如,在政治选举中的不公正划分选区问题(gerrymandering;即通过巧妙地重新划分选区边界而改变选举结果)早在 19 世纪就已有所闻(Openshaw 和 Taylar,1981)。然而,长期以来,这一问题并未在地理学和生态学中引起重视。直到 20 世纪 30 年代,数据聚合问题

```
2 5 2 5 2 5 2 5 5 8 5 8 1 1 1 1
5 2 5 2 5 2 5 2 8 5 8 5 1 1 1 1
2 5 2 5 2 5 2 5 5 8 5 8 1 1 1 1
5 2 5 2 5 2 5 2 8 5 8 5 1 1 1 1
2 5 2 5 2 5 2 5 5 8 5 8 5 8
5 2 5 2 5 2 5 2 8 5 8 5 8 5
2 5 2 5 2 5 1 1 1 5 8 5 8 5 8
5 2 5 2 5 2 1 1 1 1 8 5 8 5
5 8 5 8 5 8 1 1 1 1 2 5 2 5 2 5
8 5 8 5 8 5 1 1 1 1 5 2 5 2 5 2
5 8 5 8 5 8 5 5 2 5 2 5 2 5
8 5 8 5 8 5 5 5 2 5 2 5 2 5
1 1 1 1 5 8 5 8 2 5 2 5 2 5
1 1 1 1 8 5 8 5 5 2 5 2 5 2
1 1 1 1 5 8 5 8 2 5 2 5 2 5
1 1 1 1 8 5 8 5 5 2 5 2 5 2
```

A 数据

图 5.20　可塑性面积单元问题举例

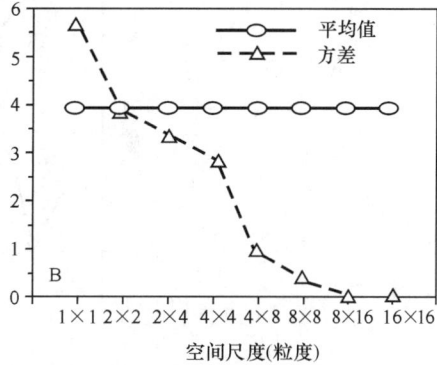

A. 一个包含 16×16 个栅格细胞的景观；B. 尺度问题；C. 尺度问题；D. 划区问题。
空间尺度(粒度)是用原始数据中栅格细胞的行数和列数的乘积来表示的

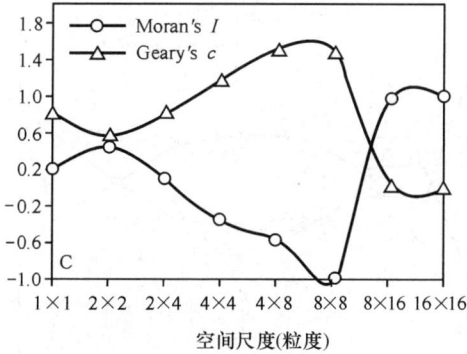

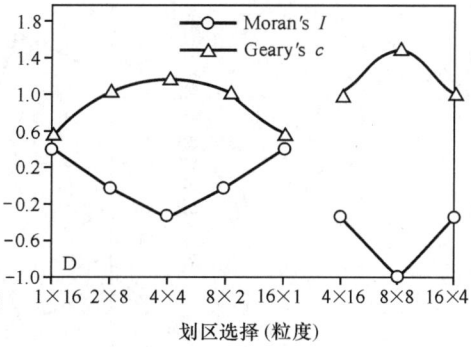

（the problem of data aggregation）才出现在统计学及人文地理学的文献中。自 70 年代开始，尺度问题和划区问题对空间分析的影响在地理学中曾一度受到重视，并以"可塑性面积单元问题"的形式出现在一系列研究论文中（Openshaw，1984）。植物群落学家较早地认识到了格局的尺度相关性，并发展了相应的研究方法（Watt，1947；Greig-Smith，1952；Kershaw，1957），但在地理学和生态学中，早期研究主要集中于尺度问题，而忽视了划区问题。MAUP 不仅存在于地理学研究中，也是生态学研究中的一个重要问题。生态学家必须要充分认识到这一问题对分析结果的影响，并应积极寻求解决这一问题的方法。

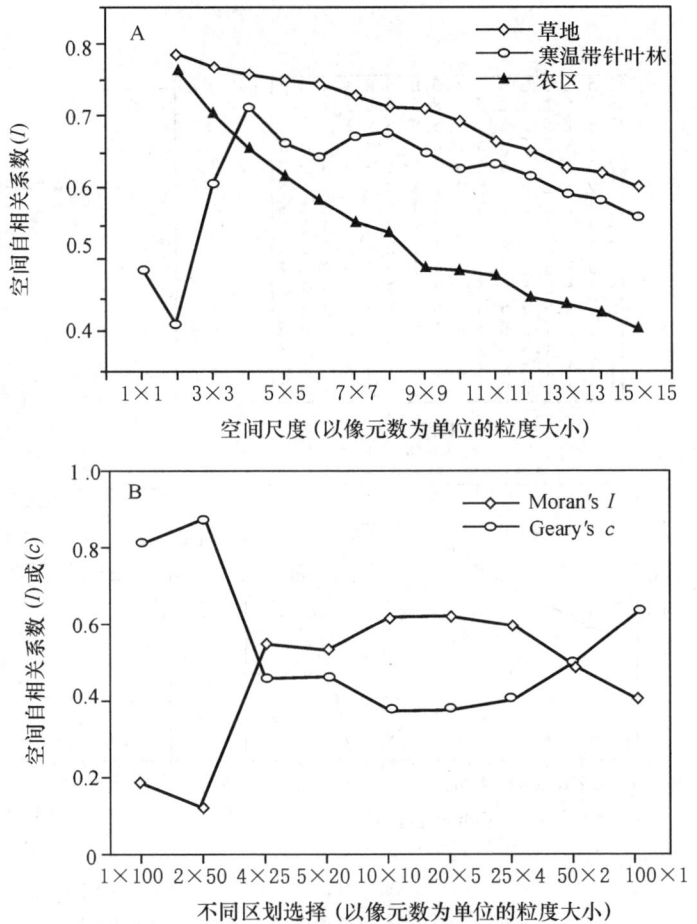

图 5.21　可塑性面积单元问题实例

A. 尺度问题,3 个不同景观(草地、农区和寒温带针叶林)的空间自相
关系数随分析尺度而变化;B. 划区问题,在同一分析尺度上,不同聚
合方式(或划区方向)引起针叶林景观空间自相关系数的变化

5.4.2　可塑性面积单元问题的研究及生态学意义

　　Gehlke 和 Biehl(1934)最早从统计学角度研究了尺度效应。在一项对男性少年犯罪率与平均月收入的相关性研究中,他们发现,当资料在空间上连续地聚合时,相关系数也随之增加。Yule 和 Kendall(1950)认为,空间资料的分析结果不但反映所研究变量的特征及关系,也同时是对分析结果所依赖的面积单元特征的反

映。因此,他们明确指出,分析结果只是在所采用的面积单元上有效,而在其他尺度上则会不尽其然。Robinson(1950)将这种由某一尺度上的特征推知到小尺度上特征的现象称为"生态学谬误"(ecological fallacy)。20世纪70年代,有关MAUP的研究进入一个新的时期。Openshaw和Taylor(1979)在一项相关分析研究中表明,在改变尺度(面积单元大小)和划区方法时,相关系数可以是其取值范围(即从 -1 至 +1)内的任何值(故将该文恰当地取名为"100万个相关系数")。MAUP不仅对简单的统计分析有影响,对多变元统计分析及空间模型亦有不容忽视的影响。Amrhein和Flowerdew(1989)在研究MAUP对一个泊松(Poisson)空间作用模型的影响时发现,尺度效应具有临界性(threshold),即在一定尺度之上才表现出来,而划区效应则在许多尺度上均非常明显。Putman和Chung(1989)将MAUP研究从单参数空间作用模型推广到多参数空间作用模型,并发现不同划区方法导致了多变元空间作用模型中最适参数在分布上的差异。

生态学中与MAUP有关的早期研究主要是植物群落空间格局分析。在研究植物群落镶嵌体的空间格局时,一种常用的方法是采用连续网格样方来记录各物种出现的频率或密度(见Greig-Smith,1952,1983;杨持等,1984;Wu,1992b)。整个网格样方及其网眼的大小通常是凭经验而定,因此在一定程度上是任意的。那么,利用这种数据得出的空间相关分析或其他空间分析结果会随着面积单元的聚合而变化,这便是尺度效应。当只考虑某一特定尺度时,聚合可以从不同方向,采用不同组合来进行,由此而导致的分析结果的差异则属于划区效应。许多研究已表明,均方差(mean square variance)是区组大小(block size;即基本面积单元聚合体大小)的函数。这反映了上面所谈及的尺度效应。在另一方面,划区方法或区组结构对分析结果的影响在植物群落空间格局的研究中并未受到重视。但一些研究明确表明,连续样方法的分析结果对网格的起始点较为敏感(Hill,1973;Greig-Smith,1983)。当网格重新放置而改变其起始点时,就相当于在同一尺度上又增加一种新的划区方案,故反映了这种方法会受到划区效应的影响。

近些年来,随着景观生态学和等级系统理论的兴起,许多生态学研究注意到了尺度改变对格局和过程的分析结果的影响。例如,Turner等(1989)研究了尺度变化对3种景观格局指数的影响。这3种指数是景观多样性(diversity)、优势度(dominance)和聚集度（contagion）。Turner 等发现,这 3 种指数对尺度变化均表现出敏感性,而具体变化情况随着尺度的定义（即粒度和幅度）而不同。Qi 和 Wu（1996）研究了尺度变化对采用空间自相关分析方法分析景观格局时的影响。他们的研究表明,空间自相关系数（包括 Moran 的 I 系数、Geary 的 c 系数和 Clifford 统计量）对面积单元大小的变化较敏感;在不同尺度上,同一景观上的某一变量的自相关程度相差甚多。在景观生态学中,有关景观结构和功能方面的观察和实验信息大多数来自在较小尺度上的研究（如几十到几百平方米）。然而,要回答生物多样性及全球变化方面的问题,就必须要求跨尺度信息转译或尺度推绎（scaling）。因此,常运用遥感资料,数据聚合常常在分析中成为必然。

那么,MAUP 就可能出现在这些过程中。在这种情形中,所谓的可塑性面积单元问题就是像元（pixel）,主要是由遥感源的空间分辨率而确定的。已有许多研究表明,遥感资料的分辨率不同会导致对同一地区空间分析结果上的差异（Woodcock 和 Strahler,1987;Townshend 和 Justice,1990;Wickham 等,1997;Wickham 和 Riitters,1995）。

显然,可塑性面积单元问题对于生态学中涉及空间资料的大多数研究有着不可忽视的影响。从个体、种群、群落、生态系统和景观,直至全球的不同层次上的生态学研究中,每当基于面积的数据聚合时,可塑性面积单元问题就可能出现。直观地讲,这是因为生态学格局和过程均与空间密切相联系;当面积单元改变时,对于这些格局和过程的表达也就可能随之而变。许多研究表明,在某一特定尺度上的空间分析结果最好也不过是提供片面的、不完全的有关格局的信息。在许多情况下,这些结论会引起误解。这是因为生态系统及其格局是在多尺度上存在的,或具有等级结构。在不同尺度上,格局和过程可能或往往是不同的。显然,"窥一斑以见全豹"在这里是不可靠的。

5.4.3　如何对待可塑性面积单元问题

Openshaw（1984）认为,可塑性面积单元问题是空间格局和现象研究中的一个根本问题。Fotheringham 和 Rogerson（1993）在讨论空间分析和 GIS 的关系一文中指出,MAUP 是空间分析中的八大障碍之一。然而,综观现代生态学研究,MAUP 的影响还未受到足够的重视。尤其是划区效应,至今还很少有系统的生态学研究。为了准确地、较全面地认识生态学格局和过程,MAUP 是不容忽视的。这个问题在大量使用遥感数据和 GIS 的今天,就显得更为重要。

关于如何对待可塑性面积单元问题,大致有 5 种途径(邬建国和 Jelinski, 1995;Jelinski 和 Wu, 1996)。

(1) 基本实体途径

基本实体途径(basic entity approach)的主要特点是,资料的收集和分析直接基于研究对象的基本实体或个体。因为这些实体是"不可塑的",MAUP 即可完全避免(Fotheringham, 1989)。就此而言,基于个体的空间模型(individual-based model)比以网格为基础的模型(grid-based modle)优越。但这种基本实体途径在实际应用中有一些问题。首先,在生态学或地理学研究中,并非总能够说明什么是基本实体。例如,密度、通量、覆盖度等变量均是与面积有关的。什么是这些变量的基本实体或个体呢?此外,在许多情形中,即使基本实体(如个体生物或种群)可以明确定义,但由于其数目之巨大,数据的收集、整理和分析以及建模在技术上有极大的困难。

(2) 最优划区途径

最优划区途径(optimal zoning approach)旨在寻找某一个划区方案,使得面积单元内部的差异最小,而面积单元之间的差异最大;或者寻找某一个划区方案,使得空间统计分析或模型的结果吻合度最好(见 Openshaw, 1977, 1984;Sammons, 1979)。虽然这一途径可以消除由于 MAUP 引起的分析结果上的差异,但所谓最优度从概念上和操作上都有主观因素在内。有关最优的定义是随着所研究的问题及选用的方法而变化的。再者,在多变元系统中,一个划区方案对某一变元是最优,但对其他变元来说就会不然。例如,Fotheringham 和 Wong(1991)的研究表明,"就所有变量的空间自相关最小化问题而言,根本不存在什么最优划区系统"。

(3) 敏感性分析途径

敏感性分析途径(sensitivity analysis approach)的特点在于不是去消除 MAUP 的影响,而是通过一系列研究来确定或大致掌握 MAUP 影响的范围和强度(Fotheringham, 1989)。敏感性分析可以回答以下问题:哪些变量对尺度和划区效应最为敏感?哪些变量对尺度和划区效应最不敏感?哪些变化是可预测的?哪些变化是不可预测的?这些信息对了解所研究的系统和所采用的分析方法的特点显然有很大益处。但是,当涉及的变量很多、尺度等级数目大以及划区方案繁多时,完成一整套敏感性分析是极其困难的。

（4）"摒旧创新"途径

也有人主张应摒弃传统的统计分析方法，而去发展新的、对MAUP不敏感的分析方法。Tobler（1989）认为，空间分析的结果应与收集数据所基于的空间坐标无关，因此应该去发展对尺度和划区不敏感的空间分析方法（"与框架无关的分析方法"，frame independent spatial analysis）。Openshaw 和 Taylor（1981）却认为，"与空间背景无关的方法，不管它在其他方面的价值如何，是违背地理学常识的"。确实如此，生态学及地理学中的格局和过程离开其空间背景时，其实在含义又是什么呢？因此，Openshaw 和 Taylor 主张，对于 MAUP 的研究应该重视其地理学（或生态学）方面的意义，不应将它看做是一个纯粹的统计学或数学问题。

（5）强调所研究变量的变化速率

Fotheringham（1989）建议将空间统计分析的重点转移到变化速率上，从而回答下列问题：是否可能确定变量及其关系随尺度变化的速率？是否这些变化有时表现出无规律的波动，而有时则不然？Fotheringham（1989）进一步指出，分维方法在这方面似乎很有用，因为分维本身可以作为对某一空间分布或空间关系的、与尺度无关的度量。可以看出，这种强调变化速率途径与敏感性分析途径有相似之处，即都注重于考察变量及其关系随尺度及划区系统的改变而变化的特点。需要指出的是分维只是在自相似（self-similarity）存在的空间尺度域（domain of scale）中才保持相对不变。

可塑性面积单元问题不应该被理解为是一个"问题"，因为它可能是真实系统的多尺度结构或等级结构在空间上的反映。从生态学意义上来说，空间特征随尺度变化的信息对于更深入和全面地认识复杂系统很重要。由于生态学系统的多尺度特征，过分强调统计学合理性，而忽视格局和过程的空间相关性似乎是不可取的。从一方面讲，可塑性面积单元问题是景观格局分析中的一个棘手问题；但从另一方面来看，对于可塑性面积单元问题的研究和认识会大大地增进对景观的格局、等级结构和多尺度特征的理解，并会促进空间分析方法的创新和完善。

5.5　景观格局分析中的误差问题

自从 20 世纪 80 年代以来，景观生态学中不断涌现出有关空间格局或空间异质性的新概念、新方法。尤其是地理信息系统、遥感技术以及空间统计学方法的广泛使用,使景观空间格局在大尺度上和多尺度上的定量化成为可能。然而,关于景观空间分析的最重要的问题之一,误差问题一直未受到重视。计算复杂而看起来又很精确的统计方法,色调鲜艳、制作精致的图表在景观研究中已成为一大标志。但是,在这些先进的数据收集和分析技术和手段的背后,景观空间分析结果的准确性究竟如何呢? Hess(1994)明确地指出景观分析中误差问题的普遍性和严重性。一些景观生态学家对迄今为止关于这一问题的研究如此之少,认识如此肤浅而深表担忧。

　　景观分析中的误差有多个来源,包括原始数据收集过程引入的误差、数据处理和分类过程引入的误差以及空间分析过程本身所引入的误差(见图5.22)。无论是采用何种方法收集实际景观数据(如遥感、野外观察或实验),都不可避免所收集的原始数据中包含有误差。这些误差可能由技术方法本身和与观察者有关的种种原因造成。这些原始数据往往要经过某些处理后才能用于景观分析,而数据处理(如遥感数据的转换、校正和一系列图像处理过程)又会引进新的误差。当然,各种景观指数和空间统计学方法对表达和分析景观空间格局特征诸方面有不同的局限性和非确定性,而采用这些方法的人又有不同的实际操作水平和对结果的

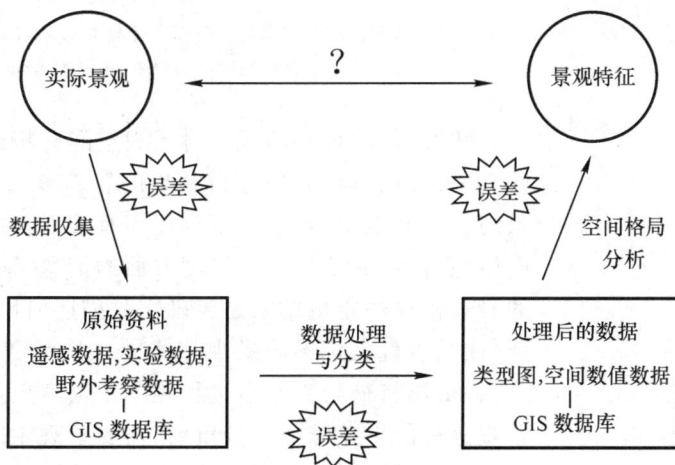

图 5.22　景观空间分析中的误差
在景观空间分析的不同阶段都有误差,而且这些误差还会放大、繁衍

解译能力,这些都可能进一步引入误差。这些不同阶段所产生的误差还可能相互作用,不断放大,即所谓的误差繁衍(error prop-agation)现象。例如,利用高准确度(90%)的植被图、土地利用图以及海拔和河流方面的信息分析野生动物生境适应性,分析结果的准确性可能大大降低(66% ~ 90%)(见图 5.23)。当各项资料误差之间完全不相关时,最终结果的准确度最差(Congalton 和Green,1999)。

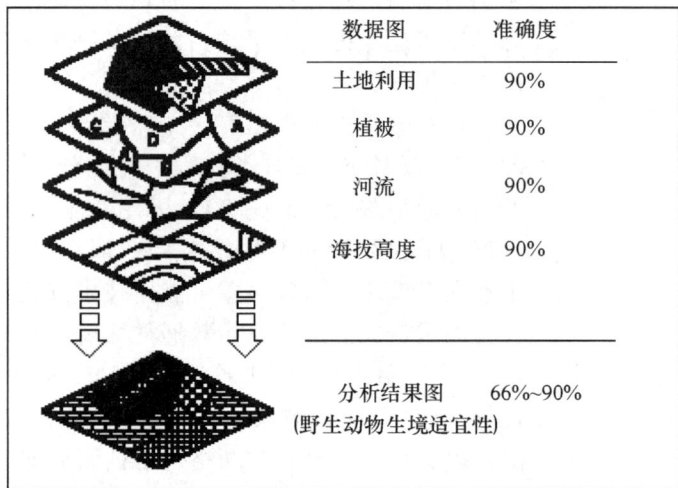

图 5.23　多层空间数据分析的精确度

根据多层空间数据进行综合分析和决策时的精确度往往要比利用
单层空间数据的精确度小得多(根据 Congalton 和 Green,1999 重绘)

　　那么,如此种种的误差对景观空间分析的最终结果有何影响,或者说,我们所得到的分析结果的置信度有多大呢?在已发表的景观分析文献中,几乎找不到任何有关误差或准确性方面的报道。严格地讲,没有统计学置信度方面的信息,很难判断我们分析所得的景观格局的定量结果是否确实是描述所研究景观的实际空间特征,或是否代表了不同景观间或同一景观随时间的变化。由此推论,将格局特征与生态学过程相联系也就更难置信了。显然,关于景观分析的误差分析十分重要,需要景观生态学家与遥感、地理信息系统以及统计学领域的研究者们携手合作,共同来解决(Hess和 Bay,1997)。近来,几本专门讨论空间资料和分析中误差问题的著作陆续问世,它们对解决景观生态学分析中的误差必然会起到积极的推动作用。这些专著包括:遥感资料的误差问题(Congalton 和 Green,1999），地理信息系统分析和模型中的误差问题（Burrough 和 McDonnell，1998；Heuvelink，1998），以及空间数据及分析的不确定性和准确性评价（Lowell 和 Jaton,1999）。

5.6　景观格局分析中的一些挑战性问题

李哈滨和邬建国（2007）在 Li 和 Wu（2004）的基础上对空间分析方法在景观生态学研究中尚待解决和完善的问题进行了分析，并提出了 4 个亟待解决、并富有挑战性的论题。

（1）如何准确地解释景观指数及分析结果

如何解释景观指数及结果并不总是很容易的。造成这种困难的原因包括：一个指数真正在度量什么有时不是很清楚，对所用指数的行为学不甚了解，可塑性面积单元问题，缺乏检验景观指数是否有显著变化的统计学和生态学方法，缺乏受过严格检验而且能够直接度量生态过程速率的景观指数。要合理地解释景观指数的结果，景观生态学者不仅要了解景观指数的具体算法，而且要知道它们的理论依据、假设条件以及变化规律。

（2）如何建立格局指数与生态过程之间的关系

景观格局分析的最终目标往往是理解生态学过程和动态，而不与生态学现象联系的景观指数本身并没有什么意义。建立空间格局与过程的最大障碍之一是缺乏大尺度上生态学过程的数据。有效利用遥感手段也许可以帮助解决这个问题。其次，空间分析缺少重复数据，这是由于在大区域内抽样难度大。另外，直接研究空间格局与过程关系的大尺度野外实验尚少。合理利用景观模拟模型可以在某种程度上帮助解决这一问题。

（3）如何利用已知景观格局特征来提高景观预测的准确性

如何利用已知景观格局数量特征来协助景观预测并提高其准确性方面的研究尚少。例如，如何利用已知景观格局数量特征来降低尺度推绎的不确定性（见 Li 和 Wu，2006；Wu 和 Li，2006b）。回答这些问题要涉及尺度下推的一些方法（如遥感应用中的光谱混合法）以及空间插值方法。

（4）如何确定两个景观是否在统计学和生态学上有显著差异

如何确定两个景观的空间格局是否有显著差异是一个经常遇到的问题，但尚缺乏很有效的统计学方法。产生这个难题的原因是：景观指数是描述性的量度，不能直接用于统计检验；而空间统计学方法虽然可以用于局部检验，但在整个景观必须被视为一个样本时，也不符合统计检验的要求。解决这个难题的关键在于获取景观所属变量总体或母体（population）的特征数（即平均数和方差）。Fontin 等（2003）提出一个用随机过程模型来检验两个景观格局是否有显著变化的方法，而 Li 和 Wu（2007）提出另外一个解决方法。尽管以上这两种解决方法的理论基础都似乎合理，但它们的有效性还必须经过实际数据来进一步证实。

推荐阅读文献

李哈滨,邬建国.2007.空间分析方法在景观生态学中的应用. 见:邬建国等主编. 现代生态学讲座（Ⅲ）:学科进展与热点论题.北京:高等教育出版社.

Fortin M – J,Dale M R T . 2005. Spatial Analysis：A Guide for Ecologists. Cambridge,UK：Cambridge University Press.

Iverson. L. 2007. Adequate data of known accuracy are critical to advancing the field of landscape ecology. In：Wu J,Hobbs R,eds. Key Topics in Landscape Ecology. Cambridge,UK：Cambridge University Press. 11 – 38.

Li H,Wu J. 2004. Use and misuse of landscape indices. Landscape Ecology,19：389 – 399.

Li H,Wu J. 2007. Landscape pattern analysis：Key issues and challenges. In：Wu J, Hobbs R, eds. Key Topics in Landscape Ecology. Cambridge, UK：Cambridge University Press. 39 – 61.

Neel M C, McGarigal K,Cushman S. 2004. Behavior of class-level landscape metrics across gradients of class aggregation and area. Landscape Ecology,19：435 – 455.

Wu J. 2004. Effects of changing scale on landscape pattern analysis：Scaling relations. Landscape Ecology,19：125 – 138.

景观模型与尺度
推绎

6

第 六 章

3

数学模型,尤其是计算机模拟模型,在景观生态学研究中占有十分重要的地位。景观模型的重要性和必要性体现在以下几个方面。第一,由于受时间、空间以及设备和资金的限制,在大尺度上进行实验和观测研究往往困难重重,而模型可以充分利用和推广所得的有限数据。第二,在实际景观研究中,由于很难找到两个在时间和空间上相同或相似的景观,重复性研究往往不可能,而这一问题可通过模型模拟来帮助解决。第三,景观空间结构和生态学过程在多重尺度上相互作用、不断变化,对于这些动态现象的理解和预测就必须要借助于模型。第四,景观模型可以综合不同时间和空间尺度上的信息,成为环境保护和资源管理的有效工具。与其他生态学领域相比,景观生态学中模型的应用更广泛、更具多样性。本章将介绍有关模型的概念和类型,并着重讨论景观模型的特征和应用。在此基础上,对尺度推绎的方法及其在景观生态学中的重要性作一介绍。然后,本章以对景观生态学中实验模型研究的简单综述而结束。

6.1　生态学模型概述

6.1.1　什么是模型

模型的定义有多种,但其一般定义是某种对现实系统或现象的抽象或简化;再具体一些说,模型是对真实系统或现象最重要的组成单元及其相互关系的表述。真实系统或现象的哪些组成单元最重要不但与这些系统或现象本身的特点有关,而且与研究目的也有密切关系。因为这种抽象或表述可以通过文字、图形、实物以及数学方法来实现,所以有与此相应的文字或语言模型、图像模型、实物模型(如飞机、轮船、建筑模型等)以及数学模型。然而,在生态学中一般所谈及的模型是指数学模型,这也正是本章的重点所在。

为什么需要数学模型呢? 简单地说,模型至少有以下几个重要作用:① 预测(即根据已知信息,通过运算来探究系统的将来);② 增进理解(即通过建模、运转模型、分析模型结果以及验证模型等过程,对所研究的系统或现象有更深入、更全面的了解);③ 诊断现有知识中的漏洞或薄弱环节(数学要求变量定义准确,变量间具有合理的数量关系,这就使得对系统的不知或所知不详之处容易暴露出来;此外,模型运转中有时出现的"异常"结果也常为研究者提供有关下一步该观察或测量什么的重要线索);④ 综合(在研究复杂系统或现象时,大量而又庞杂的数据往往超出人脑的信息处理能力,而模型是唯一能够将不同学科、不同尺度和不同格局与过程的资料整合到一起,并转化"信息"为"知识")的工具);⑤ 支持管理与决策(经过验证的模型可用来模拟不同管理措施或自然干扰事件对生态系统或景观的结构、功能和动态的影响,因此可以是管理和决策系统的有力工具)。

6.1.2 模型的种类

生态学模型的种类很多,可依照不同的标准加以区分。例如,根据计算机在建模中的作用,模型可分为解析模型(analytic model)与模拟模型(simulation model)。前者通常涉及少数几个变量,其数学方程多为线性,故容易直接求得精确解;而后者通常考虑许多变量,甚至涉及它们的空间异质性和非线性作用关系,因此,模型的建立和求解有必要通过计算机程序来实现。根据时间上和空间上的连续性,又有连续型与离散型模型。根据数学方法,可区分出微分方程、差分方程和矩阵模型。含有随机变量或参数的模型称为随机型模型(stochastic),否则便称为确定型(deterministic)模型。根据模型所涉及的生态学过程和机制的多少,可区分出现象学(phenomenological)和机制(mechanistic)或过程(process-based)模型。根据模型的内容,可区分出干扰传播模型、复合种群模型、植被动态模型、土地利用变化模型以及生物地球化学循环模型等等。根据模型所涉及的生态学组织层次,则有生理生态模型、种群模型、群落模型、生态系统模型、景观模型以及全球模型等。随着生态学家对空间斑块性越来越重视,以模型包含空间异质性的程度或处理空间信息的方式来划分模型显得很重要。因此,在各个生态学组织层次(从种群到景观乃至全球)都可区分出点模型或非空间模型(point model 或 non-spatial model,如经典的 Logistic 种群模型和许多生态系统模型),半空间模型或准空间模型(semi-spatial 或 quasi-spatial model 如许多复合种群模型),以及空间显式模型(spatially explicit model)或简称空间模型(spatial model,如许多景观模型)。空间显式模型中的空间可以是虚拟的或相对的

（即不对应于某一实际地理区域,许多用于理论性研究的空间生态模型属于此类）,也可以是以真实地理区域为基础的。后者又称为空间真实模型（spatially realistic model, 见 Hanski 和 Gilpin, 1997; Hanski, 1999）。

任何分类方法的最重要的宗旨是给庞杂的信息或资料赋予一种合理的结构,从而达到"纲举目张"、简化复杂性并增进理解的目的。这些"结构"即使是合理的,也难免有主观因素。上述模型分类虽有助于理解生态学模型的多样性,在实际中,模型往往是多种类型的组合（如空间显式种群动态随机模型,关于生态系统养分循环的确定性微分方程机制模型等）。内容、方法以及组织层次诸方面的多样性和整合性在景观模型中表现得更为突出。

6.1.3　生态学建模的一般原理和过程

如前所述,模型是对现实系统或现象的简化或抽象。那么,如何来简化或抽象现实生态学系统呢？这种简化或抽象的标准是什么呢？生态学研究的目的是理解生物世界及其与环境间的关系,生态学家不可以像艺术家那样自由想象,或随心所欲地表达所涉猎的事物。然而,既然是简化或抽象,生态学建模就必然要包含一定的"艺术"成分。许多生态学模型家常言,生态学模型是科学和艺术的结合。所谓"艺术"成分是指整个建模过程包含许多人为或主观因素。同样的一个真实系统可以用不同的风格或不同类型的模型来描述,而且模型表达方面也要涉及一系列技巧细节。一个好的模型可以把一个复杂系统简单化、明白化,而一个劣等模型常常是把一个不甚复杂的现象变得既复杂又玄秘。模型的目的不是"复制"现实,而是为理解和预测复杂的现实系统提供一个有效的代替。这个代替就像是某一事物的漫画,它极为简化,但仍能够使现实事物"原形毕露"（图 6.1）。

Levins（1966）提出了关于生态学建模的"三分"观点（trichotomy）,即模型的普遍性（generality）、真实性（realism）和准确性（precision）之间的相互制约关系。普遍性是指其能够代表的系统或现象的总数,真实性是指模型的结构（包括变量、参数、定量关系以及假设）与真实系统的相似程度,而准确性是指模型输出结果与真实系统观察值的吻合程度。Levins（1966）认为,虽然模型的这三个方面可以同时改进,但至多只能同时使其中的两个方面得到最大限度的提高。换言之,模型的普遍性、真实性和准确性之间存

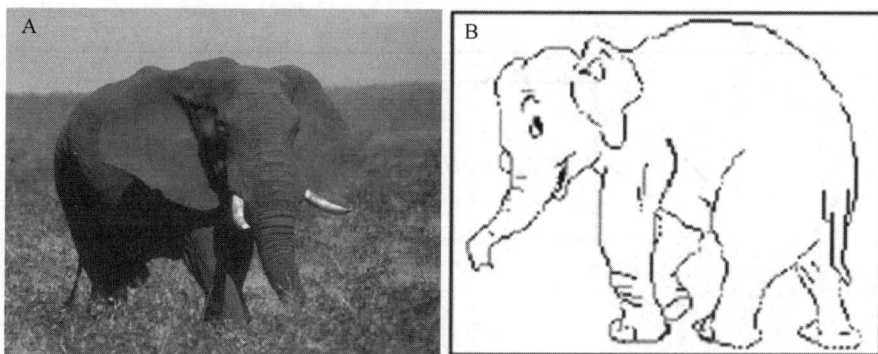

图 6.1 模型与现实的关系

模型(B)是对现实系统或现象(A)的抽象或简化,或者说是对现实系统或现象的漫画

在有相互制约和相互交替的关系,生态学模型往往在这三个方面表现出不同的完善程度。一般而言,用于理论探讨的模型多注重其普遍性和真实性,而应用模型则往往强调其准确性和真实性。Levins 的建模"三分观"对选择生态学建模策略以及模型评价诸方面均有指导意义。然而,Orzack 和 Sober(1993)对 Levins 的建模"三分观"和有关建模策略的论述进行了批驳,并加以彻底的否定;虽然文中的一些分析是有益的,但他们混淆了"战略"和"战术"之间的区别,因此其结论不足以信。Levins 应邀撰写了一篇回复文章,进一步阐述了模型的普遍性、真实性和准确性的相互制约和相互取代的关系,并指出除以上三者外,还可以考虑模型的可操作性(manageability)和可理解性(understandability)。一个模型不可能在这些方面都达到最佳状态,因此,建模要根据研究目的突出主要方面,同时尽量提高其他方面的完善程度。

一般而言,生态学建模可分为 4 个阶段(图 6.2)。

(1)建立概念模型:这一阶段包括明确地定义所研究的问题、确定建模目的、确定系统边界以及建立因果关系图。

(2)建立定量模型(或概念模型的定量化):这一阶段包括选用适当的数学方法、确定变量间的函数关系、估计参数值、编写计算机程序、确定模拟的时间步长以及运转模型并获得最初结果。

(3)模型检验:模型检验包括模型确认(model verification)和模型验证(model validation)。模型确认是指仔细检查数学公式和计算机程序以保证没有运算方面技术问题的过程。也就是说,模型确认的目的是保证概念模型的数量化是直接的和确切的,而且

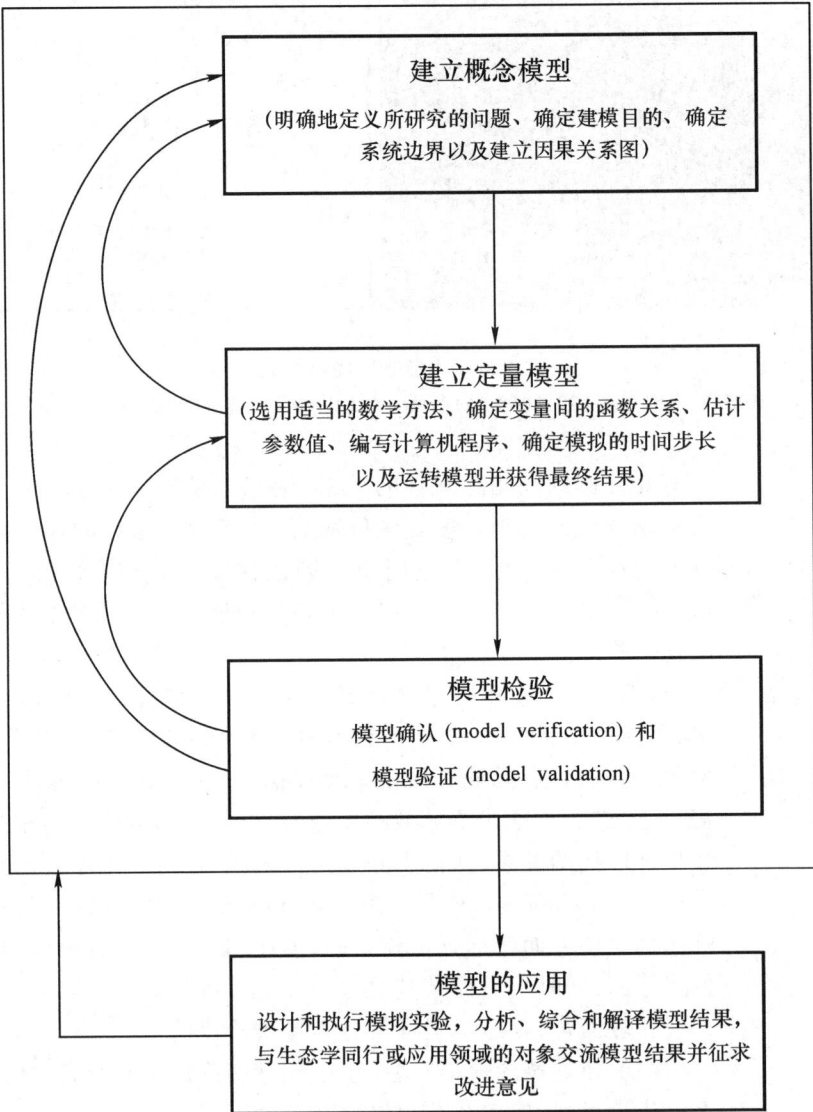

图 6.2   生态学建模的 4 个阶段

计算机程序中能够影响模型结果的错误已全部排除。显然,模型确认与模型的真实性、准确性和合理性并无任何直接关系。而模型验证是指确定模型在其既定的应用范围内运转结果与其相对应的现实系统行为的吻合程度,其衡量标准应该与预定的研究目的有密切关系。模型验证常常涉及对模型结构和变量间关系合理性的检验、模型输出结果与实际值的直接比较、模型的敏感性分析（sensitivity analysis）以及模型的不确定性分析（uncertainty analysis）。这并非意味着一个模型必须要经过上述多种方法的检验，但多种方法为模型检验提供了必要的选择余地（详见 Rykiel，1996）。

（4）模型的应用：这一阶段包括设计和执行模拟实验，分析、综合和解译模型结果，最后与生态学同行或应用领域的对象交流模型结果并征求改进意见。当然，模型交流的一个重要方面是发表论文和专著。

建模的 4 个阶段相互联系、相互促进又相互制约（图 6.2）。建模往往是一个循环往复、不断修正的过程。无论是种群模型、生态系统模型还是景观模型，建模的一般原理和过程是相似的，但其具体内容是不同的，而且在数学方法和模拟途径方面也各有特点（见 Hall 和 Day，1977；Turner 等，1991；Haefner，1996；Grant 等，1997；Shugart，1998）。

6.2 景观模型的主要类型及特征

景观模型可以根据其处理空间异质性方式的不同而为分为 3 大类（见 Baker，1989；但见 Shugart，1998）。非空间景观模型是指那些完全不考虑所研究地区的空间异质性（或假定空间均质性或随机性）的模型；准空间模型（或半空间模型）通常考虑空间异质性的统计学特征（如第 4 章中谈到的 Levin - Paine 偏微分方程干扰模型）；空间显式景观模型是指明确考虑所研究对象和过程的空间位置和它们在空间上的相互作用关系的数学模型。因为景观生态学的重点是研究空间格局和生态学过程的相互作用，空间景观模型自然是景观模型最典型的代表，也是区别于其他生态学模型最突出的特点。因此，本章主要讨论空间显式景观模型。

由于空间显式景观模型包含空间异质性和非线性生态学关系，它们绝大多数属于计算机模拟模型。与地理信息系统（见第 7 章）相似，景观空间模型可以根据其处理空间信息的方式分为两大类：栅格型景观模型（grid-based landscape model）和矢量型景观模型（vector-based landscape model）。迄今为止，大多数景观模型属于栅格型景观模型。在这类模型中，研究对象和过程的空间位置由栅格细胞的位置来表示,而每个栅格细胞可以与该位置上的一个或多个生态学变量(如植被类型、生物量、种群密度、养分含量、土壤条件、气象条件等等)联系在一起。这样,栅格网不但能反映各生态学变量的空间异质性,同时也便于考虑它们在空间上的相互作用,进而能够模拟景观在结构和功能方面的动态过程。矢量型景观模型则是以点、线和多边形的组合来表达景观的结构组成的。栅格型景观模型和矢量型景观模型各有利弊(见 Burrough 和 McDonnell,1998)。在具体研究中选用哪种途径为好,取决于所研究问题的性质和目的,以及数据资料的特征。下面,我们就分别讨论 3 种常见的景观空间模型途径:只考虑景观格局变化的空间概率模型(spatial transition probability model)或空间马尔柯夫模型(spatial Markovian model)、细胞自动机模型(cellular automata model)以及强调景观过程的动态机制模型(mechanistic landscape model)。这里,景观动态机制模型将包括空间生态系统模型和空间显式斑块动态模型。

需要指出的是,这里所谈及的模型并不代表全部的空间景观模型,但它们反映了景观模型的主要途径。此外,将空间景观模型分为以上几类,不乏作者的主观因素;它们既反映了这些模型的独特之处,也是为了叙述的方便。近 10 年来,景观模型的发展迅速,尤其是在森林景观的火干扰、植被动态、害虫爆发以及经营和管理方面,有许多新的模型途径和应用不断出现(如 He 等,1999;Li 等,1999;Mladenoff 和 Baker,1999;Wu 和 Marceau,2002)。

6.3   空间概率模型

空间概率模型是生态学中应用已久的马尔柯夫类(Markovian)模型(尤其是植物群落演替模型;见 Horn,1975;van Hulst,1979;Paster 等,1992)在空间上的扩展。空间马尔柯夫模型也是景观生态学家用来模拟植被动态和土地利用格局变化的最早、最普遍的模型。传统的马尔柯夫概率模型可表示为:

$$N_{t+\Delta t} = PN_t \tag{6.1}$$

或

$$\begin{bmatrix} n_{1,t+\Delta t} \\ \vdots \\ n_{m,t+\Delta t} \end{bmatrix} = \begin{bmatrix} p_{11} \cdots p_{1m} \\ \vdots \quad \vdots \quad \vdots \\ p_{m1} \cdots p_{mm} \end{bmatrix} \begin{bmatrix} n_{1,t} \\ \vdots \\ n_{m,t} \end{bmatrix} \tag{6.2}$$

式中,N_t 和 $N_{t+\Delta t}$ 分别是由 m 个状态变量组成的状态向量在 t 和 $t+\Delta t$ 时刻的值;P 是由 m 乘 m 个单元组成的转化概率矩阵,其中 p_{ij} 表示从时间 t 到 $t+\Delta t$ 系统从状态 j 转变为 i 的概率(对于景观模型而言,即斑块类型 j 转变为斑块类型 i 的概率)。在模拟景观动态时,最简单而直观的方法就是把所研究的景观根据其异质性特点分类,并用栅格网表示,每一个栅格细胞属于 m 种景观斑块类型之一。根据两个不同时间(t 和 $t+\Delta t$)的景观图(如植被图、土地利用图等)计算从一种类型到另一种类型的转化概率。然后,在整个栅格网上采用这些概率以预测景观格局的变化。具体地说,斑块类型 j 转变为斑块类型 i 的概率就是栅格网中斑块类型 j 在 Δt 时段内转变为斑块类型 i 的细胞数占斑块类型 j 在此期间发生变化的所有细胞总数的比例,即:

$$p_{ij} = n_{ij} \Big/ \sum_{i=1}^{m} n_{ij} \tag{6.3}$$

但是,这种简单的方法在计算转化概率时不考虑空间格局本身对转化概率的影响,反映的是景观的总概率(global transition probability),因此它们在预测景观中某些斑块类型变化的面积比例时可以相当准确,但其空间格局方面的误差通常很大。一种简单的改进办法就是把景观根据其空间特征区域化,然后再分别计算其转化概率。如果区域小到一个栅格细胞,那么上面的公式即可用于每个栅格细胞(见图 6.3)。这时的空间概率模型可用下式表示:

$$N_{t+\Delta t}^{rc} = P^{rc} N_t^{rc} \tag{6.4}$$

或

$$\begin{bmatrix} n_{1,t+\Delta t}^{rc} \\ \vdots \\ n_{m,t+\Delta t}^{rc} \end{bmatrix} = \begin{bmatrix} p_{11}^{rc} \cdots p_{1m}^{rc} \\ \vdots \quad \vdots \quad \vdots \\ p_{m1}^{rc} \cdots p_{mm}^{rc} \end{bmatrix} \begin{bmatrix} n_{1,t}^{rc} \\ \vdots \\ n_{m,t}^{rc} \end{bmatrix} \tag{6.5}$$

式中,N_t 和 $N_{t+\Delta t}$ 分别是 t 和 $t+\Delta t$ 时刻 r 行 c 列栅格细胞位置上的状态向量,P^{rc} 是反映该空间位置上异质性特点的转化概率矩阵。

空间概率模型是景观生态学中应用最早和最广泛的模型之一。这些模型多用来描述或预测植被演替或植物群落的空间结构变化(如 Hobbs, 1994; Acevedo 等, 1995; Balzter 等, 1998)以及土地利用变化(如 Turner, 1987; Aaviksoo, 1995; Jenerette 和 Wu,

$$n_{t+1}^{11}=p^{11}n_t^{11} \quad n_{t+1}^{12}=p^{12}n_t^{12} \quad n_{t+1}^{13}=p^{13}n_t^{13} \quad n_{t+1}^{14}=p^{14}n_t^{14}$$

$$n_{t+1}^{21}=p^{21}n_t^{21} \quad n_{t+1}^{22}=p^{22}n_t^{22} \quad n_{t+1}^{23}=p^{23}n_t^{23} \quad n_{t+1}^{24}=p^{24}n_t^{24}$$

$$n_{t+1}^{31}=p^{31}n_t^{31} \quad n_{t+1}^{32}=p^{32}n_t^{32} \quad n_{t+1}^{33}=p^{33}n_t^{33} \quad n_{t+1}^{34}=p^{34}n_t^{34}$$

$$n_{t+1}^{41}=p^{41}n_t^{41} \quad n_{t+1}^{42}=p^{42}n_t^{42} \quad n_{t+1}^{43}=p^{43}n_t^{43} \quad n_{t+1}^{44}=p^{44}n_t^{44}$$

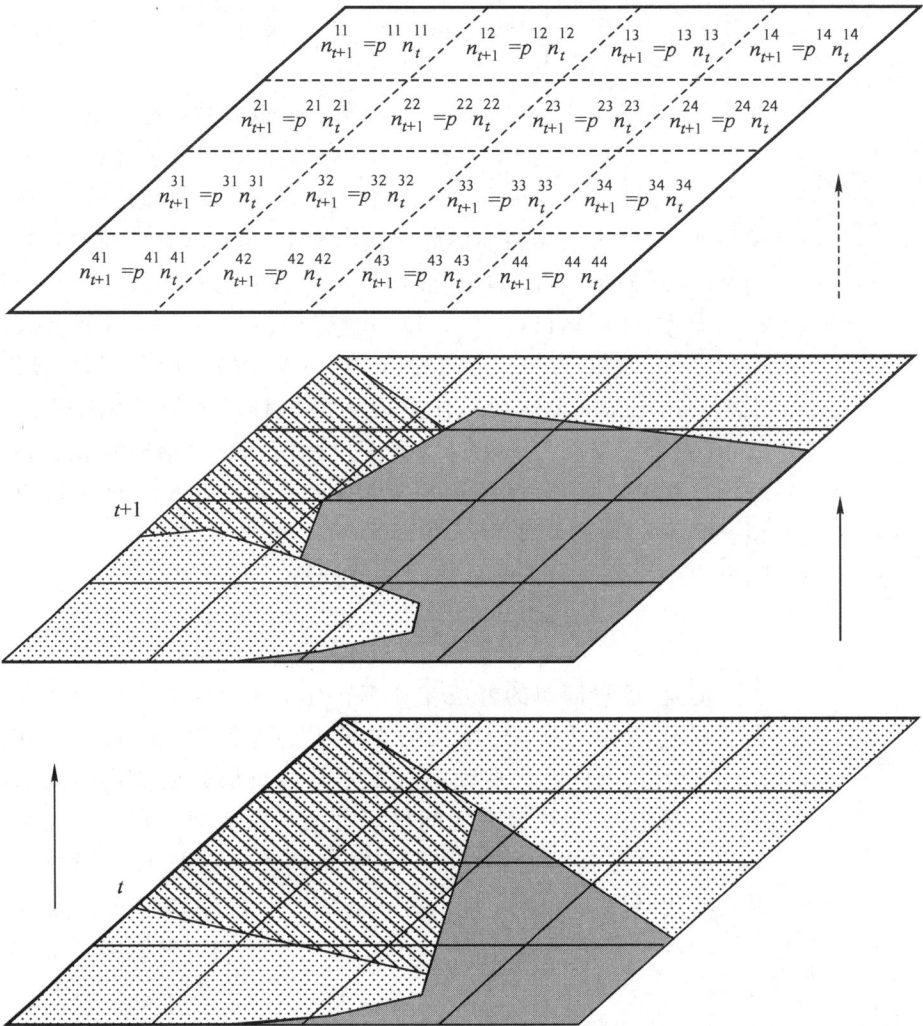

图 6.3　景观格局动态的空间概率模型示意图

图中是一个具有 4×4 个栅格细胞的假设景观

2000）。然而,空间概率模型不涉及格局变化的机制,其可靠性完全取决于转化概率的准确程度。一阶马尔柯夫过程忽略历史的影响,并假设转化概率存在稳态;这对于大多数景观动态研究来说是不适用的。采用高阶马尔柯夫过程并考虑邻近空间影响会明显地增加转化概率矩阵的准确性以及景观概率模型的合理性（如 Baker, 1989；Kenkel, 1993；Acevedo 等, 1995）。采用一些新的优化方法,如遗传算法（genetic algorithms）, 亦可显著增加景观概率模型的准确性(例如 Jenerette 和 Wu,2000)。此外,利用 GIS 技术可以促进空间概率模型的建立和运算,并有利于提高模型精确度(见 Hobbs,1994;Zhou 和 Liebhold,1995;Li 和 Reynolds,1997)。

6.4 细胞自动机模型

在模拟景观空间格局与过程相互作用的研究中,另一类被广泛应用的途径是细胞自动机模型(cellular automation model)。所谓细胞自动机模型是指一类由许多相同单元组成的,根据一些简单的邻域规则(neighborhood rule)即能在系统水平上产生复杂结构和行为的离散型动态模型(Wolfram,1984)。细胞自动机模型是由数学家 van Neumann 在 20 世纪 50 年代基于自然自动机(如人的神经系统)和人工自动机(如自复制机)之上发展起来的。然而,这一领域的迅速发展和广泛应用始于 70 年代。在此期间,最有影响的工作包括 Gardner(1971)的"生命游戏"(the Game of Life)和 Wolfram(1983,1984)的一系列关于细胞自动机的数学理论及其在研究系统复杂性方面应用的论述。细胞自动机模型可以是一维的、二维的或者三维的。二维细胞自动机模型通常采用正方形细胞组成的栅格网(有时也用由三角形或六边形组成的栅格网)。每个栅格网细胞代表一个不能伸缩的、均质的离散性单元,它在任何时刻只能处于某一种状态。细胞自动机模型中的细胞代表了模型的粒度,即空间分辨率,在若干方面类似于遥感图像中的像元或地理信息系统中的栅格细胞。简单地说,所谓细胞自动机模型就是由许多这样简单细胞组成的栅格网,其中每个细胞可以具有有限种状态;邻近的细胞按照某些既定规则相互影响,导致局部空间格局的变化;而这些局部变化还可以繁衍、扩展,乃至产生景观水平的复杂空间结构。因此,这些模型在空间上、时间上以及状态上都是离散的。概而言之,典型的细胞自动机有以下几个一般特征:① 栅格网中所有细胞可具有的状态总数是有限的,而且是已知的;② 每一栅格细胞的状态是由它与相邻细胞的局部作用而决定的,这些作用关系由一系列转化规则(transition rule)或邻域规则(neighborhood rule)来具体定义;③ 邻域规则可以是确定型的,也可以是随机型的;④ 这些局部性转化规则在整个栅格的任何位置上都是一致的;⑤ 细胞从一种状态转化为另一种状态在时间上是离散的(即非连续性变化)。

具体地讲,一维细胞自动机是由一系列点或线段组成,每个位置上的取值为 0 或 1(也可为 0,…,$k-1$;其中 k 为取值总数)。每过一个时间间隔 Δt,各位置上的值只与其相邻位置在 $t-1$ 时刻的取值有关。如果把空间单元(或细胞)i 的值记作 α_i,以 r 表示相邻单元之间的距离(例如,$r=1$ 表示只把紧靠单元 i 两边的单元作为相邻者考虑),那么,一维细胞自动机的数学表达式可写作:

$$\alpha_i^{(t+1)} = \phi\left[\alpha_{i-r}^{(t)}, \alpha_{i-r+1}^{(t)}, \cdots, \alpha_i^{(t)}, \cdots, \alpha_{i+r}^{(t)}\right] \tag{6.6}$$

式中,$\alpha_i^{(t)}$ 和 $\alpha_i^{(t+1)}$ 是空间单元 i 在时间 t 和 $t+1$ 时的值,括号中其他项表示相邻单元在 t 时刻的取值,而 ϕ 表示与这些相邻单元有关的一组转化规则。

推而广之,最简单的二维细胞自动机是当 $r=1$ 时上式在二维空间栅格网上的扩展(图 6.4),即:

$$\alpha_{i,j}^{(t+1)} = \phi\left[\alpha_{i-1,j}^{(t)}, \alpha_{i+1,j}^{(t)}, \alpha_{i,j-1}^{(t)}, \alpha_{i,j+1}^{(t)}\right] \tag{6.7}$$

式中,$\alpha_{i,j}^{(t+1)}$ 是栅格细胞在 $t+1$ 时刻的值,ϕ 表示与相邻细胞有关的转化规则。

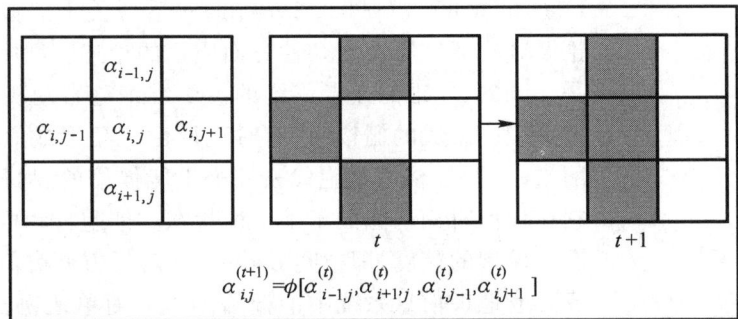

$$\alpha_{i,j}^{(t+1)} = \phi\left[\alpha_{i-1,j}^{(t)}, \alpha_{i+1,j}^{(t)}, \alpha_{i,j-1}^{(t)}, \alpha_{i,j+1}^{(t)}\right]$$

图 6.4　细胞自动机模型示意图

如何确定相邻细胞的距离(r)及其相邻方式依赖于具体研究现象的特征? 图 6.5 显示了 5 种定义邻域的方式。在生态学模型中,以 $r=1$ 时的 van Neumann(四邻)和 Moore(八邻)邻域定义最为普遍。

一般而言,细胞自动机模型可产生 4 类结果:① 空间均质状态;② 稳定态或周期性结构;③ 混沌行为(Chaos);④ 蔓延性有限,但局部性结构复杂的格局(Wolfram,1984)。细胞自动机模型最适用于增长和抑制作用强烈的非线性物理学、化学和生物学系

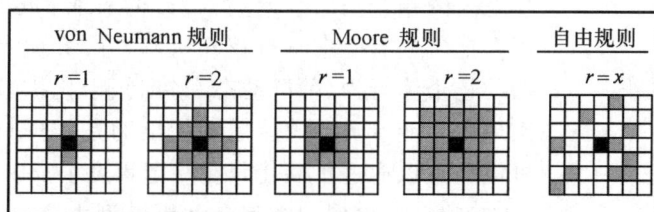

图 6.5　细胞自动机模型中定义邻域的几种方式
图中心的黑色细胞是考虑中的中心细胞,灰色细
胞是其相邻细胞,白色代表景观中其余细胞

统。在这类模型中,生态学内容主要通过栅格细胞水平上的转化规则来体现。细胞自动机模型的最大优点之一就是可以把局部性小尺度上观测的数据结合到邻域转化规则之中,然后通过计算机模拟来研究在大尺度上系统的动态特征。从这一点来看,它与物理学中的相互作用粒子系统(interacting particle system)有很大相似性,而后者也已应用到有关空间格局和过程相互作用的研究中(见 Durrett 和 Levin,1994)。

虽然最初的细胞自动机模型是确定型的,但近几年来已有一些生态学模型将随机过程(如马尔柯夫链)结合到邻域规则中,使这种途径在模拟许多景观生态学现象(如种子传播、干扰扩散、植被或土地利用变化等)时更合理一些(Wiegand 等,1995;Li 和 Reynolds,1997;Ruxton 和 Saravia,1998)。不难看出,细胞自动机模型可以在不同程度上把一些重要生态学过程的信息融合到邻域规则中,从而使其成为研究空间格局和过程相互作用的一种有效途径。自 20 世纪 90 年代起,细胞自动机模型已广泛地应用于景观格局和空间生态学过程的研究中(Hogeweg,1988;Green,1994;White 和 Engelen,1994;Clarke 等,1997;Balzter 等,1998;Lett 等,1999)。

6.5　景观机制模型

景观机制模型(mechanistic landscape model)有时也称为景观过程模型(process-based landscape model)。顾名思义,它是从机制出发来模拟生态学过程的空间动态。景观的结构和功能是相互作用的,因此,要真正理解景观动态就必须考虑空间格局和生态学过程之间的相互作用。近些年来,越来越多的景观动态模型在不同程度上包含有生态学过程和机制。广义地讲,这些过程和机制包括动物个体行为、种群动态和控制、干扰扩散过程、生态系统物质循环以及能量流动等。需要指出的是,空间概率模型和细胞自动机模型可以通过扩展使其在一定程度上反映某些生态学机制。然而,空间概率模型和细胞自动机模型大都是用来模拟景观空间格局动态的,二者相结合再加上对邻域规则限制条件的放松(如栅格细胞的状态也可受到远距离细胞的作用,或者说受到大尺度上过程的影响),可以提高这些方法在表现生态学过程或机制方面的能力(例如 David 和 Wu,2000)。尽管如此,以上两种方法在模拟某些生态系统过程(如物质循环、能量流动)的空间动态时就显得不很适宜了(当然,空间概率模型和细胞自动机模型也可以与非空间机制模型直接耦连起来以模拟空间生态学过程)。许多景观机制模型是通过将非空间生态学过程模型(常常是点模型)空间化后发展起来的。本节将介绍两类景观机制模型,即空间生态系统过程模型和空间斑块动态模型。这些模型在数学方法上种类多样,而且常常是前面提到的不同类型模型的复合体。

还有一类很重要的景观机制模型称为"基于个体模型"(individual-based model,简称 IBM)。这些模型明确考虑景观中每一个生物个体的空间位置及行为,因此通常极为复杂。这类模型可看做是空间显式斑块动态模型的一个极端的例子,即每一个斑块代表一个生物体。有兴趣的读者可参阅 Huston 等(1988)、DeAngelis 和 Gross(1992)、Judson(1994)、Grimm(1999)以及 Grimm 和 Railsback(2005)。近年来,"基于决策者模型"(agent-based models,简称 ABM;也有译作"代理人模型")在景观生态学中的应用亦日趋广泛,尤其在模拟土地利用和土地覆盖变化以及自然 – 社会耦合系统动态方面见多(Gimblett,2002;Roberts 等,2002;Wu 和 Marceau,2002;Parker 等,2003;Grimm 等,2005;Verburg,2006)。笼统地说,基于决策者模型与基于个体模型有类似之处,但又有许多不同。基于个体模型可以看做是基于决策者模型在生物学中的一种特例,其中"决策者"全部是生物个体(如树木或动物)。而 ABM 模型中的所谓"决策者"可以是生物个体、各种组织和团体以及其他任何事物——与面向目标计算机编程语言(object-oriented programming)中的"目标"(object)相似。本章不拟对 IBM 和 ABM 模型作更多的叙述,感兴趣读者可参见 Wu 和 Marceau(2002),Parker 等(2003)和 Verburg(2006)。

6.5.1 空间生态系统模型

空间生态系统过程模型可以用下面的一般数学公式来表示：

$$\frac{\partial S_i}{\partial t} = f_i(S, F) + \nabla \cdot (D_i \nabla S_i) \qquad (6.8)$$

式中，S_i 表示某一生态学变量（如养分含量、种群密度、干扰面积），F 表示环境因素的影响（如温度、水分、光照、风），D_i 是表示所研究过程的空间扩散或传播能力的系数，∇ 表示空间梯度（可以是一维、二维或三维的；Huggett，1993）。

下面让我们以一个简单的例子来说明这类模型的基本原理（参照 Huggett，1993；Ford，1999）。假设有一具有地形梯度的景观，由 4×4 个栅格细胞组成（图6.6）。模型的目的是描述土壤中氮含量

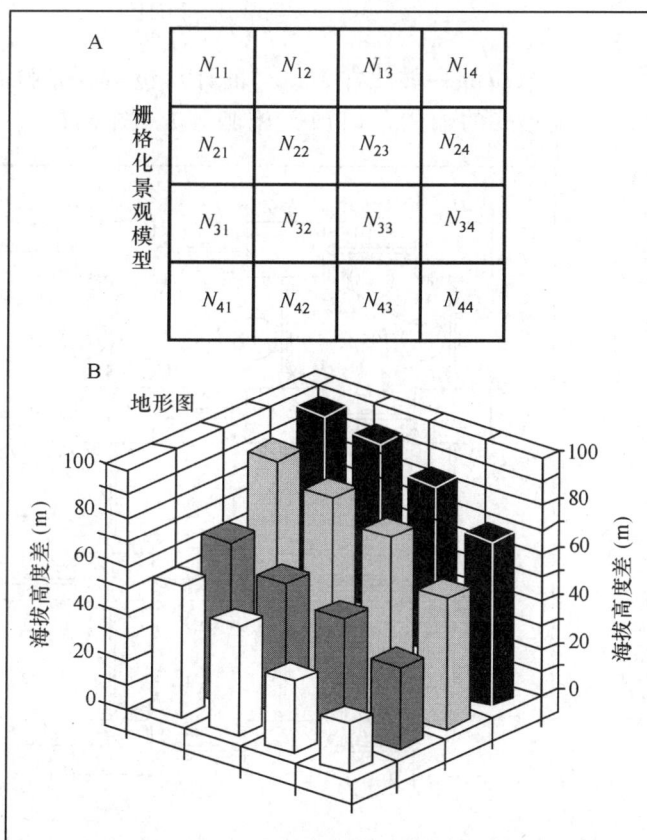

图6.6　简单空间生态系统模型举例

A. 景观栅格及状态变量；B. 景观地形图

在空间和时间上的变化。因此,模型的状态变量是每个栅格细胞中的氮含量($N_{11}, N_{12}, \cdots, N_{44}$)。它们随时间的变化可以下式表示:

$$N_{ij}(t+1) = N_{ij}(t) + (F_{ij}^{in} - F_{ij}^{out})\Delta t \qquad (6.9)$$

式中,$N_{ij}(t+1)$ 和 $N_{ij}(t)$ 分别表示细胞 ij 在 $t+1$ 和 t 时刻的含氮量,F_{ij}^{in} 和 F_{ij}^{out} 分别表示细胞 ij 的氮转入率和输出率,Δt 表示模型的时间步长。氮的输出率可以简单地规定为地形梯度($\Delta H/\Delta L$)和细胞中氮含量的函数,即:

$$F_{ij}^{out} = f\left(\frac{\Delta H}{\Delta L}, N_{ij}\right) \qquad (6.10)$$

式中,$\Delta H/\Delta L$ 可以根据相邻细胞的海拔高度之差和栅格细胞的大小求出(即高度差与细胞边长之比)。

上式最简单的形式是:

$$F_{ij}^{out} = d\frac{\Delta H}{\Delta L}N_{ij} \qquad (6.11)$$

式中,d 是一转化常数。F_{ij}^{in} 的计算包括从邻胞流入的氮量以及其他形式的输入(如降雨、施肥等)。图 6.7 是一个系统模型结构

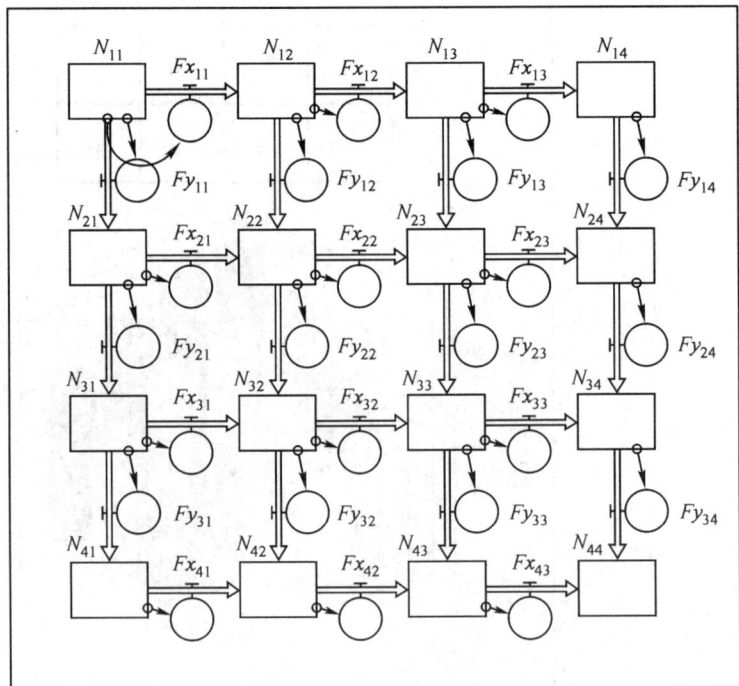

图6.7　简单氮传输模型的系统结构图

图,表示该景观模型中的状态变量(长方形框)和各个方向的输入和输出流(带箭头阀形)。显然可见,氮的传输方式是由地形(图6.6)决定的。图6.8是模型输出结果的一部分。可以看出,处于最高处的细胞的氮含量(N_{11})呈指数下降,位于最低点的细胞的氮含量(N_{44})则呈指数上升,其他细胞的动态反映了地理位置的影响和时滞效应。

上面的例子可以扩展到更大的空间尺度上,并考虑一系列物理和生态学过程。一种常见的方法是把景观按空间异质性(如生态系统类型)分成许多空间单元(或栅格细胞),然后将结构上相同或相似的生态系统单元模型(unit model)"移植"到这些空间栅格细胞中(如 Sklar 等,1985;Boumans 和 Sklar,1990;Burke 和 Schimel,1990;Costanza 等,1990;Ciret 和 Henderson-Sellers,1998;Pan 等,1998;张娜等 2003,2004;Zhang 等,2007)。由于空间单元在土壤、地形以及生物等方面的特征反映了景观的空间异质性,再加上考虑单元间的能量、物质交换过程,这类空间生态系统模型能够比传统的非空间生态系统模型更为准确地模拟不同尺度上景观功能。这类模型的结构很适宜与 GIS 和遥感技术结合。这也是目前研究景观格局与过程相互作用的一个重要模型途径(见 Goodchild 等,1993,1996)。作为一个例子,图6.9 给出一个结合遥感和 GIS 技术来建立空间生态系统模型的概念模式。相似的途径亦可以应用到对植被演替、干扰扩散、复合种群动态等过程的研究中。

大多数现有的空间生态系统模型是用来研究环境因子与植被的空间异质性是如何影响生态系统过程的;换言之,其重点在于格局对过程的影响。输入或驱动变量的空间异质性往往是通过 GIS 数据层或类似手段来提供,因此缺乏过程对格局的反馈作用。通过将 GIS 和动态模型整合到一起,这个问题可以得到解决(见 Goodchild 等,1993,1996)。另一个途径就是将空间格局模型和过程模型耦合在一起,如植被动态的空间概率模型与生态系统养分循环模型的耦合,或土地利用变化细胞自动机模型和生物地球化学循环模型的耦合(见 Goodchild 等,1993,1996;Pan 等,1998;He 等,1999;Walker 等,1999;Wu 和 David,2002;Canham 等,2003;Jenerette 和 Wu,2004)。

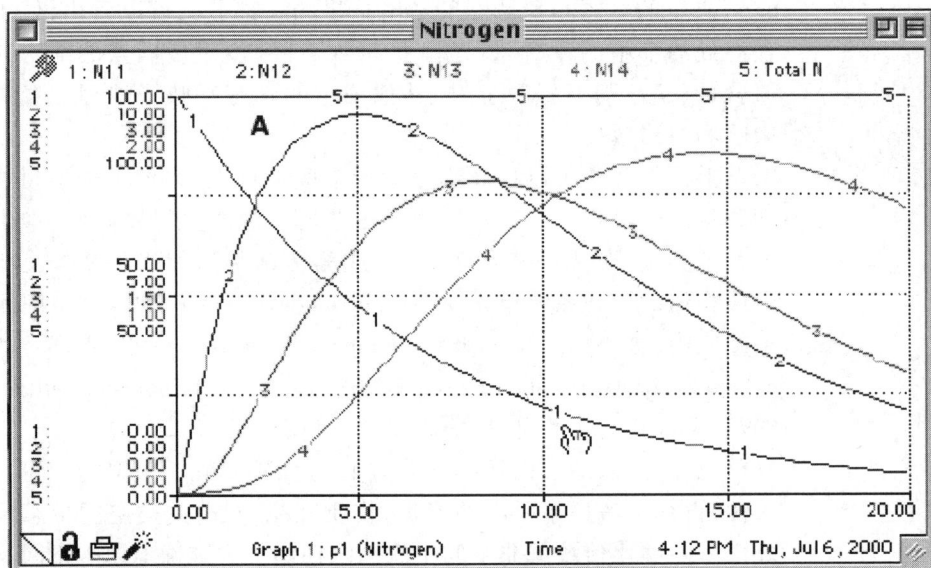

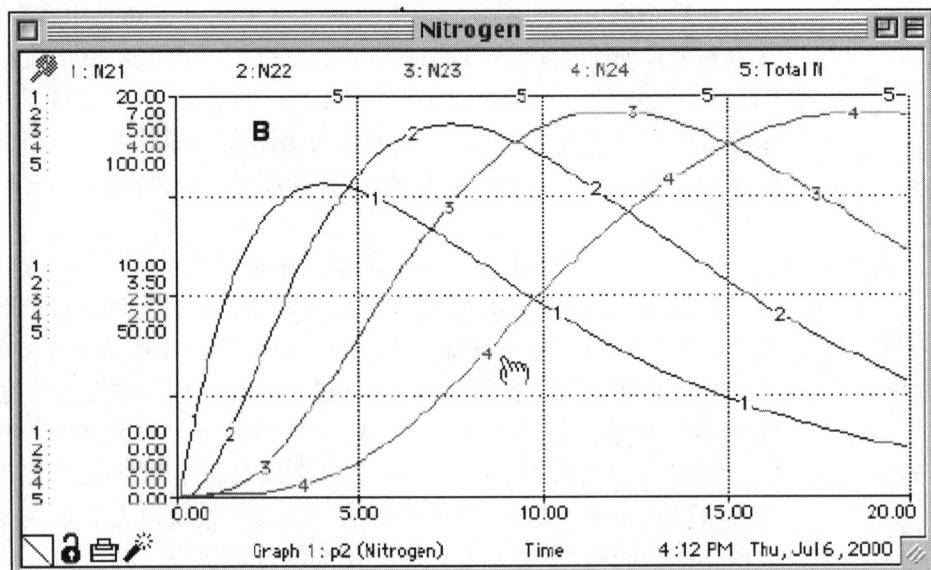

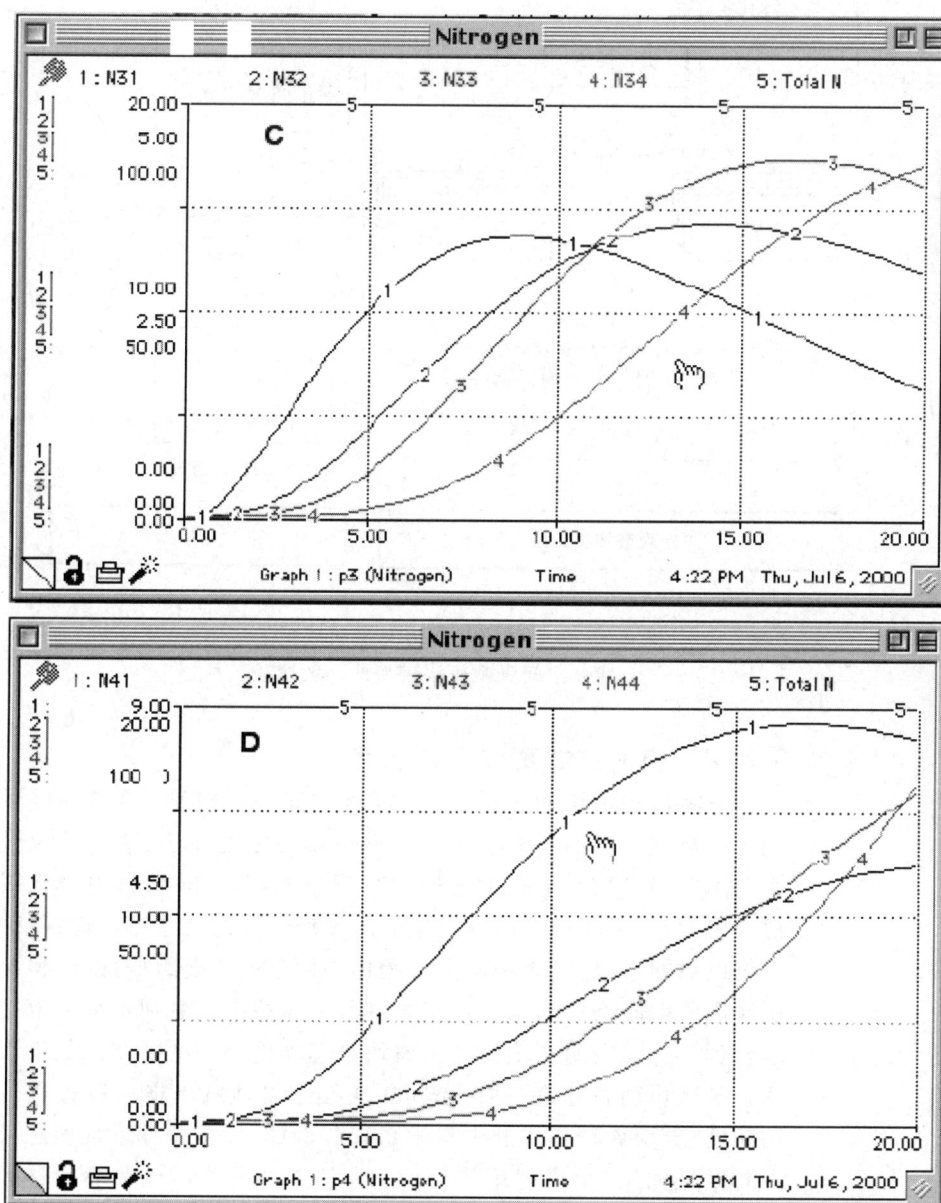

图 6.8 简单空间氮传输模型的一些输出结果

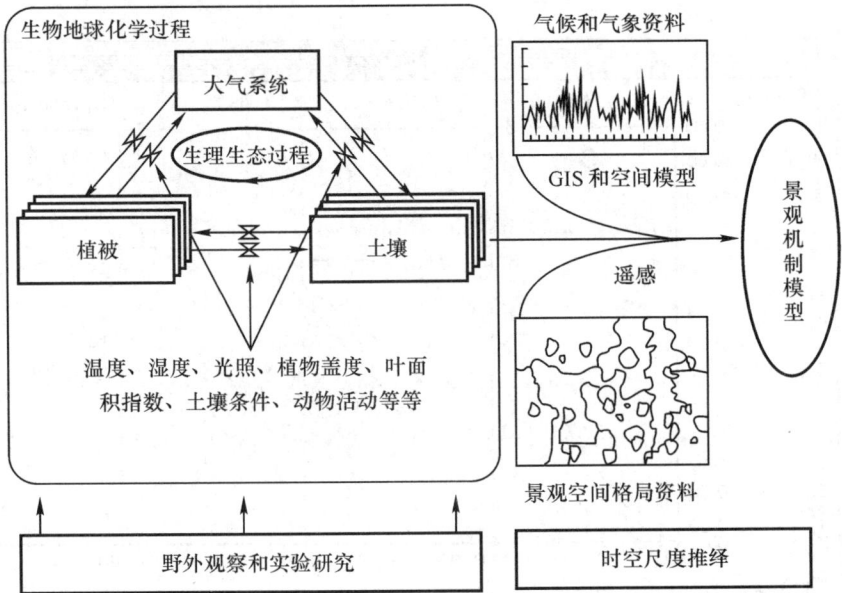

图 6.9   整合遥感、GIS 和计算机模拟为一体
建立空间景观机制模型的一般途径

6.5.2   空间显式斑块动态模型

空间显式斑块动态模型(或简称空间斑块模型)是另一类景观机制模型。它不同于空间生态系统模型之处在于:空间斑块模型突出空间格局和生态学过程之间频繁的相互作用;将整个景观视为由大小、形状以及内容上不同的斑块组成的动态镶嵌体;明确地将斑块的形成、变化和消失过程作为模型的重要组成部分;将斑块镶嵌体空间格局动态与生态学过程在斑块以及景观水平上直接耦合到一起。空间斑块模型是斑块动态理论的一种确切的数学表达。与斑块动态理论一样,空间斑块模型最适宜于格局和过程作用频繁、斑块周转率快的生态学系统。例如,许多森林系统动态可以看做是林隙(小尺度干扰所致)动态在立地或景观水平的整合(Shugart,1984;邵国凡等,1996;臧润国等,1999);一些草原可以看做是由地下资源斑块以及相应地上植物丛组成的动态镶嵌体(Coffin 和 Lauenroth,1989,1990),或看做是由不同年龄、大小、形状以及演替阶段的地鼠掘洞土丘组成的动态斑块镶嵌体(Hobbs

和 Mooney，1985；Wu 和 Levin，1994）；潮间带生态系统是斑块动态研究的典型场所之一（Levin 和 Paine，1974；Paine 和 Levin，1981）。实际上，许多陆地和水生系统都可以看做是斑块动态系统（见 Steele，1978；Pickett 和 White，1985；Levin 等，1993）。

一些斑块动态模型已经在前面的章节中作了介绍（例如 Levin–Paine 模型以及不同类型的复合种群动态模型）。另一大类斑块动态模型是森林林隙动态模型（Botkin 等，1972；Shugart，1984；邵国凡等，1996）。传统的林隙动态模型属于准空间模型，因为它只是在斑块尺度上是空间显式的，而从斑块到景观一般是通过蒙特卡罗（Monte Carlo）模拟来实现的。Smith 和 Urban（1988）后来通过将传统的林隙模型在空间栅格网上展开发展了空间显式的林隙动态模型（spatially explicit gap model；即 ZELIG 模型）。ZELIG 考虑林隙间相互作用，似乎更有助于理解多尺度上森林空间格局和生态学过程相互作用关系（Urban 等，1991；Shugart，1998）。Coffin 和 Lauenroth（1989，1990）发展的空间草地"林隙"动态模型在许多方面与 ZELIG 模型相似。

空间显式林隙动态模型将局部性干扰与树木种群动态耦合起来，有效地考虑了格局和过程的相互作用以及随机事件。但由于这些模型采用栅格方法，把林隙作为规则划分的单个栅格细胞或多个细胞的聚合体，不宜于模拟斑块间叠合现象非常普遍而复杂的情形。下面，我们将较详细地介绍另一种空间斑块动态模型，即矢量型空间显式斑块动态模型（vector-based spatially explicit patch dynamics model）。我们将具体地讨论 PatchMod 模型（Wu 和 Levin，1994，1997）的结构和特点，并对一些主要结果加以分析。

PatchMod 是根据在加利福尼亚州斯坦福特大学的 Jasper Ridge 生物保护区内对蛇纹岩草地的研究而建立的。该草地以一年生本地草本植物和多年生丛生草本植物占优势。一年生草本植物主要有 *Lasthenia californica*，*Plantago erecta* 和 *Calycadenia multiglandulosa*。由于土壤养分缺乏，钙、镁比率低，重金属含量高，大多数外来草本植物难以侵入，而只有一年生草本植物 *Bromus mollis* 能够成功地侵入并持续生存。蛇纹岩草地干扰体系中的主要因子是一种北美地鼠（*Thomomys bottae* Mewa）。地鼠不断地掘洞，将土壤刨到地表，形成直径 30～50 cm，深达 10 cm 的土丘，掩埋在新形成的地鼠土丘下面的植株迅速死亡，植物演替便在这些

"微生境岛"上展开。显然,这与林隙动态有相似之处。野外研究表明,地鼠每年翻掘的土表占整个草地面积的 20% 以上,并通过影响种群过程(如种子萌发、存活和种子产量等)深刻地影响着草地空间格局和时间动态(图 6.10; Hobbs 和 Mooney, 1985, 1995)。Jasper Ridge 蛇纹岩草地是斑块动态建模方法的理想系

图 6.10　位于加州斯坦福大学 Jasper Ridge 生物保护区的蛇纹岩草地

上图中的深色处表示地鼠新掘的土丘

统之一。地鼠土丘斑块是植被动态的基本空间单元,斑块表现出一系列的不同发展阶段:斑块形成、种子扩散与植物定居、种间和种内竞争以及干扰前状态等。这一连锁过程可能会在某一阶段由于干扰而突然中断,演替也因此重新开始。所以,草地植被是由大小不同的、处于不同演替阶段的斑块所组成的等级斑块镶嵌体。

空间斑块动态模型包括两个子模型(图 6.11):一是具有年龄结构和大小结构的空间显式干扰斑块(地鼠土丘)统计学模型;二是包含两个物种的种群动态模型。前者模拟地鼠土丘的时空变化;后者通过跟踪景观中每一斑块上植物种群生长和繁殖过程,来模拟植被格局动态。根据干扰(斑块形成)速率和地鼠土丘时空分布的一些野外实测数据,空间斑块统计学模型可以准确地模拟每一空间位置上的干扰斑块的大小、年龄和土壤性质。PatchMod运用蒙特卡洛(Monte Carlo)集分方法在每一时间步长上计算斑块镶嵌体中所有单个干扰斑块的有效面积(不被任何较新斑块覆盖

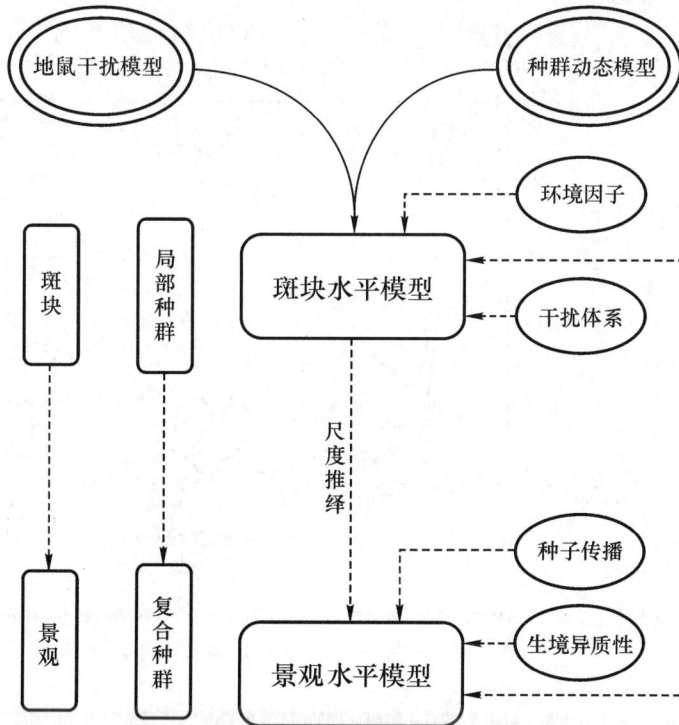

图 6.11   PatchMod 模型的结构示意图(详见 Wu 和 Levin, 1994,1997)

的斑块面积),即在每一时刻模型确切地提供斑块动态镶嵌体中
个体斑块大小和位置的信息。多物种植物种群动态模型以斑块为
基本单元,考虑微生境条件(由不同斑块年龄级来代表)对种子萌
发、存活、繁殖等生物学过程的影响,并同时还考虑斑块内种间和
种内竞争。斑块间植物种群通过种子传播而相互作用,形成景观
层次上的复合种群动态。基于斑块的多物种植物种群动态模型可
以下式表示:

$$N_{i,t+1} = (N_{i,t}f_{i,t} + I_{i,t} - D_{i,t})(A_{t+1}/A_t)g_i s_i \qquad (6.12)$$

式中,$N_{i,t+1}$ 和 $N_{i,t}$ 是物种 i 在时刻 $t+1$ 和 t 时种群大小(成年植株
数目),$f_{i,t}$ 是植物结实率函数,$I_{i,t}$ 是斑块获得的种子数目,$D_{i,t}$ 是散
播到斑块外的种子数目,g_i 是萌发率,s_i 是物种 i 的幼苗成活率,A_t
和 A_{t+1} 是在 t 和 $t+1$ 时刻的斑块大小($A_{t+1} \leq A_t$)。

　　下面让我们看一下这一模型的一些主要结果。首先,没有干
扰存在时,系统中只有 $L.\ californica$ 能生存下来,这是由于发生在
个体斑块尺度上的物种竞争排斥作用所致;有干扰时,两个竞争种
可以在同一系统中长期共存(图 6.12)。这一结果表明,种间竞争
排斥作用可使竞争力较弱的植物种从系统中消失,但干扰可以改

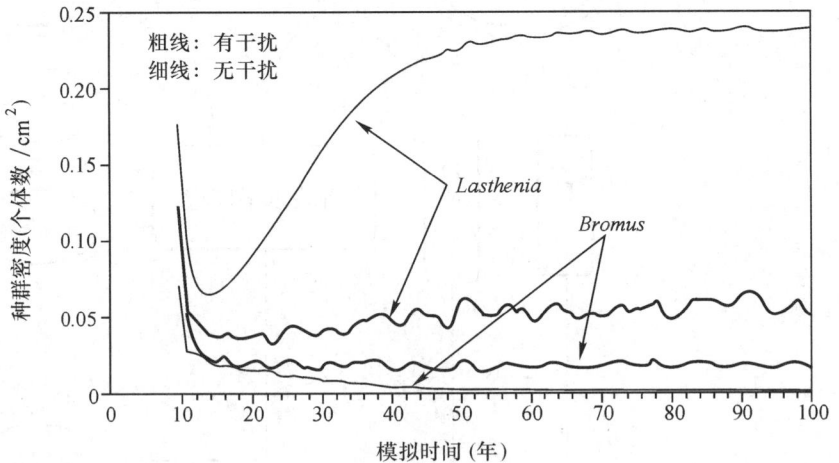

图 6.12　两个植物种($Lasthenia\ californica$ 和 $Bromus\ mollis$)
的共存必须由持续的干扰来维持

变这一结果。由图 6.13 可见,在斑块尺度上,两物种的局部种群
急剧波动并时常经历局部绝灭,但在景观水平上空间兼容机制使
它们表现出复合稳定性。新干扰斑块的连续形成有利于 $B.\ mollis$

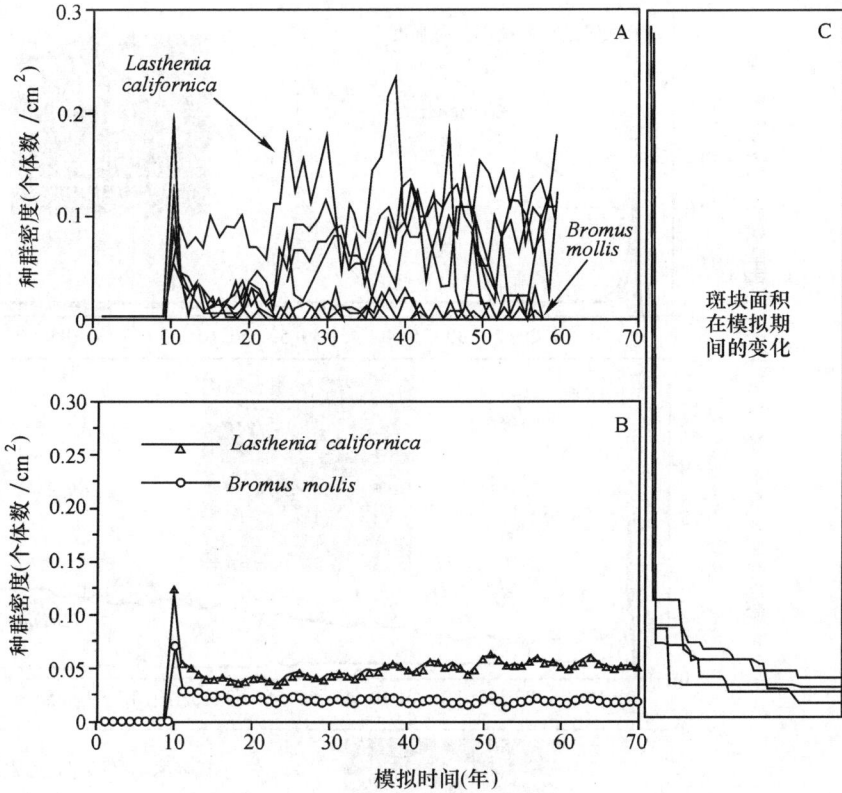

图 6.13 种群动态在不同空间尺度上的特点
任意选择的 4 个斑块中的局部种群的动态(A),景观水平
的种群动态(B)以及这 4 个斑块的有效面积的变化(C)

的存在,因为它在种子传播上占有优势;但 *L. californica* 在斑块水平上的竞争力更强,故可将同一斑块中的 *B. mollis* 排斥掉。这一动态关系正是与更新生态位假说(regeneration niche hypothesis; Grubb, 1977)一致。该假说认为,局部干扰造成经常变动的更新生态位镶嵌体,因而加强了物种的共存。图 6.14 举例说明了不同干扰情形(即干扰强度、频率和干扰斑块大小的不同组合方式)对两个种的种群动态和共存影响的几个例子。当干扰的强度过低时,只有 *L. californica* 生存;当干扰强度增高时,两个种开始共存;当干扰频率和强度都很高时,两个种的优势地位发生变化(阈值现象)。

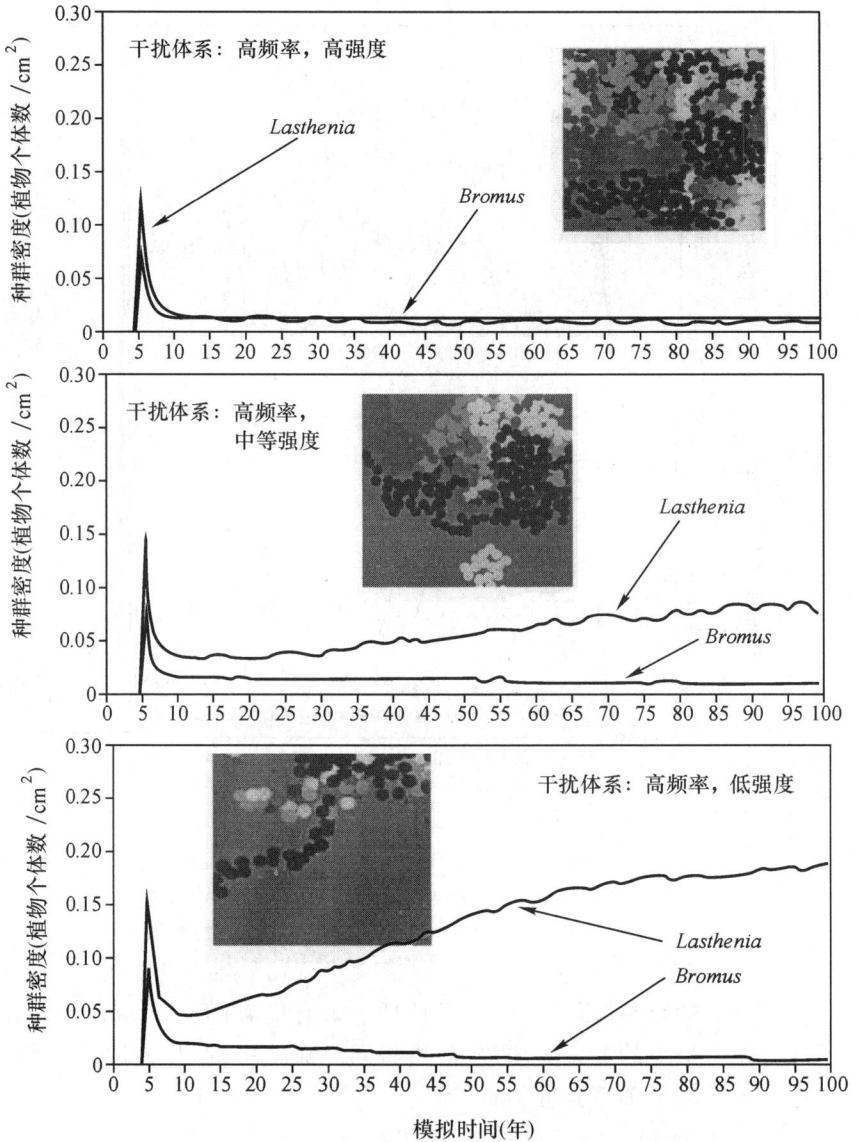

图 6.14   不同干扰状态下的复合种群动态

　　图 6.15 是干扰斑块和两个植物种个体密度的空间分布的一个例子。由图可见,干扰频率、强度以及干扰斑块大小都对复合种群的空间格局和动态有明显的影响。可以看出,植物种群空间分布与地鼠土丘空间分布之间存在相关性。*B. mollis* 的高密度值出现在较年轻的干扰斑块上,而 *L. californica* 的高密度值则主要出

干扰斑块（地鼠土丘）分布　　　　*Bromus* 种群分布　　　　*Lasthenia* 种群分布

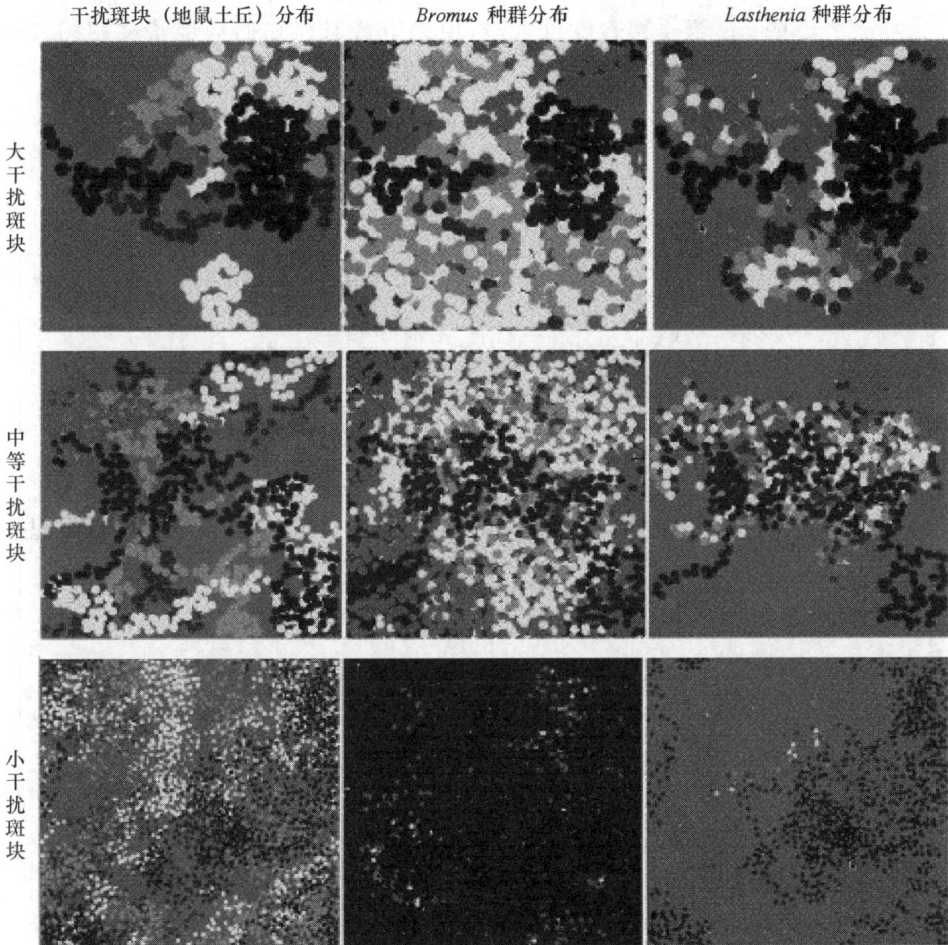

图 6.15　干扰斑块、*Bromus* 种群和 *Lasthenia* 种群在 $t = 100$ 年时的空间格局

模拟结果反映了当干扰频率最高（每年 1 次）和干扰强度为中等（15% 的景观面积被干扰）时的情形。图中种群密度以每平方厘米的植物个体数表示。图中实心圆为斑块。第一列表示地鼠土丘的分布，不同的色调表示不同的年龄；第二和第三列分别表示两个植物种的分布，不同的色调表示不同的种群密度

现在年龄大于 5 年的斑块上。这一结果与野外观测结果一致（Wu 和 Levin，1994）。另一个有趣的结果是结实率与种群密度关系在不同尺度上的变化（图 6.16），即它在斑块尺度上的指数下降特征在景观水平上全然消失。这一现象有时称为生态学关系的"空间畸变"（spatial transmutation；见 O'Neill，1979；King 等，1991）。种群密度－结实率关系的变化是生物学过程和干扰所产生的空间

斑块性相互作用的结果。种群密度－结实率关系的空间变形表明：① 当采样粒度过大时，植物中普遍存在的局部密度制约关系就有可能观测不到；② 尺度变化时，空间斑块性可以使生态学关系发生变化；③ 利用局部尺度上的信息来预测大尺度上的动态必然要受到空间异质性和生态过程相互作用的直接影响，而这些作用关系的复杂程度是决定空间尺度推绎难易程度的重要因素。

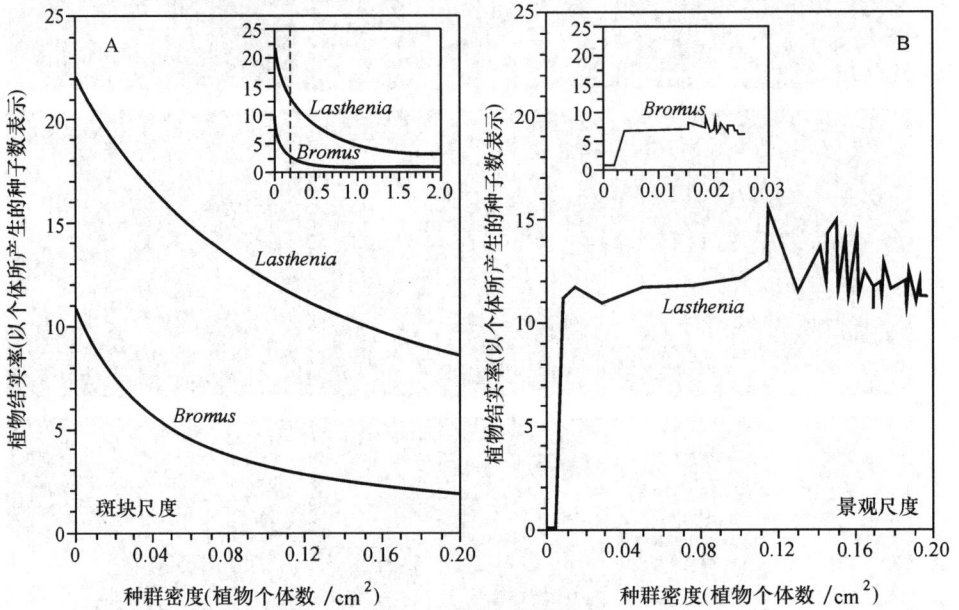

图 6.16　生态学关系的"空间畸变"现象

6.6　空间尺度推绎

6.6.1　尺度推绎的概念

虽然第一章已经简单地介绍了尺度推绎的概念，这里有必要对这一重要概念作更进一步的讨论。不同学科和领域对尺度推绎（scaling）的理解和定义不同，其内涵有时相似，有时则大相径庭（详见 Wu 和 Li，2006a）。

在多变量统计学中，尺度推绎常指在简化或压缩数据（data

reduction)时所采用的一系列技术,包括极轴排序(polar ordination)、多维尺度推绎(multidimensional scaling)、主成分分析(principal component analysis)和对应性分析(correspondence analysis)。这些方法已在植被分类和排序中得到广泛应用,目标主要是在物种组成调查的基础上根据相似性(或相异性)原则将野外样地(或群落类型)进行排序和归类。这些多变量分析方法可用于分析跨尺度的格局和过程间的相互关系(例如,多尺度排序,multiscale ordination)。但是,多变量统计学中的这种尺度推绎概念与我们所讨论的生态学中的尺度推绎并不直接相关。在物理学中,尺度推绎常常指系统的结构或行为随系统大小变化的幂函数关系(power laws)。这种意义上的尺度推绎与相似性、分形(fractals)或尺度无关(scale-independence 或 scale-invariance)等概念密切相关。例如,当某一现象或过程不具有特征尺度时,它的行为表现为与尺度无关的特征,其尺度推绎关系可用幂函数来表示。因此,这里的尺度推绎无非是寻找系统特征随某种尺度变化的幂函数关系。这种尺度推绎概念已在生物学应用半个世纪之久,主要是用于研究异速生长(allometry)现象,即建立某种生物结构或过程与生物体大小(或体重)之间的统计关系(见 LaBarbera,1989;Brown 和 West,2000;Wu 和 Li,2006b)。在这一情形下,尺度推绎的理论基础是某种相似性(如几何相似性或动态相似性)。基于异速生长生物学,有些学者把生态学尺度推绎(ecological scaling)定义为研究生物个体大小与生物结构和功能相互关系的领域(例如,Calder,1983;LaBarbera,1989;Brown 和 West,2000)。这种对生态学尺度推绎的理解显然是狭隘的。

　　在生态学和地球科学中广泛接受的尺度推绎定义是,在不同时空尺度或不同组织水平上的信息转译(King,1991;van Gardingen 等,1998;Wu,1999;Wu 和 Li,2006a,b)。这一广义定义包含了具有幂函数关系的尺度推绎过程;异速生长推绎(allometric scaling)只不过是尺度推绎的一个特例。尺度推绎可进一步区分出两种类型:尺度上推(scaling up 或 upscaling)是指将小尺度上的信息转化为大尺度上的结果,而尺度下推(scaling down 或 downscaling)则是指将大尺度上的信息转化为小尺度上的结果。在某些情况下,跨尺度信息转换可通过建立简单的数学或统计学关系来实现,但复杂的尺度推绎往往需要采用模拟模型。在生态学和地球科学中,尺度推绎也有时被称为尺度转化(scale transfer)或尺度变换(scale transformation)。但是,这两个中文词都很容易和英文词"scale conversion"混淆,且"scale conversion"和"scaling"并不一样,故本书推荐采用尺度推绎。另外,有几个其他术语与尺度推绎密切相关。外推(extrapolation)是指将信息从一个小的幅度转化到一个更大的幅度上的过程,属于尺度上推的一种。粗粒化(coarse-graining)指当粒度增加时的信息转化过程,也属于尺度上推。细粒化(fine-graining)是指当粒度减小时的信息转化过程,属于尺度下推的一种。当涉及的空间数据不能覆盖整个研究区域时,需要用已测点的信息来估计未测点的数值,这一过程称为空间内插值(spatial interpolation)。在尺度推绎的实践中,一个大的研究项目的完成往往需要同时采用插值、粒度粗化、粒度细化和外推等各种方法。

6.6.2　尺度推绎的必要性

生态学中大多数研究是在小范围和短时间内完成的,而且缺乏重复性。据 Kareiva 和 Anderson(1986)统计,1980—1987 年期间,在美国生态学会出版的《生态学报》(Ecology)上刊载的论文中有 50% 是有关在直径不到 1 m 的样方内进行的工作。Tilman(1989)发现他所统计的论文中仅有 7% 的实验研究的持续时间超过 5 年,而 40% 的实验持续时间短于 1 年(一般是一个典型的野外生长季)。到目前为止,只有少数实验涉及整个生态系统,而且这些实验常常没有重复或者没有对照(Carpenter 等,1995)。这些短时间和小空间上的研究结果很难说明在大的时间尺度(几十年或更长)和空间尺度(如区域景观层次及更高层次)上发生的生态学格局和过程。然而,这些大尺度上的现象往往是很重要的。首先,大多数环境和资源管理问题发生在大、中尺度上,而且需要在这些相应的尺度上解决;其次,大多数生态学家现在明确地认识到,为了理解自然,我们必须考虑大尺度上的格局和过程并把它们与我们比较熟悉的小尺度上的格局和过程联系起来。要解决大尺度的问题,就必须将一个尺度上的信息推绎到另一个尺度上,这就是所谓的尺度推绎(scaling)。将小尺度上的信息推绎到大尺度上的过程称为尺度上推(scaling-up),反之则称为尺度下推(scaling-down)。大尺度的研究可以使我们了解那些在小尺度上观察不到的格局和过程,进而促进从局部到区域再到全球的尺度推绎。毫无疑问,尺度推绎问题是现代生态学研究的一个核心问题(Levin,1992;Peterson 和 Parker,1998;Wu,1999)。然而,近来的研究表明尺度推绎常常是复杂的,在研究时会出现各种各样的问题和障碍(Wu,1999)。

为什么尺度推绎很复杂呢? 第一,景观生态学、水文学、气象学及其他相关的地球科学的研究表明,在不同的时间和空间尺度上占主导地位的格局和过程是不同的。因此,在单一尺度上的观测结果只能反映该观测尺度上的格局和过程。当描述或解释同时涉及几个层次或尺度的现象时,问题的复杂性就必然要增加(Simon, 1962;Allen 和 Starr, 1982)。第二,生态学系统内同一尺度或不同尺度上的组分之间的非线性关系和反馈作用是非常普遍的。非线性常常导致复杂系统的不稳定性和不可预测性。第三,空间异质性无所不在,而且因尺度而异,这又使尺度推绎过程更加复杂。例如,尽管景观可被理解为具等级结构的镶嵌体,但在每一个层次上,斑块会以不同的方式相互作用并形成不同的格局。同时,斑块和梯度常常交织在一起导致景观的空间复杂性。由于功能上和空间上的非线性,景观中斑块动态通常是复杂的。这些格局和过程的尺度依赖性和非线性是解释为什么跨组织层次和时空尺度的研究往往在理论和实践中都是很困难的。成功的尺度推绎策略必须能够有效地解决这些问题。

6.6.3　尺度推绎的途径和方法

如何进行尺度推绎呢? King(1991)提出了利用生态学模型进行尺度上推的 4 种方法(另见 Rastetter 等,1992;Jarvis, 1995;Wu, 1999):① 简单聚合法 (lumping),② 直接外推法(direct extrapolation),③ 期望值外推法 (extrapolation by expected value),④ 显式积分法(explicit integration)。

第一种方法,即简单聚合法,是尺度上推中最简单的方法,它通过同时增加模型的粒度和幅度,利用小尺度上的变量或参数的平均值来推出大尺度上的变量或参数平均特征。这种方法假设小尺度模型中数学公式在较大尺度上仍然有效,或者说,较大尺度上的行为与小尺度上的平均行为相同或相似。然而,从前面的"空间畸变"的例子可知,这种尺度推绎方法一般是不宜采用的。

尺度上推也可通过保持模型的粒度不变而增加模型的幅度来完成(见 Allen 等, 1984)。第二种和第三种方法就是按照这一方式进行的。直接外推法是把局部小尺度模型应用到景观中适合此模型的所有斑块,然后计算各种类型的所有斑块的(面积加权)输出总和,并作为对整个景观的估计。这种方法常用于许多空间显式景观模型中。直接外推法显然比简单聚合法更合理、准确。但是,如果小尺度模型计算量很大或景观中斑块数很多时,一来需要先进的计算机设备(尤其在计算速度和内存方面),二来空间聚合误差(如 MAUP 问题)和计算误差(如"四舍五入")的积累和放大作用可能会影响到尺度推绎的准确性。期望值外推法是先利用小尺度斑块模型对景观中不同类型的斑块进行模拟,然后根据其输出结果计算所研究景观特征的期望值,最后将期望值乘以景观的总面积而获得景观尺度的结果。换言之,小尺度模型中的变量是空间随机变量,而整个景观是其变化的空间范围。因此,这种方法可以下式表示:

$$Y = AE[f(\boldsymbol{x},\boldsymbol{p},\boldsymbol{z})] = AE[y] \tag{6.13}$$

式中,Y 是局部行为或特征 y 的景观表达,A 是景观面积,$E[\ ]$ 表示期望值,f 表示函数,$\boldsymbol{x},\boldsymbol{p}$ 和 $\boldsymbol{z}$ 分别是状态变量、参数和驱动变量的矢量。

利用直接外推法和期望值外推法进行尺度上推是通过增加模型的幅度来实现的,对景观特征的空间变异性或斑块性描述的准确性直接影响到这两种方法的准确性(尤其是期望值外推法)。

第四种方法,即显式积分法,是通过对小尺度模型在空间上的显式积分来实现的。该方法要求小尺度模型是空间显式的数学函数,而且能够积分。与第二和第三种方法不同,第四种方法要求局部尺度模型的结构随空间位置而改变,而且,由于景观被看做是一个连续表面,模型的粒度效应问题就不存在了。这种方法从数学的角度来看是很完美的,但由于很难把空间异质性的景观表示为确切形式的连续函数,它在景观生态学中的实际应用性是极为有限的。

以上几种方法主要是针对相邻尺度域(或等级层次)间的信息转换而言的。若考虑跨几个尺度域的推绎,Wu(1999)提出了等级斑块动态尺度推绎策略(简称"云梯尺度推绎途径")。它包括以下 3 个步骤:① 确定合适的斑块等级,② 观察并建立围绕核心层次的格局和过程模型,③ 跨尺度域逐级外推(图 6.17)。等级斑块动态尺度推绎策略为我们提供了尺度推绎的阶梯。如果要从细胞层次直接上推到全球层次,即使是有必要的话,也是极为困难的或完全不可能的。然而,应用"尺度推绎云梯"可以增强加多尺度信息转换的可行性和准确性。尺度推绎在生态学研究中无所不在。事实上,只要用到生态学变量的平均值,就必然会牵涉某种时间或空间上的尺度推绎或聚合。尺度推绎的理论和方法有待发展,复杂性理论、景观生态学理论以及现代技术手段(如遥感、GIS)必将为此作出重要贡献(Ehleringer 和 Field, 1993; van Gardingen 等, 1997; Wu, 1999)。

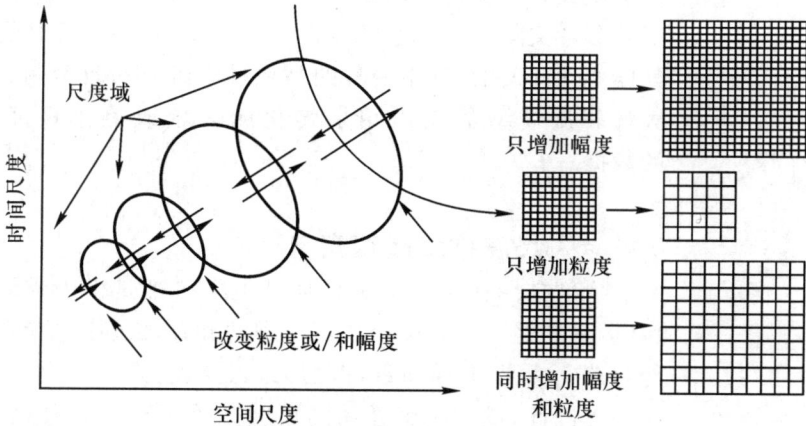

图 6.17   等级斑块动态尺度推绎策略

图中所示为"云梯尺度推绎途径",即沿着一个尺度云梯将信息外推。尺度上推和尺度下推要通过改变模型的粒度、幅度或同时改变两者来完成(详见 Wu, 1999)

Wu 和 Li(2006b)将尺度推绎方法归纳为两大类:基于相似性原理的推绎方法和基于动态模型的推绎方法。基于相似性原理的推绎方法包括量纲分析和相似性分析,传统的异速生长学以及空间异速生长学(spatial allometry)方法。而动态模型尺度推绎方法,除了以上所讨论的简单聚合法、直接外推法、期望值外推法、显式积分法和云梯尺度推绎途径外,还包括:有效参数外推法(extrapolation by effective parameters)和空间相互作用模型(spatially interactive modeling)。有效参数外推法假定局部模型在目标尺度上仍然适用,然后用能够反映整个系统特征的"代表性参数"(即有效参数)来运转模型,从而达到尺度推绎的目的。有效参数外推法在土壤物理学、水文学和微气象学中已被广泛应用。但对于非线性模型来说,寻找有效参数往往相当困难。空间相互作用模型能耦合多尺度上的格局和过程,而且能明确考虑水平或侧向相互作用(例如,种子传播、干扰扩散、土壤中水分和养分流动)。这类模型在景观生态学中应用的十分广泛。

以上都属于尺度上推的方法。Wu 和 Li(2006b)还对尺度下推的各种方法做了总结。简略地说,尺度下推往往涉及将大尺度上(或粗粒度)的信息加以细粒化,从而估计出某一特定区域单元内部的小尺度格局。尺度下推常常要用到随机或概率方法,同时辅以小尺度的附加信息。这些方法通常可分为两大类:经验型统计学途径和嵌套动态模型途径(详见 Wu 和 Li,2006b 以及文中所列参考文献)。在过去几十年,很多尺度下推研究是针对全球气候变化开展的,其主要目的是在科学研究和政策制定过程中将大气环流模型的输出结果转化成区域或更小尺度上可利用的数据。

6.6.4　尺度推绎战略指南

　　尺度推绎在生态学和任何其他学科都是极为重要的一个领域,因为它是人们在多个尺度上理解和预测复杂系统和现象的必经之路。但是,尺度推绎问题形式多样、包罗万象、涉及时空、难易不一。因此,没有一个通用的尺度推绎"菜谱"。尽管如此,在总结前人大量研究的基础上,Wu 和 Li(2006b)提出了一般性战略指南,包括以下 7 个要点。

　　(1) 对于许多复杂问题来说,最有效的尺度推绎策略是将野外观测、实验和数学模型相结合,并合理地整合自上而下(top-down)和自下而上(bottom-up)的模型途径。自下而上途径提供了详细机理;而自上而下途径提供了尺度推绎的约束因素和边界条件(Law 等,2006;Peters 等,2006)。

　　(2) 格局和过程间的关系可以是物理的、生物的或者社会经济的,具有多方面性和尺度相关性。对格局、过程和尺度之间相互关系的已有知识可用来简化和促进尺度推绎过程(Wu,1999;Law 等,2006)。

　　(3) 跨尺度信息转化的可行性和准确性在很大程度上依赖于是否能恰当地确定尺度域的界限。一般而言,同一尺度域内或相邻尺度域间的尺度推绎比较容易,而跳跃尺度域的信息转化往往是很困难,甚至是不可能的(Wu,1999)。因此,借助景观指数和空间统计学方法进行尺度分析,以确定尺度域的界限应是尺度推绎的第一步。

　　(4) 空间异质性是影响尺度推绎过程的最普遍和最关键的因素,因此尽量定量描述多个尺度上的空间异质性是尺度推绎研究早期所要优先考虑的问题,因为它能为选择适宜的尺度推绎方法和减少整个尺度推绎的不确定性提供帮助。

　　（5）选择尺度推绎方法必须考虑其假设条件、数据要求、适用范围和不确定性水平以及是否与研究目的相辅相成。

　　（6）基于相似性原理的尺度推绎方法常以简单的统计学方法（如回归和相关分析）为手段，它在发现和预测格局方面很有用，而且可以提供直接的尺度推绎方程（如 Wu，2004；Jenerette 等，2005）。所以，适宜之处，不妨多用。

　　（7）尺度推绎，必有误差。因此，要把不确定性分析视为尺度推绎的一部分，因为它提供了有关尺度推绎模型或计算方法的适宜性方面的关键信息。鉴于此，仅仅问如何进行尺度推绎尚不足；应探究如何进行尺度推绎并同时知道它的准确性。尺度推绎的准确性或不确定性可以用概率分布、方差、变异系数（coefficient of variation）、置信水平及误差平均平方根等来表示（见 Li 和 Wu，2006）。

6.7　景观实验模型系统

　　实验研究对于检验和完善景观生态学理论和模型以及促进其应用都十分重要。然而，宏观尺度上的景观实验研究显然是极为困难的。最主要的限制因素包括空间幅度大而变化较慢、复杂的空间异质性、缺乏重复性和参照系统、难以控制系统变量以及研究资金和取样技术方面的问题。因此，迄今大尺度景观实验的例子尚为罕见。

　　前面的章节已经表明，景观概念强调的是空间异质性，不应僵硬地规定在几十至几百千米的范围。像后者这种死板的概念既反映了人们的主观偏见性，又妨碍景观生态学作为一门科学的发展（见 Allen 和 Hoekstra，1992）。小尺度景观（或微景观，microlandscape）实验研究是目前既可行又具有很大潜力的一个途径。这种微观景观途径是对景观格局分析和动态模型途径的一个重要补充（Ims，1999）。由于实验途径在景观生态学发展过程中尚未受到足够重视，小尺度景观实验研究也才刚刚开始，但迅速增加。与宏观景观途径相比，微观景观实验方法具有空间幅度小、景观动态速率快、较易控制各种因素、较易观测格局与过程的变化、可重复性高以及所需研究经费少等优点。微观景观途径又称为"实验模型景观"（experimental model system，EMS）途径（Ims 和 Stenseth，

1989；Wiens 等,1993；Ims, 1999)。虽然这种实验景观研究的思想可追溯到 1958 年 Huffaker 的经典实验(把根据一定空间格局排列的许多橘子作为"生境斑块"来研究捕食者与猎物的相互作用),EMS 途径在景观生态学中应用真正开始于 20 世纪 80 年代(如 Lovejoy 等, 1986；Wiens 和 Milne, 1989；Gao 和 Vankat,1991)。

下面,我们介绍几个微观景观实验研究的实例。Wiens 和 Milne (1989)在美国新墨西哥州一个半干旱草原群落中选择了 10 个 5 m×5 m 的样方,在每一个样方内详细地记录了植物丛和裸地斑块镶嵌体格局对一种甲虫(Coleoptera)的运动行为的影响。虽然 25 m² 所代表的面积(即空间幅度)很小,但对于所研究对象甲虫而言,已足以反映该草原群落中由于植物和裸地斑块分布造成的空间异质性。甲虫在裸地斑块中移动迅速,而在穿越植物斑块(或植丛)时,其速度则变慢。Wiens 和 Milne 采用分维方法将空间格局定量化,详细地观测了甲虫是如何对不同空间结构作出反应的。他们每 5 s 记录一次甲虫的位置,直到 500 s 或所观察的甲虫越出样方时为止。结果表明,甲虫的运动轨迹受到景观分形结构的明显影响,而这种空间效应可以定量地加以描述。Wiens 和 Milne 的甲虫实验是最早,也是最有影响的 EMS 或微观景观生态学实验研究之一。

Gao 和 Vankat(1991；又见 Gao, 1990)在实验室内,用盛有培养基的培养皿作为"景观",在上面种植不同大小、数量、形状以及空间格局的霉菌群落斑块,以研究景观斑块的扩展与其形状、数量以及空间格局的关系。他们认为,这些霉菌群落的生长可理解为是对自然景观中植被斑块扩展的一种实验模拟。研究结果表明,斑块大小、数量、形状和空间分布都对斑块扩展速度有影响。当斑块总面积相同时,景观水平的斑块面积的扩展速度与斑块数量成正比。斑块空间分布特征对景观斑块面积扩展的速率也有显著影响。当保持实验开始时的斑块数量和总面积不变时,斑块等距离分布使景观斑块总面积扩展最快。不言而喻,这种"培养皿景观"与现实景观有许多不同之处,其特征不应该盲目地直接用来描述其他尺度上不同景观系统的结构、功能和动态。但是,它的启发意义是不应该忽视的。此外,通过增加这种途径的复杂程度(如增加培养基异质性,增添廊道,引入风媒菌丝传播以模拟种子传播等),可使其更相像一些真实景观系统。

Harper 和 Barrett(见 Harper 等,1993)在迈阿密大学的野外生

态学研究基地人工建造了一个由不同大小和间隔距离的草地斑块所组成的微景观系统(大约数百平方米),对草地田鼠(*Microtus pennsylvanics*)的种群动态作了观察研究。1984 年,Robinson 和 Holt 等在堪萨斯大学的一个 12 hm^2 的实验地中人工建立了一个由大斑块(50 m × 100 m)、中等斑块(12 m × 24 m)和小斑块(4 m × 8 m)组成的实验景观。这块实验地原是撂荒地,而这些斑块是通过频繁地(两周一次)将非斑块部分的植物用割草机刈除来维持的。Robinson 和 Holt 等利用这一微景观镶嵌体系统地研究了生境破碎化和斑块空间格局对一些植物和动物种群动态以及生物群落结构和功能的影响(见 Robinson 等,1992;Holt 等,1995)。

Hamazaki(1996)在美国乔治亚州某地区选择了撂荒地、森林和它们之间的过渡区分别作为 3 种景观基底类型,然后把不同形状和大小的胶合板作为景观"斑块"并按照因子设计方法放置在上述 3 种不同类型底质的地表面。这些胶合板斑块是用来为千足虫(*Oxidus gracilis*)提供生境的。千足虫晚上进行采食和配偶活动,白天则寻找遮阴之处以避开高温和日晒。Hamazaki 仔细研究了千足虫迁入和迁出斑块的速率和个体数量与斑块大小、形状、温度和湿度条件以及基底特征的相互关系。结果表明,斑块空间格局、基底特征和所研究动物的行为相互作用,共同决定斑块种群密度及分布。

以上列举的景观生态学实验研究从不同方面揭示了景观空间结构和生态学过程相互作用的一些特点,标志着实验景观生态学的一个良好开端。自 20 世纪 90 年代以来,采用 EMS 途径的研究在数量上迅速增加(如 Wiens 等,1995,1997;Bowers 等,1996;Johannesen 和 Ims,1996;With 和 Crist,1996;Burkey,1997;Wolff 等,1997;Andreassen 等,1998;Dooley 和 Bowers,1998;Gonzales 等,1998;Boudjemadi 等,1999;Danielson 和 Hubbard,2000;Goodwin 和 Fahrig,2002;Damschen 等,2002)。McGarigal 和 Cushman(2002)对生境破碎化方面的实验研究作了比较全面的综述。这一系列的研究无疑推动了所谓"行为景观生态学"(behavioral landscape ecology)的发展(Belisle,2005)。但是,这些实验研究所涉及的生态学过程主要是种群动态,目前尚缺乏关于景观格局和生态系统过程(能量和物质在斑块镶嵌体中的运动)相互关系的实验研究。

微景观途径允许生态学家对空间格局和生态过程的相互作用

进行详细的和机制性的研究,从而能促进其他尺度上景观生态学概念和理论的发展。当然,与生态学中的其他微观模式途径(microcosm approach)相似,微观景观方法有其片面性和局限性。尽管EMS途径有许多优点(见 Lawton,1995;Wiens 等,1993;Ims,1999),必须要明确地认识其片面性和局限性(见 Burian,1992;Carpenter,1996)。小尺度的人工系统(如培养皿、实验瓶或人工气候室等)重复性强而且又易控制,但实践证明,将其结果直接推绎到大尺度上的真实系统往往是很难的(尺度推绎问题)。首先,大尺度上的格局和过程在这些微景观中不可能体现出来或根本观察不到。此外,在考虑这些人工系统产生的结果时,还必须要认真地考察它们所能代表或反映真实系统的合理性和可比性。小尺度自然景观研究(如 Wiens 和 Milne,1989)的跨系统或跨尺度推绎也存在同样的限制。所以,对微景观实验的结果不应该想当然地认为是"真理",对其结果的推广尤其要慎重。在较大尺度上的野外实验(如 Lovejoy 等,1986;Margules,1992;Robinson 等,1992)又常常存在所谓"假重复"(pseudoreplication;见 Hargrove 和 Pickering,1992)或无重复的问题。显然,景观实验途径是景观生态学研究的重要手段之一,但面临着许多挑战性问题;而尺度推绎是所有小尺度和单尺度研究方法必须要明确考虑的一个重要问题。

推荐阅读文献

Baker W L. 1989. A review of models of landscape change. Landscape Ecology, 2:111 – 133.

McGarigal K, Cushman S A. 2002. Comparative evaluation of experimental approaches to the study of habitat fragmentation effects. Ecological Applications, 12:335 – 345.

Rykiel J, E J. 1996. Testing ecological models: The meaning of validation. Ecological Modelling, 90: 229 – 244.

Verburg P H. 2006. Simulating feedbacks in land use and land cover change models. Landscape Ecology, 21:1171 – 1183.

Zhang N, Yu Z, Yu G, Wu J. 2007. Scaling up ecosystem productivity from patch to landscape: A case study of Changbai Mountain Nature Reserve, China. Landscape Ecology, DOI 10. 1007/s10980 – 006 – 9027 – 9.

Wu J G,David J L. 2002. A spatially explicit hierarchical approach to modeling complex ecological systems: Theory and applications. Ecological Modelling, 153:7 – 26.

Wu J. 2007. Scale and scaling: A cross – disciplinary perspective. In: Wu J, Hobbs R, eds. Key Topics in Landscape Ecology. Cambridge, UK: Cambridge University Press. 115 – 142.

Wu J, Li H. 2006. Perspectives and methods of scaling. In: Wu J, Jones K B, Li H, Loucks O L, eds. Scaling and Uncertainty Analysis in Ecology: Methods and Applications. Dordrecht: Springer. 17 – 44.

遥感、地理信息系统和全球定位系统

7

第 七 章

　　遥感(remote sensing，简称 RS)、地理信息系统(geographic information system，简称 GIS)和全球定位系统(global positioning system，简称 GPS)是景观生态学研究中的重要技术工具。尤其在大的空间尺度上,景观生态学研究所需要的许多数据往往是通过遥感手段来获取的。而在收集、存贮、提取、转换、显示和分析这些容量庞大的空间数据时,地理信息系统作为一个极为有效的计算机工具常常是不可缺少的。景观中的组分或过程的具体地理位置是空间数据的重要内容,但往往不易精确而方便地测得,GPS 使这个问题迎刃而解。随着遥感、地理信息系统和全球定位系统技术的迅速发展,它们在景观格局分析和模型中的作用也愈来愈重要。本章将对这 3 种技术的一般特征及其在景观生态学研究中的应用作一简单介绍。有兴趣的读者可参见本章推荐阅读文献。

7.1　遥感

　　广义地讲,遥感是指通过任何不接触被观测物体的手段来获取信息的过程和方法,包括卫星影像(航天遥感)、空中摄影(航空遥感)、雷达以及用数字照相机或普通照相机摄制的图像。遥感技术并不是新生事物,当 19 世纪上叶第一张自然风景照片诞生时,它也就诞生了(图 7.1A)。自此,遥感技术的发展已经历了若干个阶段,包括从地面照相、各种气球摄影、飞机摄影到现在广泛应用的卫星摄影技术(图 7.1A 和 7.1B)。遥感技术在生态学的应用可以分为 3 个阶段(Estes 和 Cosentino,1989)。第一阶段是航空摄影,始于 19 世纪后期一些发达国家利用气球和飞机摄影技术进行林业制图(图 7.1C)。第二阶段是从航空摄影向航天摄影过渡的阶段。它大约是从 20 世纪 50 年代开始至 70 年代结束,其主要特点包括数字计算机首次用于图像处理以及人类首次获得从太空拍摄的照片。第三个阶段即航天摄影阶段,以各种遥感卫星和先进的图像处理技术为标志。卫星和飞机遥感技术的迅速发展和广泛应用在很大程度上促进了景观生态学的发展。没有遥感技术,很难想象如何才能有效地研究大尺度和跨尺度上的景观格局与动态。

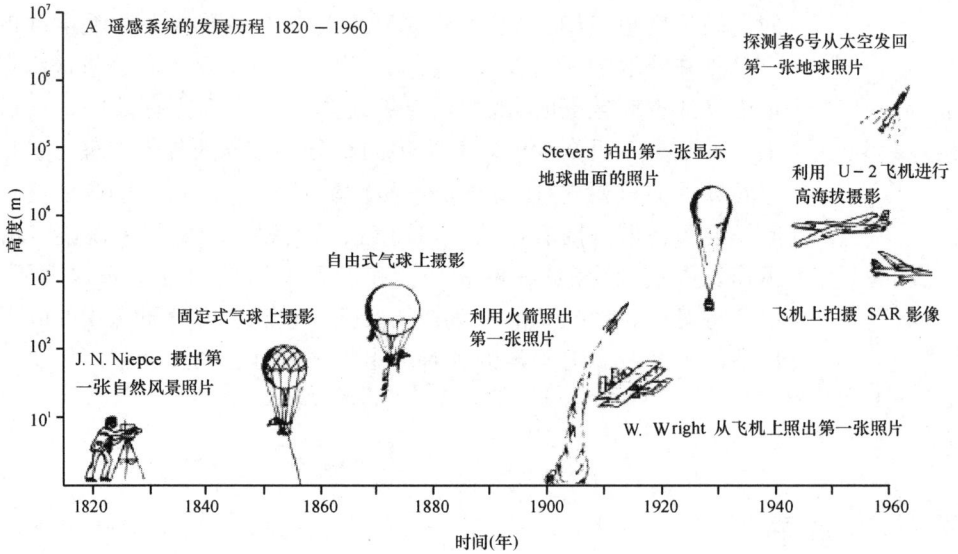

A 遥感系统的发展历程 1820－1960

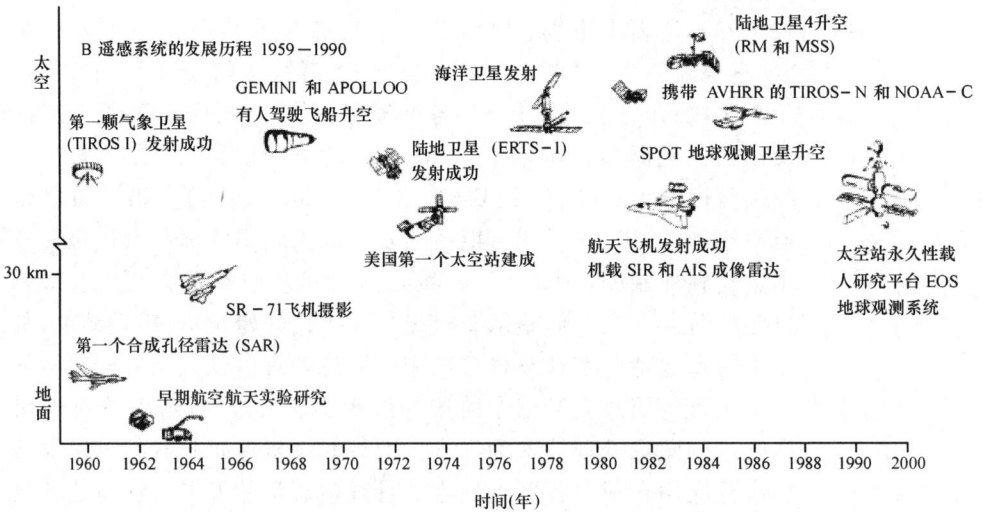

B 遥感系统的发展历程 1959－1990

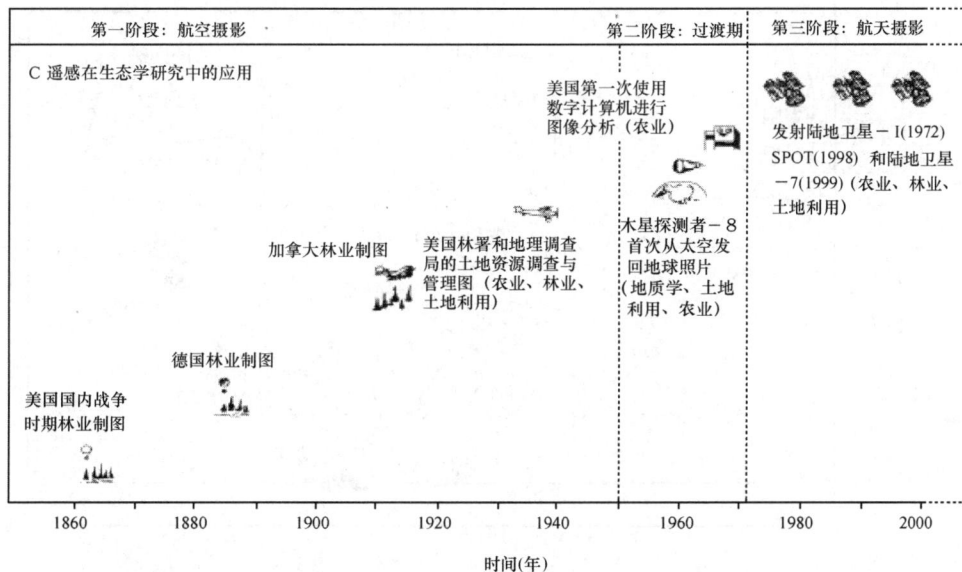

图 7.1　遥感技术的发展历程(A 和 B)及其生态学应用(C)
的历史概观(引自 Estes 和 Cosentino，1989)

　　在地球表面,不同的土地覆盖类型对不同波长的太阳光或其他形式的电磁波有不同的反射率,遥感技术就是利用这一特点来区分地表不同物体的(图 7.2)。与其他传统生态学方法相比,遥感技术有以下几个显著优点:① 由于传感器或摄影镜头与被观测物体不相接触,可以避免研究者对研究对象的直接干扰,并且允许重复性观察;② 航空摄影和卫星遥感技术是生态学家目前获取大尺度上(尤其是区域或全球范围)各种生态和物理信息的主要手段;③ 遥感技术是大尺度格局动态的唯一监测手段;④ 由于航空摄影镜头和卫星传感器有一系列不同光谱幅度和空间分辨率,而且又处于不同观察高度上,遥感可以有效地为景观生态学研究提供所必需的多尺度上的资料;⑤ 遥感数据一般都是空间数据,即所测信息与地理位置相对应,这也是研究景观的结构、功能和动态所必需的数据形式。此外,现代遥感技术直接提供数字化空间信息,从而大大地促进了景观生态学资料的收集、贮存以及处理和分析过程,并且使遥感、地理信息系统和计算机模型的密切配合成为必然。

　　遥感可以为景观生态学提供哪些有用的信息呢? 最常用的信

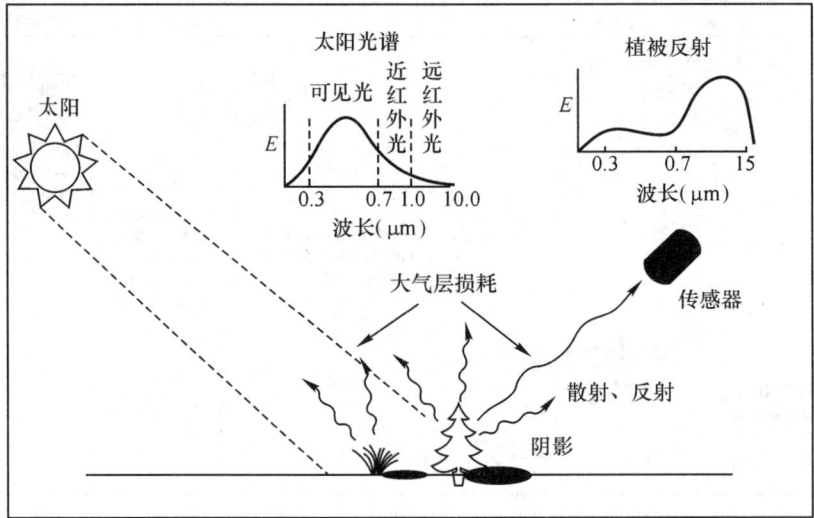

图 7.2   陆地遥感中光源、观测目标和传感器
之间的几何关系与工作原理(引自 Waring 和 Running,1998)

息包括:植被类型及其分布,土地利用类型及其面积,生物量分布,
土壤类型及其水分特征,群落蒸腾量,叶面积指数,以及叶绿素含
量等等。例如,最常用的卫星遥感资料来源之一是美国 1972 年发
射的陆地卫星的 TM(Landsat Thematic Mapper)影像,包括 7 个波
段,每个波段的信息反映了不同的生态学特点(表 7.1)。第一波
段(0.45~0.52 μm,即可见蓝光区)可较好地区分水体、土壤和植
被,甚至于区分落叶阔叶植被和常绿针叶植被;第二波段(0.52~
0.60 μm,即可见绿光区)对植被绿光反射高峰较敏感;第三波段
(0.60~0.69 μm,即可见红光区)对叶绿素吸收光的作用敏感;第
四波段(0.76~0.90 μm,即近红外区)可用于辨识植被类型和生
物量以及土壤水分特征;第五波段(1.55~1.75 μm)和第七波段
(2.08~2.35 μm)均属中程红外区(mid-infarred),前者主要用于
区分土壤和植被的含水量,而后者主要是区分矿物和岩石类型;第
六波段(10.4~12.5 μm,即热红外区)则主要用于植物胁迫
(stress)分析、土壤水分条件分类以及热红外绘图方面。随着卫星
传感器分辨率、覆盖率和精度的提高,以及图像处理和解释能力的
不断改进,有些能够反映生态系统功能特征的变量(如植被蒸腾、
第一性生产力)也能通过遥感技术来估测(表 7.2)。

表 7.1 卫星波段及其能够测量的生态学特征

（以陆地卫星 Landsat Thematic Mapper 的 7 个波段为例；
见 Quattrochi 和 Pelletier,1991；Lillesand 和 Kiefer, 1994）

波　段	主要生态学应用
波段 1(0.45 ~ 0.52 μm) 可见蓝光区	识别水体、土壤及植被 识别针叶与阔叶林植被 识别人为的(非自然)地表特征
波段 2(0.52 ~ 0.60 μm) 可见绿光区	测量植被绿光反射峰值 识别人为的(非自然)地表特征
波段 3(0.60 ~ 0.90 μm) 可见红光区	检测叶绿素吸收 识别植被类型 识别人为的(非自然)地表特征
波段 4(0.76 ~ 0.90 μm) 近红外反射区	识别植被类型及生物量 识别水体和土壤湿度
波段 5(1.55 ~ 1.75 μm) 中红外反射区	识别土壤湿度及植物含水量 识别雪和云
波段 6(10.4 ~ 12.5 μm) 远红外反射区	识别植物受胁迫程度、土壤湿度 测量地表热量
波段 7(2.08 ~ 2.35 μm) 中红外反射区	区别矿物及岩石类型 识别植被含水量

表 7.2 可以通过卫星遥感系统观测的生态学和生物物理学特征

（根据 Ustin 等,1991）

土地覆盖类型及其面积	植被冠层纤维素浓度
植被与土壤覆盖面积比例	植被冠层木质素浓度
植被冠层空隙及其动态	植物叶含水量
植被冠层高度	植被冠层水势
活生物量	土壤湿度
死生物量	植被吸收的光合有效辐射
植被指数	非植被吸收的光合有效辐射
物候期/季节性生长量	植被蒸腾
植被总叶绿素浓度	

　　不同波段的信息还可以以某种形式组合起来，更好地反映某些地面生态学特征。例如，最常见的植被（绿度）指数之一，NDVI（normalized difference vegetation index），是近红外和红光两个波段所测值之差再被其和"标准化"的结果：

$$NDVI = \frac{\lambda_{IR} - \lambda_R}{\lambda_{IR} + \lambda_R}$$

式中，λ_{IR} 和 λ_R 分别是地面表层在近红外和红光波段的反射量（对于 TM 来说，λ_{IR} 和 λ_R 分别对应于第 4 和第 3 波谱段）。近些年来，多种植被指数已被广泛地应用在生物量估测、资源调查、植被动态监测、景观结构和功能以及全球变化的研究中（见 Tucker 等，1985；Justice 等，1985，1991；Goward 等，1991）。

　　概而言之，遥感资料在景观生态学中的应用可以归纳为 3 类：

① 植被和土地利用分类

② 生态系统和景观特征的定量化

● 不同尺度上斑块的空间格局；

● 植被的结构特征、生境特征以及生物量；

● 干扰的范围、严重程度及频率；

● 生态系统中生理过程的特征（光合作用、蒸发蒸腾作用、水分含量等）。

③ 景观动态以及生态系统管理方面的研究

● 土地利用在空间和时间上的变化；

● 植被动态（包括群落演替）；

● 景观对人为干扰和全球气候变化的反应。

　　显然，遥感技术（尤其是航空和航天遥感）是监测生态学系统在不同尺度上格局与过程变化的极为重要的工具。美国生态学会主办的杂志——《生态学》，于 1991 年以专刊形式集中讨论了卫星遥感技术对生态学研究的重要性以及如何能使遥感和生态学研究更好地结合到一起（见 Matson 和 Ustin，1991）。Quattrochi 和 Pelletier（1991）详细而准确地讨论了遥感在景观生态学中的用途，并以实例说明了这一技术手段在大尺度景观生态学研究中的极端重要性和可行性。Iverson 等（1989）、Ravan 和 Roy（1997）以及 Waring 和 Running（1998）对遥感在森林生态学研究和管理方面的应用做了很好的综述。1998 年 1 月在柏林举办的 Dahlem 研讨班汇集了世界各地约 40 名生态系统、景观、遥感、气候以及其他有关方面的专家,对复杂景观中水文、生态系统动态和生物地球化学循环的整合进行了为期一周的讨论。其中一个主要论题就是遥感在景观生态学中的应用问题。在以该会研讨内容为基础出版的专著中(Tenhunen 和 Kabat,1999),Mauser 等(1999)、Wessman 等(1999)、Waring 和 Running(1999)全面而系统地对遥感技术在生态学中应用的现状和前景,尤其是在研究大尺度景观空间格局和生态系统过程及其变化的作用进行了阐述。关于详细介绍遥感的著作,读者可参阅 Jensen(1986)、李博(1993)、Foody 和 Curran(1993)、Lillesand 和 Kiefer(1994)、Verbyla(1995)以及宫鹏等(1996)。

7.2　地理信息系统

地理信息系统(GIS)是一系列用来收集、存贮、提取、转换和显示空间数据的计算机工具。具体地讲,GIS 由硬件和软件两部分组成(图 7.3)。地理信息系统的发展与许多相关学科的发展有着密切的关系,尤其是与制图学、计算机绘图技术、测量学和摄影学、空间分析、空间内插值方法以及遥感技术的发展关系密切(图7.4)。GIS 为研究景观空间结构和动态,尤其是物理、生物和各种人类活动过程相互之间的复杂关系,提供了一个极为有效的工具。下面对 GIS 在景观生态学研究中的应用作一个简要介绍。

地理信息系统将景观中不同物理和生态学变量以不同的数据层来表示(图 7.5A),这些数据在同样的坐标系中相互联系在一起。GIS 在表达和处理空间数据方面有两种截然不同,但又可以相互转化的途径:即栅格(raster)和矢量(vector)途径(见图7.5B)。这两种途径各有利弊,在景观生态学研究中都得到广泛应用。栅格 GIS(如 GRASS,IDRISI)采用离散化的空间单元或栅格细胞(grid cell,也称 raster 或 pixel)来表达和处理空间数据,这种数据结构比较简单,容易进行多种空间分析,便于直接利用具有同类数据结构的遥感资料,而且也适合和广泛流行的栅格模拟模型结合在一起使用。然而,以规则的空间面积单元来表示实际景观中的点、线和各种形状的斑块,有时会带来很大的误差。尽管如此,栅格 GIS 在遥感应用、资源和环境管理以及景观生态学格局分析和动态模拟诸方面占有重要地位。与栅格 GIS 不同,矢量 GIS

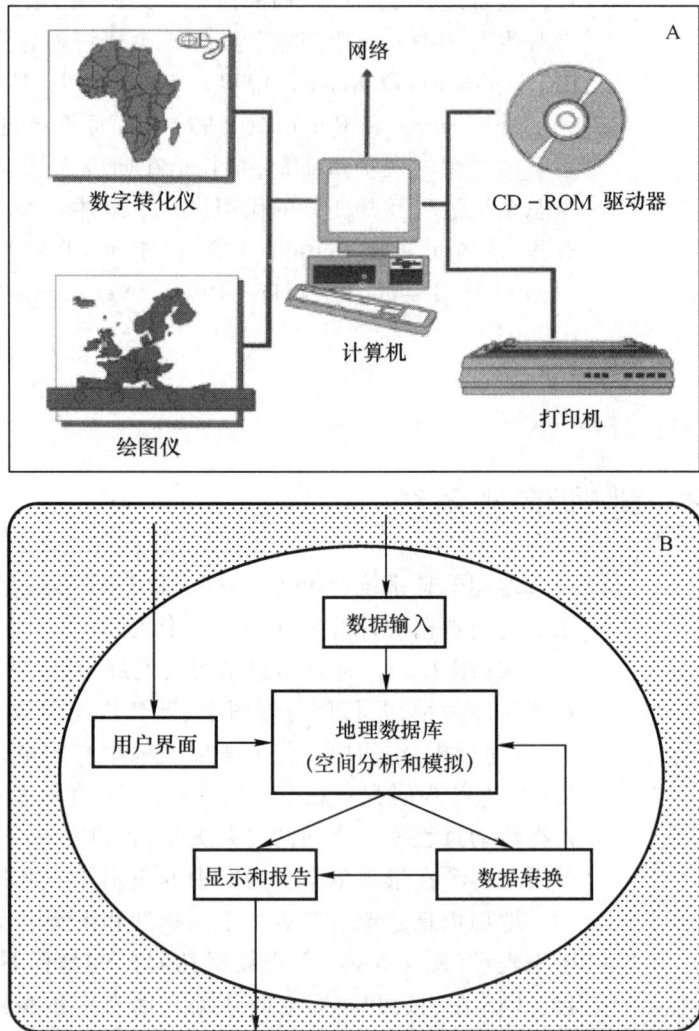

图 7.3   地理信息系统示意图(根据 Burrough 和 McDonnell, 1998)

A. 硬件部分;B. 软件部分

(如早期的 ArcInfo, ArcView)是以点、线和多边形组合在一起来表达和处理空间信息的,因此能精确地表达景观中线性特征(如各种斑块边界、生态过渡带、道路、河流以及其他廊道)。必须指出的是,现在常用的 GIS(如 ArcInfo, ArcView)都具有栅格－矢量数据转化模块,从而便于利用两种途径的优点。

GIS 在景观生态学中的应用已经非常广泛。它的用途主要包

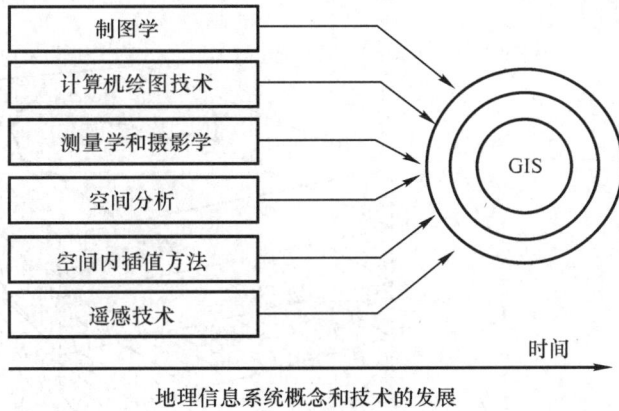

地理信息系统概念和技术的发展

图 7.4 对地理信息系统的概念和技术发展做出贡献的
有关学科(根据 Burrough, 1986)

括:分析景观空间格局及其变化;确定不同环境和生物学特征在空间上的相关性;确定斑块大小、形状、毗邻性和连接度;分析景观中能量、物质和生物流的方向和通量;景观变量的图像输出以及与模拟模型结合在一起的使用。GIS 可从以下几个方面促进景观生态学的理论和应用研究(见 Burrough, 1986;Haines-Young 等,1993;Burrough 和 McDonnell, 1998):① 将零散的数据和图像资料(如各类图表、记录)加以综合并存贮在一起,便于长期的、更有效的利用;② 将各类地图(空间资料)和有关图中内容的文字和数字记录(特征资料)通过计算机高效率地联系起来,从而使这两种形式的资料完善地融为一体;③ 为经常不断地、长期地储存和更新空间资料及其相关信息提供了一个有效的工具;④ 为空间格局分析和空间模型提供了一个有力又较容易操作的技术构架,从而有利于生态学家采用一些数学和计算机方法上非常复杂的研究途径;⑤ 提高了某些景观资料的质量,大大增加了对资料的存取速度和分析能力,从而促进了景观生态学原理和方法在环境规划和资源管理诸方面的实际应用。

GIS 在存储和处理空间数据、制图以及简单空间关系分析方面的功能是显而易见的。例如,利用某一地区的植被、土地覆盖、廊道等环境因素的信息可以估计物种的生境适应性(图 7.6)。但大部分 GIS 软件不具有空间统计学分析的能力。生态学家往往用

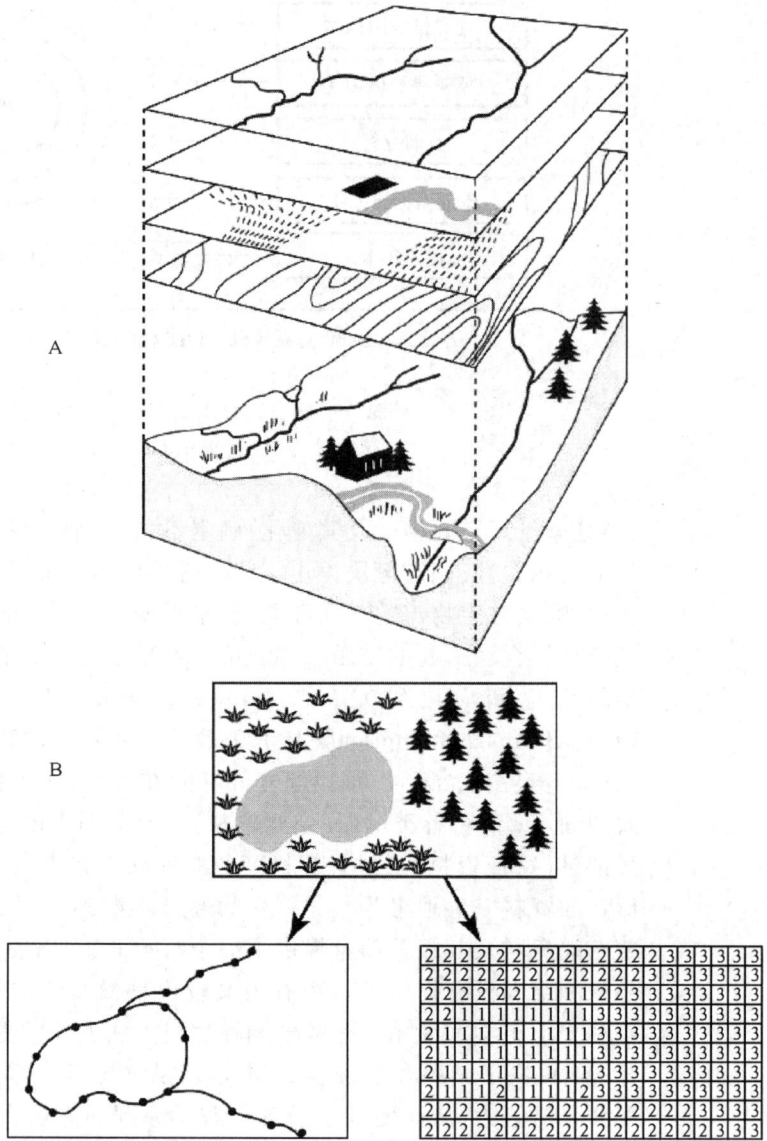

图 7.5   利用 GIS 表示景观异质性(根据 Turner, 1998)

A. 在 GIS 中不同生态学变量以不同数据层来表示;

B. GIS 表达空间数据的两种基本途径:矢量型和栅格型

GIS处理空间数据,将其以某种通用格式(如 ASCII,JPEG,TIFF 等)储存,再用空间统计学软件(如 S-PLUS 或其他用 C 或 Fortran 写成的程序)来分析。然而,近年来几种常用的 GIS(如 ArcInfo,ArcView)在空间分析方面的功能有长足发展。例如,ArcInfo 和 ArcView 现在都可以通过空间分析模块直接进行简单的和复杂的空间统计学分析(如 FRAGSTATS 模块、小波分析模块、空间统计分析模块)。

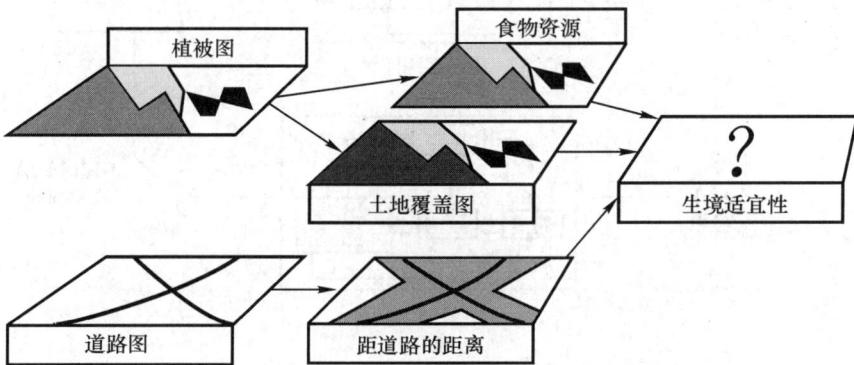

图 7.6 利用 GIS 中不同数据层进行综合分析
的一个例子(引自 Johnston,1998)

GIS 在景观模型中的应用也有显著的进展。在 20 世纪 80 年代以至 90 年代初,GIS 在模拟模型中的作用主要是收集、储存和处理数据,为模型提供空间输入值和输出显式。但从 20 世纪 90 年代后期开始,GIS 和模拟模型的结合从"分离型"向"耦合型"的方向发展。图 7.7 是将 GIS 与生态系统模型和景观格局动态模型耦合的一个很好的例子(详见 Pastor 和 Johnston,1992)。GIS 与模拟模型的耦合既增加了 GIS 的动态分析能力和生态学实用价值,同时又使模拟模型在处理空间信息和研究景观空间作用方面的能力大大增强。越来越多的复合种群模型、生态系统生产力模型、生物地球化学循环模型、植被动态模型、全球变化模型等与 GIS 紧密结合,以解决大尺度上景观的空间异质性和复杂性问题。图 7.8 代表了这些 GIS 与模型耦合应用的一般途径(Johnston,1998)。有关 20 世纪 90 年代以来 GIS 在空间分析和模型方面应用的一些主要进展,读者可参阅下列文献:Goodchild 等(1993,1996)、Fotheringham 和 Rogerson(1994)、Longley 和 Batty(1996)、Quattrochi 和 Goodchild(1997)、Burrough 和 McDonnell(1998),

Johnston(1998)、Clarke 等(2002)以及 Chang(2006)。

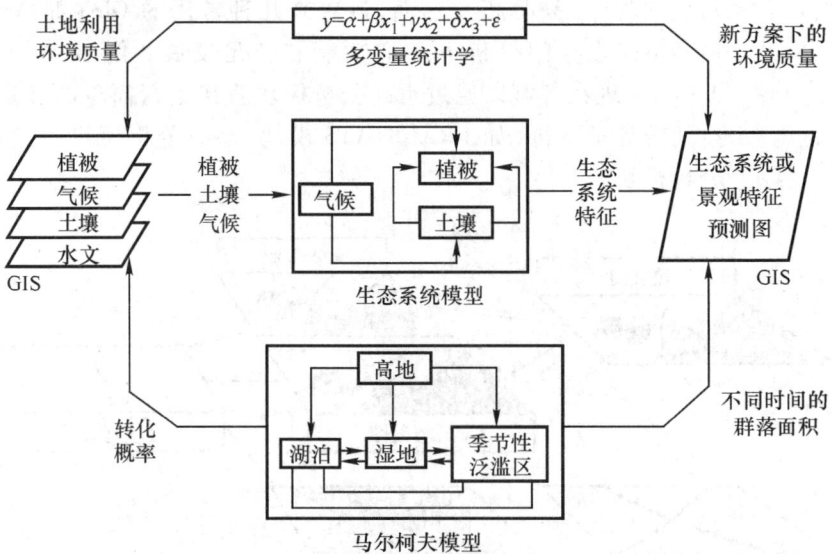

图 7.7　将 GIS 和模拟模型耦合来研究景观格局、
过程及其动态的例子(引自 Johnston，1998)

　　景观生态学对 GIS 的发展提出了新的要求,其中最为重要的
一点就是,景观生态学需要能够以等级方式处理一系列尺度上生
态学数据的 GIS 软件(Stow，1993)。具备这种功能的 GIS 应具有
下列几个特点:① 具有能够高效地储存和管理大尺度上生态系统
资料的数据库结构;② 能够方便地进行多尺度(如区域、景观、局
部生态系统、样方)之间的数据聚合(aggregation)和解聚(disag-
gregation);③ 能够帮助研究者准确、迅速地确定研究样地或具有
某种生态特征地段的地理位置;④ 具有较完整的一套适用于景观
生态学的空间统计分析方法;⑤ 具有进一步改善的、对遥感信息
的提取和处理的能力;⑥ 能够方便地为生态系统、景观和全球模
型提供输入数据,确定空间参数,并处理和输出模型结果(Stow，
1993)。根据近年来 GIS 技术迅速发展的情形,我们可以期望这些
要求会逐渐得到满足。关于详细介绍 GIS 的著作,读者可参阅
Burrough(1986)、Burrough 和 McDonnell(1998)、Johnston(1998)、
陈俊和宫鹏(1998)、邬伦等(2001)以及 Chang(2003)。

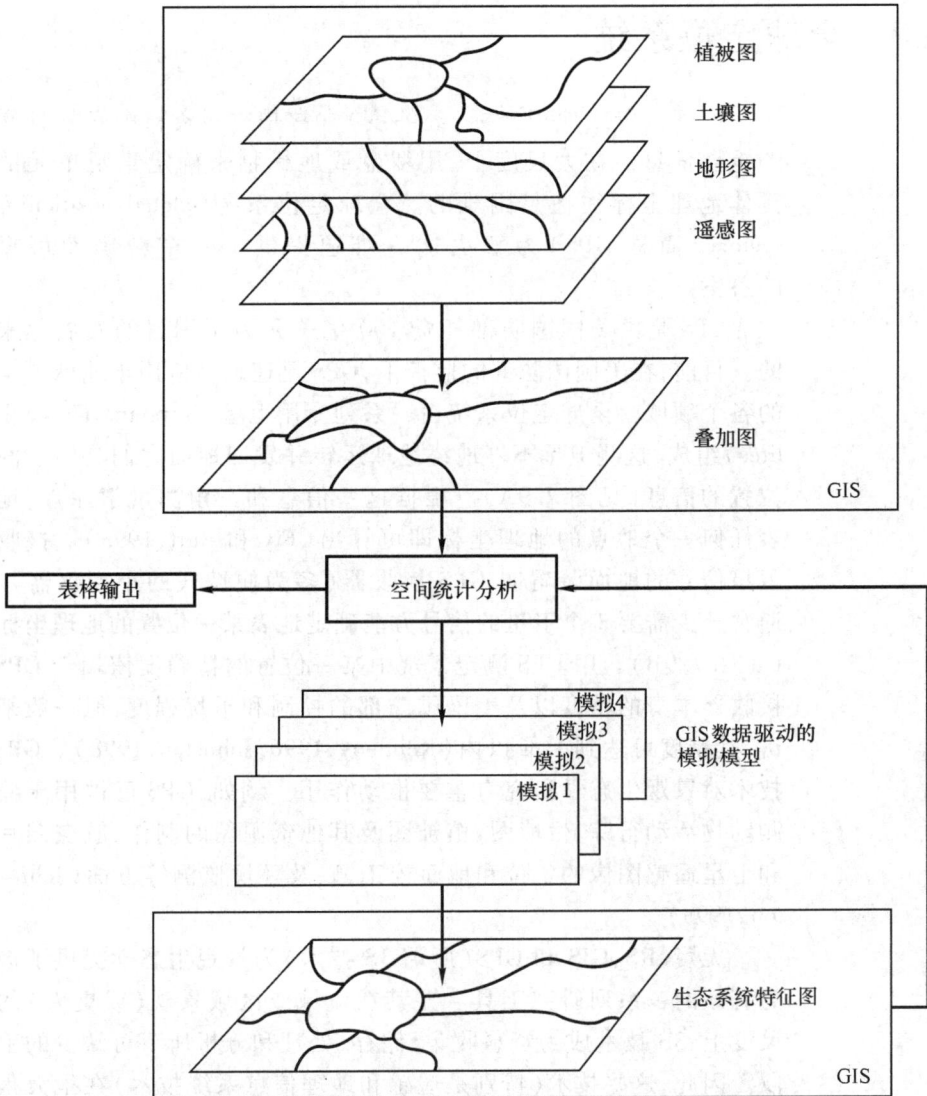

图 7.8　GIS 与景观模拟模型结合使用的一般途径(引自 Johnston，1998)

7.3   全球定位系统

地理位置或地理坐标(经纬度)常常是空间资料中必须具有的重要信息。在大尺度上,用罗盘或地标物来确定景观单元的具体地理坐标往往是困难的。全球定位系统(global positioning system,简称 GPS)为解决这一难题提供了一个精确而可靠的答案。

GPS 是由美国国防部耗资 100 亿美元为军用目的发展起来的。目前,在美国国防部的监控下,GPS 迅速地被应用于地球科学的各个领域。全球定位系统由一系列专用卫星(Navstar GPS satellites)组成,这些卫星不停地绕地球运转并发回地面它们具体空间位置的信息(见图 7.9A)。根据这些信息和三角测量学原理,地表任何一个地点的地理坐标即可算出(Fix 和 Burt,1995)。接收卫星信号的地面装置叫 GPS 接收器(多为便携式的小型仪器)。通常至少需要 3 个卫星的信号方能确定地表某一位置的地理坐标(见图 7.9B)。用 GPS 测定景观中某一位置的精确度依赖于 GPS 接收器本身的精度以及美国国防部的控制和干扰程度,但一般来讲,其精度可达到 1 m 以内(Kennedy,1996;Johnston,1998)。GPS 技术对景观生态学研究有重要推动作用。例如,GPS 已被用于监测动物活动行踪、生境图、植被图及其他资源图的制作,航空照片和卫星遥感图像的定位和地面校正,以及环境监测等方面(Johnston,1998)。

无疑,RS、GIS 和 GPS(所谓 3S 技术)为景观生态学提供了极为有效的一系列研究工具。尤其在流域或区域景观(或更大)的尺度上,3S 技术成为资料收集、储存、处理和分析所不可缺少的手段。因此,这些技术(特别是遥感和地理信息系统技术)在很大程度上改变了生态学家做研究的方式,同时也逐渐成为景观生态学的特征之一。

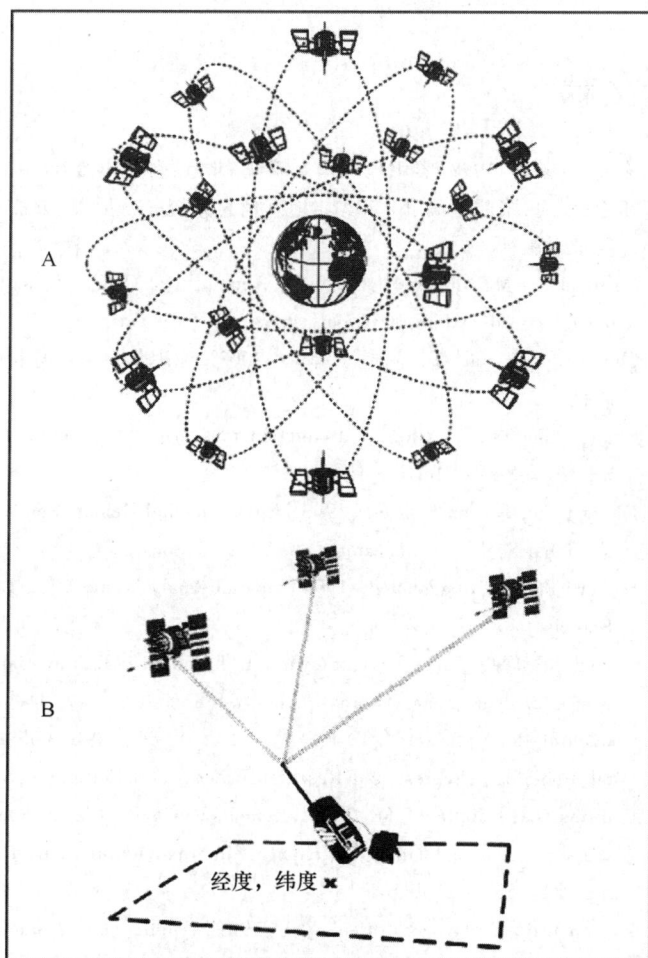

图 7.9　全球定位系统(GPS)示意图

A. Navstar GPS 卫星；　B. 便携式 GPS 接收器

推荐阅读文献

陈俊,宫鹏著. 1998. 实用地理信息系统. 北京:科学出版社.

邬伦,刘瑜,张晶等编著. 2001. 地理信息系统——原理、方法和应用. 北京:科学出版社.

Burrough P, McDonnell R A. 1998. Principles of Geographical Information Systems. Oxford:Oxford University Press.

Chang Kang-Tsung 著. 陈健飞等译. 2003. 地理信息系统导论. 北京:科学出版社.

Chang Kang-Tsung. 2006. Introduction to Geographic Information Systems. 3rd Ed. New York:McGraw-Hill.

Foody G M, Curran P J, ed. 1993. Envrionental Remote Sensing from Regional to Global Scales. Chichester:John Wiley & Sons.

Fotheringham S,Rogerson P. 1994. Spatial Analysis and GIS. London:Taylor & Francis.

Goodchild M F, Parks B O, Steyaert L T, ed. 1993. Environmental Modeling with GIS. New York:Oxford University Press.

Goodchild M F, Steyaert L T, Parks B O, et al. ed. 1996. GIS and Environmental Modeling:Progress and Research Issues. Fort Collins:GIS World Books.

Griffiths G H, Mather P M. 2000. Remote sensing and landscape ecology:Landscape patterns and landscape change. International Journal of Remote Sensing, 21:2537 – 2539.

Iverson L R, Graham R L,Cook E A. 1989. Applications of satellite remote sensing to forested ecosystems. Landscape Ecology,3: 131 – 143.

Johnston C A. 1998. Geographic Information Systems in Ecology. Oxford:Blackwell.

Lillesand T M, Kiefer R W 著. 彭望琭等译. 2003. 遥感与图像解释(第四版). 北京:电子工业出版社.

Lillesand T M, Kiefer R W, Chipman J W, eds. 2004. Remote Sensing and Image Interpretation. 5th Ed. New York:John Wiley.

Matson P A,Ustin S L. 1991. The future of remote sensing in ecological studies. Ecology,72: 1917.

Quattrochi D A, Goodchild M F, ed. 1997. Scale in Remote Sensing and GIS. Boca Raton:CRC Lewis Publishers.

Verbyla D L. 1995. Satellite Remote Sensing of Natural Resources. Boca Raton:CRC Lewis Publishers.

景观生态学应用

8

第 八 章

景观生态学的发展从一开始就与土地规划、土地管理和恢复、森林管理、农业生产实践、自然保护等实际问题密切联系（Naveh 和 Lieberman，1984；Forman 和 Godron，1986；Zonneveld，1995）。自 20 世纪 80 年代以来，随着景观生态学概念、理论和方法的不断发展，其应用也越来越广泛，其中最突出的是在自然保护、土地利用规划、自然资源管理等方面的应用。传统的生态学思想强调生态学系统的平衡态、稳定性、均质性、确定性以及可预测性，这些反映"自然均衡"（balance of nature）的观点在自然保护和资源管理的应用中长期以来占有统治地位（Pickett 等，1992）。然而，生态学系统并非处在"均衡"状态，时间上和空间上的异质性才是它们的普遍特征，而日益剧增的人为干扰使这些特征愈为突出（Wu 和 Loucks，1995）。因此，强调多尺度上空间格局和生态学过程相互作用以及斑块动态的景观生态学观点，为解决实际的环境和生态问题提供了一个更合理、更有效的概念构架。本章将简要介绍景观生态学的一些原理及其在自然保护、资源管理、土地利用规划以及其他领域中的应用。

8.1　景观生态学应用的两种指导思想

在第 1 章中已经提到，从历史的观点来看，欧洲景观生态学一直与土地利用和规划、人文地理以及人类生态学紧密联系（Naveh，1982）。因此，欧洲景观生态学长期以来被视为一门应用性很强的学科。而 20 世纪 80 年代兴起的北美景观生态学以空间格局、生态学过程和尺度的相互关系为该学科的中心思想，促使景观生态学成为和生理生态学、种群生态学、群落生态学以及生态系统生态学平行的一门基础性学科。当然，任何基础生态学领域，尤其是大尺度上的生态学，都有直接或间接的实际应用价值。一些北美生态学家感觉到基于人类生态学的欧洲景观生态学似乎缺乏科学"硬度"和严谨性；而某些欧洲景观生态学者则认为以格局－过程－尺度为中心的北美景观生态学似乎有纯学术、不求解决实际问题之嫌。这样简单地将景观生态学家分为欧洲和北美学派不免有点太笼统，甚至偏激，但却在一定程度上说明了景观生态学特点的区域性差别。当然，不少北美生态学家也很推崇欧洲学派的观点，反过来也如此。尤其是自 20 世纪 80 年代后期开始，欧洲和北美景观生态学者在学术方面不断交流,使这两种反映地理、文化和学术传统的景观生态学观点得到一定程度上的融合,从而使景观生态学在生态学领域逐渐开始确立自己的地位。

上述两种学术观点在景观生态学应用方面也有明显的反映。目前,有两种关于景观生态学应用的主导思想,它们对景观生态学的发展方向有直接影响(见图 8.1;Wiens,1999a)。第一种主导思想反映了欧洲景观生态学的要点,即景观本身是大尺度的,包括人类在内的生态、地理系统,因此,景观生态学必须将经济、人文、政治等明确地作为其基本组成成分来研究。用 Risser(1999)的话来讲,对于景观而言,"政治体系和政治家们的特征同土壤类型或不同类型生境斑块的平均大小一样重要,或更重要"。作为美国威斯康辛生态学派后人和最初起草北美景观生态学《发展纲要》的首席执笔人(见 Risser 等,1984),Risser 的观点反映了包括一些北美、欧洲和其他地域的景观生态学家对景观生态学的认识。然而,更多的生态学家认为,景观生态学应用的前提应该是首先确立其科学地位,发展和检验一系列能够应用于实际的概念、理论和方法。在解决实际环境问题时,景观生态学只是多种途径之一,而不是囊括一切的答案(图 8.1;见 Wiens,1999a)。

就像其他生态学科一样,虽然世界上几乎所有的生态系统都在不同程度上受到人类干扰,种群生态学、群落生态学或生态系统学并不是将所有人类活动及社会、经济和政治等过程都囊括为其系统成分。相反,正是因为这些领域作为自然科学的"科学"地位才使它们在实际应用中享有信誉。当然,对于许多生态学研究来讲,考虑人类活动的影响不但是应该的,而且是必要的。对景观生态学而言,随着空间尺度和时间尺度的增加,考虑人类因素的必要性也必然增加。但是,为确立景观生态学的科学地位,有必要区分不同尺度的、不同类型的景观。像第一章中所定义的一样,景观的绝对尺度可大可小,这取决于所研究的具体生态学现象。设想,假如研究的对象是蚂蚁的行为学和植被空间异质性的关系,把所研究景观的幅度规定到包括人类政治、经济、文化和其他生物和非生物环境的几十或几百平方千米的尺度上岂不荒唐?然而,对于人类占主导地位的城市景观和农业景观来说,若研究的目的是搞清这些特定景观的结构、功能和动态,明确地将社会、经济和政治因素作为其景观的组成部分是合理的,也是应该的。也就是说,城市景观生态学和农业景观生态学有其不同于自然和半自然景观生态学的独特之处。

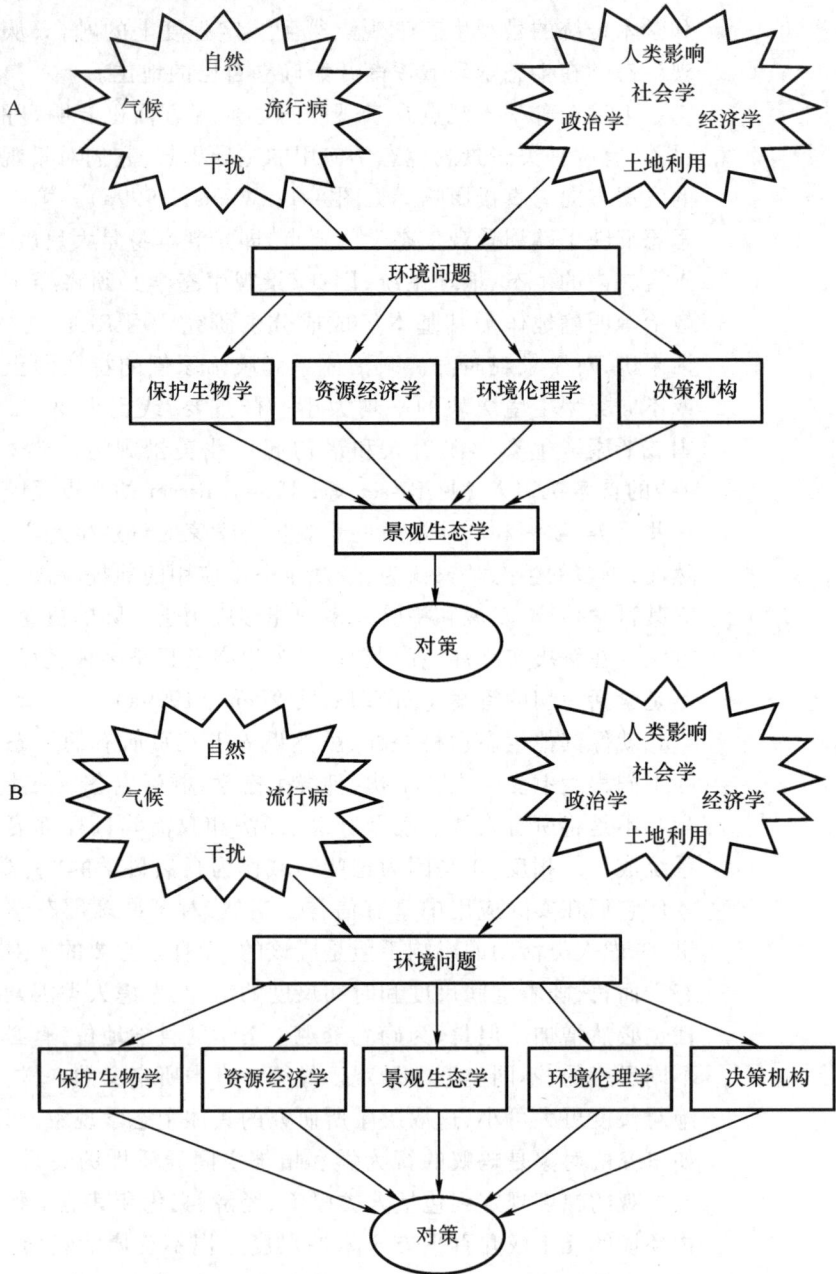

图 8.1 景观生态学应用的两种指导思想(根据 Wiens, 1999a)

即使如此,要真正理解这些由人类主导的城市和农业景观的结构和功能,评价人类活动对它们的生态学影响,或试图维持它们的可持续发展,也必须要对其前身(即其相应地域上先前存在的自然景观)或与它们相似的现存自然和半自然景观的结构和功能有足够的理解。将自然景观和人为景观混为一谈,或无视景观的多尺度特征而只是狭隘地、僵硬地将景观定义到某一人为尺度上,都不利于景观生态学的发展。景观是多元化的,景观生态学是多元化的,景观生态学家也应该是多元化的。没有必要,也不可能迫使所有的景观生态学家全部都再套上一件社会学家的内衣(或外衣)。因此,将景观生态学看做是包罗万象的类似于社会科学学科的观点是不足取的。

8.2 景观生态学应用原理

景观生态学中的概念、理论和方法对解决实际的环境、资源和生态学问题都有重要的应用价值。景观生态学在应用中的突出特点体现在以下几个方面:① 强调空间异质性的重要性;② 强调尺度的重要性;③ 强调空间格局与生态学过程的相互作用;④ 强调生态学系统的等级特征;⑤ 强调斑块动态观点,明确地将干扰作为系统的一个组成部分来考虑;⑥ 强调社会、经济等人为因素与生态过程的密切联系。下面,我们将简要介绍近年来一些学者提出的景观生态学原理,以便促进景观生态学的应用。然而,必须指出的是,景观生态学尚未成熟,其理论和原理还有待于进一步具体化和检证。下面的所谓原理中有许多应该看做是假设或推论,在应用中必须根据具体情形多加斟酌。

Forman 和 Godron 在 1986 年提出了 7 条景观生态学一般原理:① 景观结构与功能原理;② 生物多样性原理;③ 物种流原理;④ 营养再分配原理;⑤ 能量流动原理;⑥ 景观变化原理;⑦ 景观稳定性原理。1995 年,Forman(1995b)进一步将这些原理扩展并归纳为 4 类 12 条:

(1)景观和区域

① 景观和区域性原理;

② 斑块、廊道和基底原理。

(2)斑块和廊道

③ 大面积自然植被斑块原理；

④ 斑块形状原理；

⑤ 生态系统间相互作用原理；

⑥ 复合种群动态原理。

（3）镶嵌体

⑦ 景观抵抗性原理；

⑧ 粒度粗细原理；

⑨ 景观变化原理；

⑩ 镶嵌体序列原理。

（4）应用

⑪ 聚集－零散格局原理；

⑫ 关键性格局原理。

这些所谓的景观生态学基本原理很笼统，在实际应用中必须要具体情况具体分析（Wiens，1999b）。在此基础上，Dramstad 等（1996）将这些原理具体化，按斑块、边缘、廊道和镶嵌体 4 个部分总结出了 55 个比较具体而明确的原理。这些原理可简述如下。

（1）有关斑块的原理

• 斑块的大小

① 边缘生境和边缘种原理：将一个大斑块分割成两个小斑块时边缘生境增加，往往使边缘种或常见种丰富度亦增加。

② 内部生境和内部种原理：将一个大斑块分割成两个小斑块时内部生境减少，从而会减小内部种的种群和丰富度。

③ 大斑块－物种绝灭率原理：大斑块中的种群比小斑块中的大，因此物种绝灭概率较小。

④ 小斑块－物种绝灭率原理：面积小、质量差的生境斑块中的物种绝灭概率较高。

⑤ 生境多样性原理：斑块越大，其生境多样性亦越大，因此大斑块可能比小斑块含有更多的物种。

⑥ 干扰障碍原理：把一个大斑块分割成两个小斑块时会阻碍某些干扰的扩散。

⑦ 大斑块效益原理：大面积自然植被斑块可保护水体和溪流网络，维持大多数内部种的存活，为大多数脊椎动物提供核心生境和避难所，并允许自然干扰体系正常进行。

⑧ 小斑块效益原理：小斑块可作为物种迁移的踏脚石，并可能拥有大斑块中缺乏或不宜生长的物种。

• 斑块的数目

⑨ 生境损失原理:生境斑块的消失会导致生存在该生境中的种群减小,生境多样性的减小,进而导致物种数量减少。

⑩ 复合种群动态原理:生境斑块消失会减小复合种群,从而增加局部斑块内物种的绝灭概率,减缓再定居过程,导致复合种群的稳定性降低。

⑪ 大斑块数量原理:在景观中,若一个大斑块包含同类斑块中出现的大多数物种,那么,至少需要两个这样的大斑块才能维持其物种丰富度;然而,如果一个大斑块只包含一部分物种,为了维持这个景观中的物种丰富度,最好是有4~5个大斑块作为保护区。

⑫ 斑块群生境原理:在缺乏大斑块的情况下,广布种(generalist species)可在一些相邻的小斑块中存活,这些小斑块虽然是离散的,但作为整体还能够为这些广布种提供适宜的、足够的生境。

• 斑块的位置

⑬斑块位置 – 物种绝灭率原理:在其他条件相同的情况下,孤立的斑块中物种绝灭概率比连接度高的斑块中的要大。生境斑块的隔离程度取决于与其他斑块的距离以及基底的特征。

⑭ 物种再定居原理:在一定时间范围内,与其他生境斑块或种源紧邻的斑块的再定居率要高于相距较远的斑块。

⑮ 斑块选择原理:在自然保护中,生境斑块的选择应基于斑块在整个景观中的重要性(如有的斑块对景观连接度起着枢纽作用)和斑块特殊性(即斑块中是否包含稀有种、濒危种或特有种)。

(2)有关边界的原理

• 边缘结构

⑯ 边缘结构多样性原理:在一个结构多样性高的植被边缘(无论垂直还是水平结构),边缘动物种的丰富度也高。

⑰ 边缘宽度原理:斑块的边缘宽度是不同的,面对主风向和太阳辐射方向的边缘更宽些。

⑱ 行政边界和自然生态边界原理:当保护区的自然生态边界与行政边界不一致时,可将两条边界间的区域当作缓冲区,以减少对核心区的影响。

⑲ 边缘过滤原理:斑块边缘具有过滤功能,可减缓外界对斑块内部的影响。

⑳ 边缘陡度原理:斑块边缘陡然(即与周围环境对比度高)时可增加沿着边缘方向的生物和物质流动,而过渡较缓的边缘则有利于横穿边缘的生物和物质流动。

• 边界形状

㉑ 自然和人工边缘原理:大多数自然边缘是曲折、复杂、和缓的,而人工边缘多是平直、简单、僵硬的。

㉒ 平直边界和弯曲边界原理:生物对平直边界的反应多为沿着边界方向运动,而弯曲边界促进生物穿越边界两侧的运动。

㉓ 和缓与僵硬边界原理:弯曲边界比平直边界的生态效益更高(例如,可减少水土流失和有利于野生动物活动)。

㉔ 边缘曲折度和宽度原理:边缘的曲折度和宽度共同决定景观中边缘生境的总量。

㉕ 凹陷和凸出原理:凹陷和凸出边缘的生境多样性高于平直边缘,因而其生物多样性也高(但多为边缘种)。

㉖ 边缘种和内部种原理:弯曲边界增加边缘生境,从而增加边缘种数,但降低斑块中内部种的数量的比例。

㉗ 斑块与基底相互作用原理:斑块的形状越曲折,斑块与基底间的相互作用就越强。

㉘ 最佳斑块形状原理:最佳形状斑块具有多种生态学效益,通常与"太空船"形状相似,即具有一个近圆形的核心区、弯曲边界和有利于物种传播的边缘指状突出。

㉙ 斑块形状和方位原理:斑块的长轴与生物传播的路线平行时,其再定居概率较低;垂直时,再定居概率较高。

（3）有关廊道和连接度的原理

● 廊道和物种运动

㉚ 廊道功能的控制原理:宽度和连接度是控制廊道的生境、传导、过滤、源和汇 5 种功能的主要因素。

㉛ 廊道空隙影响原理:廊道内的空隙对物种运动的影响取决于空隙的长度和物种运动的空间尺度,以及廊道与空隙之间的对比度。

㉜ 结构与区系相似性原理:在多数情况下,只要廊道和斑块的植被结构相似就可以满足内部种在斑块间运动的需要;但若能使廊道与斑块间在植物区系方面也相似,其效果会更好。

● 踏脚石

㉝ 踏脚石连接度原理:在廊道间或没有廊道的地方,加设有益物种迁移的踏脚石(小斑块)可增加景观连接度,并可增加内部种在斑块间的运动。

㉞ 踏脚石间距原理:具视力的动物在踏脚石间移动时,其有效移动距离往往由对相邻踏脚石的视觉能力来决定。

㉟ 踏脚石消失原理：作为踏脚石的小斑块消失后会抑制物种在斑块间的运动，并增加斑块隔离程度。

㊱ 踏脚石群原理：在大斑块间的踏脚石斑块的最佳分布格局是，所有踏脚石作为群体形成连接生境斑块的多条相互有联系的直接通道。

- 道路和防风林带

㊲ 道路及另外的槽形廊道原理：公路、铁路、电缆线和便道通常在空间上是连续的，相对较直，常有人为干扰。因此，它们常把种群分隔为复合种群，主要是耐干扰种活动的通道，是侵蚀、沉积、外来种入侵以及人类对基底干扰的源端。

㊳ 风蚀及其控制原理：小风可吹走土壤表面的养分，减少其肥力；持续大风则易引起风蚀。控制风蚀时应减少主风向上农田的裸露面积，保护植被、犁沟和土壤结构，并重点保护易受旋风、湍流和快速气流影响的地点。

- 河流廊道

㊴ 河流廊道和溶解物原理：具有宽而浓密植被的河流廊道能更好地减少来自周围景观的各种溶解物污染，保证水质。

㊵ 河流主干道廊道宽度原理：河流主干道两旁应保持足够宽的植被带，以控制来自景观基底的溶解物质，为两岸内部种提供足够的生境和通道等。

㊶ 河流廊道宽度原理：维持两岸高地的植被，提供内部种生境；要保证沿河流方向至少有非连续性（如梯状）植被覆盖，以减缓洪水影响，并为水生食物链提供有机质，为鱼类和泛滥平原稀有种提供生境。

㊷ 河流廊道连接度原理：河流两旁植被带的宽度和长度共同决定河流的生态学过程，不间断的河岸植被廊道能维持诸如水温低、含氧高的水生条件，有利于某些鱼类生存。

（4）有关镶嵌体的原理

- 网络

㊸ 网络连接度和环回度（circuitry）原理：网络连接度（即所有结点通过廊道连接的程度）和网络环回度（即环状或多选择路线出现的程度）可表示网络的复杂程度，并可作为对物种运动的连接度的指标。

㊹ 环路和多选择路线原理：在廊道网络中，多选择路线或环路可减少廊道内空隙、干扰、捕食者和捕猎者的不利影响，从而促进动物在景观中的运动。

㊺ 廊道密度和网孔大小原理:随着廊道网络网孔的减小,受廊道抑制的物种(如某些内部生境种)的存活能力显著下降。

㊻ 连接点效应原理:在自然植被廊道的交接点上,常常有一些内部种出现,而且其种丰富度高于网络的其他地方。

㊼ 相连小斑块原理:连接在廊道网络上的小斑块或结点可能比面积相同但远离网络的斑块有较高的种丰富度和较低的物种绝灭率。

㊽ 生物传播和相连小斑块原理:网络上的小斑块或结点可为某些生物提供暂栖地或临时繁殖地,从而有利于生物在景观中传播。

- 破碎化和格局

㊾ 总生境和内部生境损失原理:景观破碎化降低总的生境面积,但内部生境面积比边缘生境面积降低得更快。

㊿ 分形斑块原理:分形是对过渡变化的自然反应,彼此隔离的斑块常常对干扰作出相似的反应。它们虽然可能变大或变小,但相互之间的结构关系或格局保持相似。

51 市郊化、外来种和保护区原理:在市郊化和外来种入侵的景观中,应建立严格控制外来种的缓冲区,以保护生物多样性或自然保护区。

- 尺度粗细

52 镶嵌体粒度粗细原理:一个由粗粒度地段和细粒度地段相间组成的景观可为内部种、多生境种(包括人类)提供最佳生态效益及一系列环境资源和条件。

53 动物对破碎化尺度的感观原理:活动范围大的物种把细粒度破碎化生境视为连续生境;但粗粒度破碎化生境对于绝大多数动物来说是不连续性(即存在生境隔离效应)。

54 确限种(specialist)与广布种(generalist)原理:细粒度生境破碎化对确限种的不利影响要比广布种更大。

55 多生境种的镶嵌格局原理:多种生境汇合处或不同类型生境相间排列的景观有利于多生境物种(即同时需要多种类型生境的物种)的存活。

这里再次强调,虽然上述各条原理在一般意义上说是有道理的,但在具体应用中尚必须谨慎。首先,这些所谓原理大多都是经验之积累,不可能是"放之四海而皆准"。再者,不同地区的景观不光是生物、生态和自然地理方面的差异,它们往往是文化、社会、经济等多种过程共同作用而产生的,而以上的原理并未考虑这些因素。另外,在实际应用中,往往需要将多个原理合理地组合在一起,以满足一个或多个相互竞争的目的。在这方面,Opdam 和他的同事们在荷兰做了大量很有代表性的工作(Opdam 等,2001,2003;Vos 等,2006)。

8.3 景观生态学应用的一些重要领域

8.3.1 自然保护和恢复生态学

保护生物学是一门既针对目前危机又着眼长远生态前景的,以研究生物多样性为主题的综合学科(Soule,1985;邬建国,1990,1992;钱迎倩和马克平,1994)。生物多样性不只是物种多样性、基因多样性或生态系统多样性,也不是它们的简单相加而得的总和。生物多样性保护的理论和实践都必须要明确地认识到生物多样性是一个具有等级、时空尺度和格局特征的复杂系统概念(Noss,1990)。景观生态学和保护生物学互为补充,在研究内容上有许多相似和重叠的地方。例如,生物多样性、生境破碎化、斑块动态以及复合种群动态在两个领域的研究中都占有很重要的地位。对于某些已经破坏或损伤的种群、群落、生态系统或景观,"保护"已为时太晚,而必须要修复其结构,恢复其功能。恢复生态学正是为此目的而发展起来的,其使命就是为生态学系统的恢复提供科学理论基础以及可行的技术实施方案(见 Jordan 等,1987;MacMahon 和 Jordan,1994;Cairns,1995;Hobbs 和 Norton,1996;余作岳和彭少麟,1996;任海等,2000)。与生物多样性保护一样,生态学系统的恢复不但要重视恢复那些能看得见的对象(如种群、群落),而且特别要求人们认识到那些看不见、摸不着的生态学过程的重要性,生态学系统中各组织层次的相互联系,以及所恢复生态学单元与其景观基质和相邻生态学系统的相互作用。一言以蔽之,格局、过程、尺度和等级的观点在这两个学科中十分重要。

景观生态学的发展为保护生物学和恢复生态学提供了新的理论基础,而保护生物学和恢复生态学为检验景观生态学理论和方法提供了场所,而且为其发展不断提出新的目标。从景观生态学的角度来看,传统的以物种为中心的自然保护途径("自然保护的物种范式")缺乏考虑多重尺度上生物多样性的格局和过程及其相互关系,显然是片面的、不可行的。物种的保护必然要同时考虑它们所生存的生态系统和景观的多样性和完整性("自然保护的景观范式";邬建国,1990,1992;Wu,1992a;Franklin,1993;Bissonette,1997b)。近些年来,景观生态学原理和方法在自然保护的研究和实践中应用广泛,对自然保护中从"物种范式"向"景观范式"的转变起到了积极推动作用。需要强调的是,保护的景观途径并不是指把整个景观作为保护区,而是强调应用景观生态学的理论和原理设计自然保护方案,当然这一途径必然要涉及多尺度和大尺度。有关景观生态学在生物多样性保护和恢复生态学方面的应用范例,读者可参阅 Noss(1983,1987)、Franklin(1993)、Hansen 等(1993)、Hobbs 和 Saunders(1993)、Scott 等(1996)、Bell 等(1997)、Hobbs(1999)、Dale 等(2000)以及 Poiani 等(2000)。Gutzwiller(2002)所编著的 *Applying Landscape Ecology in Biological Conservation* 可能是迄今为止在这方面最出色的一本既系统又有特色的参考书。

8.3.2 生态系统管理

景观生态学观点在生态系统管理中受到广泛重视。生态系统管理的目的是保护异质景观中的物种和自然生态系统,维持正常的生态学和进化过程,合理利用自然资源,从而保证生态系统的可持续性(sustainability;见 Grumbine,1994)。近年来,景观生态学原理和方法在森林资源的开发和管理方面的应用更为广泛和深入(见 Franklin 和 Forman,1987;陈吉泉,1995;Crow,1999)。不少学者认为,区域景观尺度(regional landscape scale)是考虑自然资源的宏观可持续利用和对付全球气候变化带来的生态学后果的最合理尺度。其主要原因之一是,区域景观是能够反映自然生态系统和人类活动的种类、变异和空间格局特征的最小空间单位(Forman,1990)。这显然与传统的、以物种或生态系统为中心的途径有本质上的区别。在自然资源管理和利用方面,景观生态学途径愈来愈受到重视(Pastor,1995;Christensen 等,1996;Wear 等,1996;陈吉泉,2000)。

8.3.3 土地利用规划

景观生态学的主要目的之一是理解空间结构如何影响生态学

过程。土地利用规划(包括景观和城市规划与设计)强调人类与
自然的协调性,自然保护思想在这一领域日趋重要。因此,景观生
态学可以为土地利用规划提供一个亟须的理论基础,并可以帮助
评价和预测规划和设计可能带来的生态学后果。而景观规划和设
计的实践可以用来检验景观生态学中的理论和假说。这种关系似
乎像物理学与工程学之间的那种相辅相成的关系(Golley 和 Bel-
lot, 1991)。此外,景观生态学还为土地利用规划和设计提供了一
系列方法、工具和资料。例如,景观生态学中的格局分析和空间模
型方法与遥感技术结合,可以大大促进土地利用规划的科学性和
可行性。有关景观生态学在土地利用规划中应用的具体理论、原
理和实例,请参见 Collinge(1996)、Dramstad 等(1996)、Fry 和
Gustavsson(1996)、Nassauer(1997)、Ahern(1999a, b)、Jongman
(1999)、Dale 等(2000)、Zipperer 等(2000)、Opdam 等(2001,
2003)。2004 年,Musacchio 和 Wu 为 *Urban Ecosystems* 学报主编了
有关城市景观生态学专刊,其中包括了北美许多城市景观生态规
划的范例(见 Musacchio 和 Wu, 2004)。

此外,景观生态学在其他方面的应用还有:全球变化
(Hobbs, 1994; Mooney 和 Chapin, 1994; Neilson, 1999)、农
业生态学(Barrett, 1992; Freemark, 1999; Ludwig 等, 1997)以
及环境质量评价和监测(Hunsaker 等, 1990, 1995; Graham
等, 1991; O'Neill 等, 1994, 1997)。有兴趣的读者可参阅上
面列出的有关参考文献。

8.3.4 景观生态学和可持续性科学

景观生态学是有关异质性研究的交叉学科,这一点已经
取得广泛共识。异质性的重要性使景观思想与不同组织水平
的生态学和跨尺度的地球科学建立了普遍联系。在第一章中
已经谈到,欧洲学派和北美学派二者有明显的差别,但这种简
单的二分法也许夸大了这两个主流学派间的真正差异,而忽视
了彼此间的共同点(Wu, 2006; Wu 和 Hobbs, 2007a)。例如,
空间异质性也是社会和经济系统的多样性和复杂性形成的基
本原因和驱动力,而格局、过程和尺度的关系在所有的自然和
社会科学中都是一个核心问题。因此,空间异质性和尺度应该
是将自然科学和社会科学耦合起来的核心概念(Wu, 2006)。
景观规划、景观设计、生物多样性保护、生态系统管理以及可

持续发展都是景观生态学研究的范畴。为了能够提供真正有
用的理论和实践指南,景观生态学必须要包容和整合生物－物
理和人文－社会经济途径,从而成为一个多元的、具有等级结
构的交叉科学。一般地说,交叉科学研究涉及多个彼此相关的
学科,并在一个共同的概念框架上实现共同目标。而学科的交
叉性是具有等级性的,例如,有生物学内部的交叉学科,有由
不同自然科学组成的交叉学科,还有跨自然科学和社会科学的
交叉学科。因此,景观生态学同时具有多种学科交叉性和跨学
科性(Wu,2006;Wu 和 Hobbs,2007a)。

　　可持续性科学(sustainability science)是一门新兴的研究自然
和社会之间动态关系的科学(National Research Council,1999;
Kates 等,2001;Clark 和 Dickson,2003)。可持续性科学以环境、
经济和社会为三个基本组成成分,强调局部、区域和全球三个核心
尺度。可持续性科学研究常涉及以下概念:自组织复杂性(self-or-
ganizing complexity)、脆弱性(vulnerability)、恢复力(resilience)、阈
值(thresholds)、应变管理(adaptive management)和社会学习(so-
cial learning)等(Kates 等,2001;Clark 和 Dickson,2003)。与景观
生态学特别相关的是"土地变化科学"("land-change science";见
Rindfuss 等,2005),它既是景观生态学又是可持续性科学的关键
组分。土地变化科学重点是观测和监测土地利用和土地覆盖的变
化(LUCC),评估 LUCC 对生态系统过程、功能和服务的影响,以
及认识 LUCC 的生物－物理学和社会－经济学机制。

　　Wu(2006)认为,景观生态学能够对可持续性科学的发展做
出重要贡献。首先,人类景观(或地区)也许是研究和维持可持续
性的基本空间单元,因为它是能够清楚地阐明自然和人类相互
作用关系的最小空间尺度。第二,景观生态学可为可持续性科
学在处理多尺度的生物多样性和生态系统功能问题时提供理
论和方法。第三,景观生态学已经有很多研究自然－社会耦合
系统的经验,并发展了整体论途径。第四,景观生态学可为研
究自然－社会耦合系统的空间异质性及其对可持续性的影响
提供理论和方法。第五,景观生态学发展的一系列格局指数和
方法可帮助研究如何将可持续性定量化。最后,景观生态学可
为研究自然－社会耦合系统中的尺度推绎和不确定性问题提
供理论和方法。总之,景观生态学不仅对可持续性科学的发展
很重要,而且是可持续性科学的核心内容的一部分。但是,这
里必须强调,景观生态学不等于可持续性科学。作为一个

"异质性"科学,景观生态学不光有可持续性科学的特征,同时还有许多与传统生态学密切相关而且也很重要的部分,即学科金字塔结构(Wu, 2006; Wu 和 Hobbs, 2007a)。

推荐阅读文献

Bell S S, Fonseca M S, Motten L B. 1997. Linking restoration and landscape ecology. Restoration Ecology, 5: 318 – 323.

Clark W C, Dickson N M. 2003. Sustainability science: The emerging research program. Proc Nat Acad Sci (USA), 100: 8059 – 8061.

Fry G, Tress B, Tress G. 2007. Integrative landscape research: Facts and challenges. In: Wu J, Hobbs R, eds. Key Topics in Landscape Ecology. Cambridge, UK: Cambridge University Press. 246 – 270.

Gutzwiller K J, ed. 2002. Applying Landscape Ecology in Biological Conservation. New York: Springer.

Noss R F. 1983. A regional landscape approach to maintain diversity. BioScience, 33: 700 – 706.

O'Neill R, Hunsaker C, Jones K B, Riitters K H, Wickham J D, Schwartz P M, Goodman I A, Jackson B L, Baillargeon W S. 1997. Monitoring environmental quality at the landscape scale. BioScience, 47: 513 – 519.

Poiani K A, Richter B D, Anderson M G, Richter H E. 2000. Biodiversity conservation at multiple scales: Functional sites, landscapes, and networks. BioScience, 50: 133 – 146.

Rindfuss R R, Walsh S J, Turner II B L, Fox J, Mishra V. 2005. Developing a science of land change: Challenges and methodological issues. Proc Nat Acad Sci, 101: 13976 – 13981.

Vos C, Opdam P, Steingrover E G, Reijnen R. 2007. Transferring ecological knowledge to landscape planning: A design method for robust corridors. In: Wu J, Hobbs R, eds. Key Topics in Landscape Ecology. Cambridge, UK: Cambridge University Press. 227 – 245.

Wu J. 2006. Landscape ecology, cross-disciplinarity, and sustainability science. Landscape Ecology, 21: 1 – 4.

参 考 文 献

常学礼,邬建国.1996.分形模型在生态学中的应用.生态学杂志,15(3):35-42.

陈昌笃.1985.评介纳维等著的《景观生态学》.植物生态学与地植物丛刊,9(3):243-244.

陈昌笃.1986.论地生态学.生态学报,6(4):289-294.

陈吉泉.1995.景观生态学的基本原理及其在生态系统经营中的应用.见:李博主编.现代生态学讲座,北京:科学出版社.108-128.

陈吉泉.2000.景观经营中的几点生态学顾虑.见:邬建国和韩兴国主编.现代生态学讲座(Ⅱ):从基础科学到环境问题.北京:科学技术出版社.

傅伯杰.1983.地理学的新领域——景观生态学.生态学杂志,2(4):60-61.

傅伯杰.1995.黄土区农业景观空间格局分析.生态学报,15(2):113-120.

傅伯杰,陈利顶,马克平,王仰麟编著.2001.景观生态学原理及应用.北京:科学出版社.

高琼,李建东,郑慧莹.1996.碱化草地景观动态及其对气候变化的响应与多样性和空间格局的关系.植物学报,38(1):18-30.

韩兴国.1994.岛屿生物地理学理论与生物多样性保护.见:马克平,钱迎倩主编.生物多样性研究的原理与方法,北京:中国科学技术出版社.83-103.

韩兴国,李凌浩,黄建辉主编.1999.生物地球化学概论.北京:高等教育出版社.

黄建辉.1994.生态系统内的物种多样性对稳定性的影响.见:中国科学院生物多样性委员会.生物多样性研究的原理与方法,北京:中国科学技术出版社.178-191.

李博主编.1993.中国北方草地畜牧业动态监测研究.北京:中国农业科技出版社.

李哈滨,Franklin J F.1988.景观生态学——生态学领域里的新概念构架.生态学进展,5(1):23-33.

李哈滨,王政权,王庆成.1998.空间异质性定量研究理论与方法.应用生态学报,9(6):651-657.

李哈滨,邬建国.2007.空间分析方法在景观生态学中的应用.见:邬建国,葛剑平,韩兴国,于振良,张大勇主编.现代生态学讲座(Ⅲ):学科进展与热点论题.北京:高等教育出版社.

李永宏.1992.放牧空间梯度上和恢复演替时间梯度上羊草草原的群落特征及其对应性.草原生态系统研究,4:1-8.

马克平,钱迎倩,王晨.1994.生物多样性研究的理论与方法.见:钱迎倩,马克平主编.生物多样性研究的理论与方法,北京:中国科学技术出版社.1-12.

钱迎倩,马克平主编.1994.生物多样性研究的理论与方法.北京:中国科学技术出版社.

任海,彭少麟,邬建国.2000.恢复生态学.见:邬建国,韩兴国,黄建辉主编.现代生态学讲座(Ⅱ):从基础科学到环境问题.北京:科学技术出版社.144-158.

邵国凡,赵士洞,Shugart H H.1996.森林动态模型.北京:中国林业出版社.

王红芳,葛剑平,邬建国.2007.景观遗传学概论.见:邬建国,葛剑平,韩兴国,于振良,张大勇主编.现代生态学讲座(Ⅲ):学科进展与热点论题.北京:高等教育出版社.

邬建国.1989.岛屿生物地理学理论:模型与应用.生态学杂志,8(6):34-39.

邬建国.1990.自然保护区学说与麦克阿瑟-威尔逊理论.生态学报,10(2):187-191.

邬建国.1991.耗散结构、等级系统理论与生态系统.应用生态学报,2(2):181-186.

邬建国.1992.数学模型及自然保护.应用生态学报,3:286-288.

邬建国,李百炼,伍业纲.1992.缀块性和缀块动态——概念与机制.生态学杂志,8(6):34-39.

邬建国.1994.理论与模型在生态学中的作用.生态学杂志,13(3):76-79.

邬建国,Jelinski D E.1995.生态学中的格局与尺度:可塑性面积单元问题.见:李博主编.现代生态学讲座,北京:科学出版社.1-9.

邬建国.1996.生态学范式变迁综论.生态学报,16(5):449-460.

邬建国.2000a.景观生态学——概念与理论.生态学杂志,19(1):42-52.

邬建国.2000b.Metapopulation(复合种群)究竟是什么?植物生态学报,24(1):123-126.

邬建国.申卫军.2000.复杂适应系统(CAS)理论及其在生态学上的应用.见:邬建国,韩兴国,黄建辉主编.现代生态学讲座(Ⅱ):从基础科学到环境问题.北京:科学技术出版社.6-15.

邬建国.2004.景观生态学中的十大研究论题.生态学报,24(9):2074-2076.

邬伦,刘瑜,张晶等编著.2001.地理信息系统——原理、方法和应用.北京:科学出版社.

肖笃宁,苏文贵,贺红仕.1988.景观生态学的发展及应用.生态学杂志,7(6):43-48.

肖笃宁.1989.宏观生态变化的观测与研究.生态学进展,6(3):149-155.

肖笃宁,赵羿,孙中伟等.1990.沈阳西郊景观格局变化的研究.应用生态学报,1(1):75-84.

肖笃宁主编.1999.景观生态学研究进展.长沙:湖南科学技术出版社.

肖笃宁,李秀珍,高峻,常禹,李团胜编著.2002.景观生态学.北京:科学出版社.

徐化成.1996.景观生态学.北京:中国林业出版社.

杨持.1983.羊草草原群落水平格局研究Ⅰ——邻接格子样方的应用.内蒙古大学学报(自然科学版),14(2):252-253.

杨持,郝敦元,杨在中.1984.羊草草原群落水平格局研究Ⅱ——二维网函数值法.生态学报,(4):348-353.

余作岳,彭少麟主编.1996.热带亚热带退化生态系统植被恢复生态学研究.广州:广东科技出版社.

藏润国,刘静艳,董大方.1999.林隙动态与森林生物多样性.北京:中国林业出版社.

赵羿,李月辉主编.2001.实用景观生态学.北京:科学出版社.

赵羿,赖明州,薛怡珍编著.2003.景观生态学——理论与实物.台北:地景企业股份有限公司.

赵英时主编.2001.遥感应用分析原理与方法.北京:科学出版社.

Aaviksoo K. 1995. Simulating vegetation dynamics and land use in a mire landscape using a Markov model. Landscape and Urban Planning, 31:129-142.

Acevedo M F, Urban D L, Ablan M. 1995. Transition and gap models of forest dynamics. Ecological Applications,5(4):1040-1055.

Ahern J. 1999a. Spatial concepts, planning strategies, and future scenarios: A framework method for integrating landscape ecology and landscape planning. In: Klopatek J M, Gardner R H, ed. Landscape Ecological Analysis: Issues and Applications, New York: Springer-Verlag. 175 – 201.

Ahern J. 1999b. Integration of landscape ecology and landscape design: An evolutionary process. In: Wiens J A, Moss M R, ed. Issues in Landscape Ecology, Snowmass Village: International Association for Landscape Ecology. 119 – 123.

Ahl V, Allen T F H. 1996. Hierarchy Theory: A Vision, Vocabulary, and Epistemology. New York: Columbia University Press.

Akcakaya H R. 1994. RAMAS/GIS: Linking Landscape Data With Population Viability Analysis. Applied Biomathematics, Setauket.

Allain C, Cloitre M. 1991. Characterizing the lacunarity of random and deterministic fractal sets. Physical Review A, 44: 3552 – 3558.

Allen T F H, Starr T B. 1982. Hierarchy: Perspectives for Ecological Complexity. Chicago: University of Chicago Press.

Allen R F H, O'Neill R V, Hoekstra T W. 1984. Interlevel relations in ecological research and management: Some working principles from hierarchy theory. USDA Forest Service General Technical Report RM-110, Rocky Mountain Forest and Range Experiment Station.

Allen T F H, Hoekstra T W. 1992. Toward a Unified Ecology. New York: Columbia University Press.

Amrhein C G, Flowerdew R. 1989. The effect of data aggregation on a Poisson regression model of Canadian migration. In: Goodchild M F, Gopal S, ed. Accuracy of Spatial Databases, London: Taylor and Francis. 229 – 238.

Andreassen H P, Hertzberg K, Ims R A. 1998. Space-use responses to habitat fragmentation and connectivity in the root vole *Microtus oeconomus*. Ecology, 79: 1223 – 1235.

Andrewartha H G, Birch L C. 1954. The Distribution and Abundance of Animals. Chicago: University of Chicago Press.

Antrop M. 2007. The preoccupation of landscape research with land use and land cover. In: Wu J, Hobbs R, eds. Key Topics in Landscape Ecology. Cambridge, UK: Cambridge University Press. 173 – 191.

Baker W L. 1989. A review of models of landscape change. Landscape Ecology, 2: 111 – 133.

Balzter H, Braun P W, Köhler W. 1998. Cellular automata models for vegetation dynamics. Ecological Modelling, 107: 113 – 125.

Barnsley M J, Barr S L, Tsang T. 1997. Scaling and generalisation in land cover mapping from satellite sensors. In: van Gardingen P R, Foody G M, Curran P J, ed. Scaling-up: From Cell to Landscape, Cambridge: Cambridge University Press. 173 – 199.

Barrett G W. 1992. Landscape ecology: Designing sustainable agricultural landscapes. Journal of Sustainable Agriculture, 2: 83 – 103.

Belisle M. 2005. Measuring landscape connectivity: The challenge of behavioral landscape ecology. Ecology, 86: 1988 – 1995.

Bell S S, Fonseca M S, Motten L B. 1997. Linking restoration and landscape Ecology. Restoration Ecology, 5: 318 – 323.

Bian L, Walsh S J. 1993. Scale dependencies of vegetation and topography in a mountainous environment of Montana. Professional Geographer, 45: 1 – 11.

Bissonette J A. 1997a. Scale-sensitive ecological properties: Historical context, current meaning. In: Bissonette J A, ed. Wildlife and Landscape Ecology: Effects of Pattern and Scale, New York: Springer. 3 – 31.

Bissonette J A, ed. 1997b. Wildlife and Landscape Ecology: Effects of Pattern and Scale. New York: Springer. 410.

Blake J G, Karr J R. 1987. Breeding birds of isolated woodlots: Area and habitat relationships. Ecology, 68: 1724 – 1734.

Bormann F H, Likens G E. 1979. Catastrophic disturbance and the steady state in northern hardwood forests. American Science, 67: 660 – 669.

Botkin D B, Janak J F, Wallis J R. 1972. Some ecological consequences of a computer model of forest growth. Journal of Ecology, 60: 849 – 872.

Botkin D B, Sobel M J. 1975. The complexity of ecosystem stability. In: Levin S A, ed. Ecosystem Analysis and Prediction, Philadelphia: Society for Industrial and Applied Mathematics. 144 – 150.

Botkin D B. 1990. Discordant Harmonies: A New Ecology for the Twenty-First Century. Oxford: Oxford University Press.

Boudjemadi K, Lecomte J, Clobert J. 1999. Influence of connectivity on demography and dispersal in two contrasted habitats: An experimental approach. Journal of Animal Ecology, 68: 1207 – 1224.

Boumans R M J, Sklar F H. 1990. A polygon-based spatial (PBS) model for simulating landscape change. Landscape Ecology, 4: 83 – 97.

Bowers M A, Gregario K, Brame C J, et al. 1996. Use of space and habitats by meadow voles at the home range, patch and landscape scales. Oecologia, 105: 107 – 115.

Bradshaw G A, Spies T A. 1992. Characterizing canopy gap structure in forests using wavelet analysis. Journal of Ecology, 80: 205 – 215.

Bradshaw G A, McIntosh B A. 1994. Detecting climate-induced patterns using wavelet analysis. Environmental Pollution, 84: 135 – 142.

Briske D D, Fuhlendorf S D, Smeins F E. 2003. Vegetation dynamics on rangelands: A critique of the current paradigms. Journal of Applied Ecology, 40: 601 – 614.

Briske D D, Fuhlendorf S D, Smeins F E. 2005. State-and-transition models, thresholds, and rangeland health: A synthesis of ecological concepts and perspectives. Rangeland Ecology and Management, 58: 1 – 10.

Brown J H, Lomolino M V. 1989. Independent discovery of the equilibrium theory of island biogeography. Ecology, 70: 1954 – 1957.

Burel F, Baudry J. 2003. Landscape Ecology: Concepts, Methods and Applications. Enfield, NH: Science Publishers, Inc.

Burgess T M, Webster R. 1980. Optimal interpolation and isarithmic mapping of soil properties Ⅰ. The semivariogram and punctual kriging. Journal of Soil Science,31: 315 – 331.

Burgess R L,Sharpe D M, ed. 1981. Forest Island Dynamics in Man-dominated Landscapes. New York:Springer-Verlag.

Burian R M. 1992. How the choice of experimental organism matters: Biological practices and discipline boundaries. Synthese, 92: 151 – 166.

Burke I, Schimel D. 1990. Regional modeling of grassland biogeochemistry using GIS. Landscape Ecology, 4: 45 – 54.

Burkey T V. 1997. Metapopulation extinction in fragmented landscapes: Using bacteria and protozoa communities as model ecosystems. American Naturalist,150: 568 – 591.

Burnett C,Blaschke T. 2003. A multi-scale segmentation/object relationship modeling methodology for landscape analysis. Ecological Modelling,168: 233 – 249.

Burrough P A. 1981. Fractal dimensions of landscapes and other environmental data. Nature, 294: 240 – 242.

Burrough P A. 1986. Principles of Geographical Information Systems for Land Resource Assessment. Oxford: Clarendon Press.

Burrough P A. 1995. Spatial aspects of ecological data. In:Jongman R H G, Ter Braak C J F, Van Tongeren O F R, ed. Data Analysis in Community and Landscape Ecology,Cambridge: Cambridge University Press. 213 – 265.

Burrough P, McDonnell R A. 1998. Principles of Geographical Information Systems. Oxford: Oxford University Press.

Buyantuyev A,Wu J. 2007. Effects of thematic resolution on landscape pattern analysis. Landscape Ecology,22: 7 – 13.

Cain D H, Riitters K, Orvis K. 1997. A multi-scale analysis of landscape statistics. Landscape Ecology,12: 199 – 212.

Cairns J J. 1995. Restoration ecology. In: Encyclopedia of Environmental Biology, Academic Press, Inc. 223 – 235.

Cale W G. 1988. Characterizing populations as entities in ecosystem models: Problems and limitations of mass-balance modeling. Ecological Modelling,42: 89 – 102.

Canham C D,Cole J J,Lauenroth W K, eds. 2003. Models in Ecosystem Science. Princeton:Princeton University Press.

Capra F. 1986. Paradigms and paradigm shifts. Revision,9: 11 – 12,59 – 63.

Carpenter S R, Chaney J E. 1983. Scale of spatial pattern: Four methods compared. Vegetatio, 53: 153 – 160.

Carpenter S R, Chisholm S W, Krebs C J, et al. 1995. Ecosystem experiments. Science, 269: 324 – 327.

Carpenter S R. 1996. Microcosm experiments have limited relevance for community and ecosystem ecology. Ecology, 77: 677 – 680.

Caswell H. 1976. Community structures: A neutral model analysis. Ecological Monographs, 46:

327 – 354.

Caswell H, Etter R J. 1993. Ecological interactions in patchy environments: From patch-occupancy models to cellular automata. In: Levin S A, Powell T M, Steel J H, ed. Patch Dynamics, New York: Springer-Verlag. 93 – 109.

Chen J, Franklin J F, Spies T A. 1992. Vegetation responses to edge environments in old-growth Douglas-fir forests. Ecological Applications, 2: 387 – 396.

Christensen N L, Bartuska A M, Brown J H, et al. 1996. The report of the Ecological Society of America Committee on the scientific basis for ecosystem management. Ecological Applications, 6: 665 – 691.

Chui C K. 1992. An Introduction to Wavelets. San Diego: Academic Press.

Ciret C, Henderson-Sellers A. 1998. Sensitivity of ecosystem models to the spatial resolution of the NCAR community climate model CCM2. Climate Dynamics, 14: 409 – 429.

Clark W C, Dickson N M. 2003. Sustainability science: The emerging research program. Proc Nat Acad Sci (USA), 100: 8059 – 8061.

Clarke K C, Hoppen S, Gaydos L. 1997. A self-modifying cellular automaton model of historical urbanization in the San Francisco Bay area. Environment and Planning B: Planning and Design, 24: 247 – 261.

Clarke K C, Parks B O, Crane M P. 2002. Geographical Information Systems and Environmental Modeling. Upper Saddle River: Prentice Hall.

Clements F E. 1916. Plant Succession: An Analysis of the Development of Vegetation. Washington D. C. : Carnegie Institution.

Cliff A D, Ord J K. 1981. Spatial Processes: Models and Applications. London: Pion.

Coffin D P, Lauenroth W K. 1989. Disturbances and gap dynamics in a semiarid grassland: A landscape-level approach. Landscape Ecology, 3: 19 – 27.

Coffin D P, Lauenroth W K. 1990. A gap dynamics simulation model of succession in a semiarid grassland. Ecological Modelling, 49: 229 – 266.

Cohen I B. 1985. Revolution in Science. Cambridge: Belknap Press, Harvard University Press.

Cohen H F. 1994. The Scientific Revolution: A Historiographical Inquiry. Chicago: University of Chicago Press.

Collinge S K. 1996. Ecological consequences of habitat fragmentation: Implications for landscape architecture and planning. Landscape and Urban Planning, 36: 59 – 77.

Congalton R G, Green K. 1999. Assessing the Accuracy of Remotely Sensed Data: Principles and Practices. Boca Raton: Lewis Publishers.

Connor E F, McCoy E D. 1979. The statistics and biology of the species-area relationship. American Naturalist, 113: 791 – 833.

Costanza R, Sklar F H, White M L. 1990. Modelling coastal landscape dynamics. BioScience, 40: 91 – 107.

Costanza R, Voinov A, eds. 2004. Landscape Simulation Modeling: A Spatially Explicit, Dynamic Approach. New York: Springer.

Cowan G A, Pines D, Meltzer D, ed. 1994. Complexity: Metaphors, Models, and Reality. Massachusetts: Perseus Books, Reading.

Crow T R. 1999. Landscape ecology and forest management. In: Wiens J A, Moss M R, ed. Issues in Landscape Ecology, Snowmass Village: International Association for Landscape Ecology. 94 – 96.

Cullinan V I, Simmons M A, Thomas J M. 1997. A Bayesian test of hierarchy theory: Scaling up variability in plant cover from field to remotely sensed data. Landscape Ecology, 12: 273 – 285.

Curtis J T. 1956. The modification of mid-latitude grasslands and forests by man. In: Thomas J W L, ed. Man's Role in Changing the Face of the Earth, Chicago: University of Chicago Press. 721 – 736.

Dale M R T. 1999. Spatial Pattern Analysis in Plant Ecology. Cambridge: Cambridge University Press.

Dale V H, Brown S, Haeuber R A, et al. 2000. Ecological principles and guidelines for managing the use of land. Ecological Applications, 10: 639 – 670.

Damschen E I, Haddad N M, Orrock J L, Tewksbury J J, Levey D J. 2006. Corridors increase plant species richness at large scales. Science, 313: 1284 – 1286.

Danielson B J, Hubbard M W. 2000. The influences of corridors on the movement behavior of individual Peromyscus polionotus in experimental landscapes. Landscape Ecology, 15: 323 – 331.

Daubechies I. 1993. Different Perspectives on Wavelets. Providence: American Mathematical Society.

de Ruiter P C, Neutel A-M, Moore J C. 1995. Energetics, patterns of interaction strengths, and stability in real ecosystems. Science, 269: 1257 – 1260.

DeAngelis D L, Waterhouse J C. 1987. Equilibrium and nonequilibrium concepts in ecological models. Ecological Monographs, 57: 1 – 21.

DeAngelis D L, Gross L J. 1992. Individual-Based Models and Approaches in Ecology: Populations, Communities and Ecosystems. New York: Chapman & Hall.

Didham R K, Hammond P M. 1998. Beetle species responses to tropical forest fragmentation. Ecological Monographs, 68: 295 – 323.

Dooley J L, Bowers M A. 1998. Demographic responses to habitat fragmentation: Experimental tests at the landscape and patch scale. Ecology, 79: 969 – 980.

Dramstad W E, Olson J D, Forman R T T. 1996. Landscape Ecology Principles in Landscape Architecture and Land-Use Planning. Cambridge: Harvard University Graduate School of Design/Island Press.

Durrett R, Levin S A. 1994. Stochastic spatial models: A user's guide to ecological applications. Philosophical Transactions of the Royal Society of London, Series B, 343: 329 – 350.

Egerton F N. 1973. Changing concepts of the balance of nature. The Quarterly Review of Biology, 48: 322 – 350.

Ehleringer J R, Field C B, ed. 1993. Scaling Physiological Processes: Leaf to Globe. San Diego: Academic Press.

Engelberg J, Boyarsky L L. 1979. The noncybernetic nature of ecosystems. American Naturalist, 114: 317 – 324.

Estes J E, Cosentino M J. 1989. Remote sensing of vegetation. In: Rambler M B, Margulis L, Fester R, ed. Global Ecology: Towards a Science of the Biosphere, Academic Press, Inc. 75 – 105.

Fahrig L. 2007. Landscape heterogeneity and metapopulation dynamics. In: Wu J, Hobbs R, eds. Key Topics in Landscape Ecology. Cambridge, UK: Cambridge University Press. 78 – 91

Farina A. 1998. Principles and Methods in Landscape Ecology. London: Chapman & Hall.

Fix R A, Burt T P. 1995. Global Positioning System: An effective way to map a small area or catchment. Earth Surface Processes and Landforms, 20: 817 – 827.

Flood R L. 1987. Complexity: A definition by construction of a conceptual framework. Systems Research, 4: 177 – 185.

Flood R L, Carson E R. 1993. Dealing with Complexity: An Introduction to the Theory and Application of Systems Science. New York: Plenum Press.

Foody G M, Curran P J, ed. 1993. Envrionmental Remote Sensing from Regional to Global Scales. Chichester: John Wiley & Sons.

Ford E D, Renshaw E. 1984. The interpretation of process from pattern using two-dimensional spectral analysis. Vegetatio, 56: 113 – 123.

Ford A. 1999. Modeling the Environment: An Introduction to System Dynamics Models of Environmental Systems. Washington, D. C.: Island Press.

Forman R T T. 1981. Interaction among landscape elements: A core of landscape ecology. In: Proceedings of the International Congress 1981. Netherlands. Pudoc, Wageningen: Veldhoven.

Forman R T T, Godron M. 1981. Patches and structural components for a landscape ecology. BioScience, 31: 733 – 740.

Forman R T T. 1983. Corridors in a landscape: Their ecological structure and function. Ecology (CSSR), 2: 375 – 387.

Forman R T T, Godron M. 1986. Landscape Ecology. New York: John Wiley & Sons.

Forman R T T. 1990. Ecologically sustainable landscapes: The role of spatial configuration. In: Zonneveld I S, Forman R T T, ed. Changing Landscapes: An Ecological Perspective, New York: Springer-Verlag. 261 – 278.

Forman R T T. 1995a. Land Mosaics: The Ecology of Landscapes and Regions. Cambridge: Cambridge University Press.

Forman R T T. 1995b. Some general principles of landscape and regional ecology. Landscape Ecology, 10: 133 – 142.

Fortin M, Drapeau P, Legendre P. 1989. Spatial autocorrelation and sampling design in plant ecology. Vegetatio, 83: 209 – 222.

Fortin M-J. 1999a. Effects of sampling unit resolution on the estimation of spatial autocorrelation. EcoScience, 6: 636 – 641.

Fortin M-J. 1999b. Spatial statistics in landscape ecology. In: Klopatek J M, Gardner R H, ed.

Landscape Ecological Analysis: Issues and Applications, New York: Springer-Verlag. 253 – 279.

Fortin M-J, Boots B, Csillag F, Remmel T K. 2003. On the role of spatial stochastic models in understanding landscape indices in ecology. Oikos, 102: 203 – 212.

Fortin M-J, Dale M R T. 2005. Spatial Analysis: A Guide for Ecologists. Cambridge University Press.

Foster D R. 1992. Land-use history (1730 —1990) and vegetation dynamics in central New England, U. S. A. Journal of Ecology, 80: 753 – 772.

Fotheringham S. 1989. Scale-independent spatial analysis. In: Goodchild M F, Gopal S, ed. Accuracy of Spatial databases, London: Taylor and Francis. 221 – 228.

Fotheringham A S, Wong D. 1991. The modifiable areal unit problem in multivariate statistical analysis. Environment and Planning A, 23: 1026 – 1044.

Fotheringham A S, Rogerson P A. 1993. GIS and spatial analytical problems. International Journal of Geographical Information Systems, 7: 3 – 19.

Fotheringham S, Rogerson P. 1994. Spatial Analysis and GIS. London: Taylor & Francis.

Franklin J F, Forman R T T. 1987. Creating landscape patterns by forest cutting: Ecological consequences and principles. Landscape Ecology, 1:5 – 18.

Franklin J F. 1993. Preserving biodiversity: Species, ecosystems, or landscapes. Ecological Applications, 3: 202 – 205.

Freemark K. 1999. Farmlands for farming and nature. In: Wiens J A. Moss M R, ed. Issues in Landscape Ecology, Snowmass Village: International Association for Landscape Ecology. 124 – 128.

Frohn R C. 1998. Remote Sensing for Landscape Ecology: New Metric Indicators for Monitoring, Modeling, and Assessment of Ecosystems. Boca Raton: Lewis Publishers.

Fry G L A, Gustavsson R. 1996. Testing landscape design principles: The landscape laboratory. In: Jongman R, ed. Ecological and Landscape Consequences of Land Use Change in Europe. Proceedings of the First ECNC Seminar on Land Use Changes and Its Ecological Consequences, ECNC Man and Nature Series 2. 143 – 154.

Fry G, Tress B, Tress G. 2007. Integrative landscape research: Facts and challenges. In: Wu J, Hobbs R, eds. Key Topics in Landscape Ecology. Cambridge, UK: Cambridge University Press. 246 – 270.

Gao W. 1990. A microcosm approach to study landscape patch expansion. [Masters Thesis]. Oxford: Miami University.

Gao W, Vankat J L. 1991. A study of landscape patch dynamics using a microcosm approach. In: Proceedings of the 5th International Congress of Landscape Ecology, Ottawa: Carleton University: 48.

Garcia-Moliner G, Mason D M, Greene C H, et al. 1993. Description and analysis of spatial patterns. In: Levin S A, Powell T M, Steele J H, ed. Patch Dynamics, Berlin: Springer-Verlag. 70 – 89.

Gardner M. 1971. On cellular automata, self-reproduction, the Garden of Eden and "the game life". Scientific American, 224: 112 – 117.

Gardner R H, Milne B T, Turner M G, et al. 1987. Neutral models for the analysis of broad-scale landscape pattern. Landscape Ecology, 1: 19 – 28.

Gardner R H, O'Neill R V. 1991. Pattern, process, and predictability: The use of neutral models for landscape analysis. In: Turner M G, Gardner, R H, ed. Quantitative Methods in Landscape Ecology, New York: Springer-Verlag. 289 – 307.

Geary R C. 1954. The contiguity ratio and statistical mapping. Incorporated Statistician, 5: 115 – 141.

Gefen Y, Aharony A, Mandelbrot B B. 1984. Phase transitions on fractals: III. Infinitely ramified lattices. Journal Physics A: Mathematical and General, 17: 1277 – 1289.

Gehlke C E, Biehl K. 1934. Certain effects of grouping upon the size of the correlation coefficient in census tract material. Journal of the American Statistical Association Supplement, 29: 169 – 170.

George M R, Brown J R, Clawson W J. 1992. Application of nonequilibrium ecology to management of Mediterranean grasslands. Journal of Range Management, 45: 436 – 440.

Gilbert F S. 1980. The equilibrium theory of island biogeography: Fact or fiction? Journal of Biogeography, 7: 209 – 235.

Gillson L. 2004. Evidence of hierarchical patch dynamics in an East African savanna? Landscape Ecology, 19: 883 – 894.

Gillson L, Lindsay K, Bulte E H, Damiana R. 2005. Elephants, ecology, and nonequilibrium? Science, 307: 673 – 674.

Gilpin M E, Diamond J M. 1976. Calculation of immigration and extinction curves from the species-area-distance relationship. Proceedings of the National Academy of Sciences, 73: 4130 – 4134.

Gilpin M E, Diamond J M. 1981. Immigration and extinction probabilities for individual species: Relation to incidence functions and species colonization curves. The Proceedings of the National Academy of Science, 78: 392 – 396.

Gilpin M, Hanski I. 1991. Metapopulation Dynamics: Empirical and Theoretical Investigations. London: Academic Press.

Gimblett H R, ed. 2002. Integrating Geographic Information Systems and Agent-Based Modeling Techniques for Simulating Social and Ecological Processes. Oxford: Oxford University Press.

Golley F B, Bellot J. 1991. Interactions of landscape ecology, planning and design. Landscape and Urban Planning, 21: 3 – 11.

Gonzales A, Lawton J H, Gilbert F S, et al. 1998. Metapopulation dynamics abundance and distribution in microecosystems. Science, 281: 2045 – 2047.

Goodall D W. 1974. A new method for analysis of spatial pattern by random pairing of quadrats. Vegetatio, 29: 135 – 146.

Goodchild M F. 1986. Spatial Autocorrelation. Norwich: Geo Books.

Goodchild M F, Parks B O, Steyaert L T, ed. 1993. Environmental Modeling with GIS. New

York：Oxford University Press.

Goodchild M F, Steyaert L T, Parks B O, et al. ed. 1996. GIS and Environmental Modeling：Progress and Research Issues. Fort Collins：GIS World Books.

Goodwin B J,Fahrig L. 2002. How does landscape structure influence landscape connectivity? Oikos,99：552 - 570.

Goodwin B J. 2003. Is landscape connectivity a dependent or independent variable? Landscape Ecology,18：687 - 699.

Goovaerts P. 1997. Geostatistics for Natural Resources Evaluation. New York：Oxford University Press.

Goward S N, Markham B, Dye D G, et al. 1991. Normalized difference vegetation index measurements from the Advanced Very High Resolution Radiometer. Remote Sensing of Environment, 35：257 - 277.

Graham R L, Hunsaker C T, O'Neill R V, et al. 1991. Ecological risk assessment at the regional scale. Ecological Applications, 1：196 - 206.

Grant W E, Pedersen E K, Marin S L. 1997. Ecology and Natural Resource Management：Systems Analysis and Simulation. New York：Wiley.

Green D G. 1994. Connectivity and complexity in landscapes and ecosystems. Pacific Conservation Biology, 1：194 - 200.

Greig-Smith P. 1952. The use of random and contiguous quadrats in the study of the structure of plant communities. Annals of Botany, London ,16：293 - 316.

Greig-Smith P. 1983. Quantitative Plant Ecology. Berkeley：University of California Press.

Griffith D A. 1988. Advanced Spatial Statistics：Special Topics in the Exploration of Quantitative Spatial Data Series. Dordrecht：Kluwer Academic Publishers.

Grimm V. 1999. Ten years of individual-based modelling in ecology：What have we learned and what could we learn in the future? Ecological Modelling, 115：129 - 148.

Grimm V,Revilla E,Berger U,Jeltsch F,Mooij W M,Railsback S F,Thulke H,Weiner J,Wiegand T,DeAngelis D L. 2005. Pattern-Oriented Modeling of Agent-Based Complex Systems：Lessons from Ecology. Science, 310：987 - 991.

Grubb P J. 1977. The maintenance of species-richness in plant communities：The importance of the regeneration niche. Biological Review,52：107 - 145.

Grumbine R E. 1994. What is ecosystem management? Conservation Biology,8：27 - 38.

Gustafson E J. 1998. Quantifying landscape spatial pattern：What is the state of the art? Ecosystems, 1：143 - 156.

Gutzwiller K J, ed. 2002. Applying Landscape Ecology in Biological Conservation. New York：Springer.

Gyllenberg M, Hanski I, Hastings A. 1997. Structured metapopulation models. In：Hanski I A, Gilpin M E, ed. Metapopulation Biology：Ecology, Genetics and Evolution, San Diego：Academic Press. 93 - 122.

Haddad N M. 1999. Corridor and distance effects on interpatch movements：A landscape experiment with butterflies. Ecological Applications,9: 612 – 622.

Haefner J W. 1996. Modeling Biological Systems: Principles and Applications. New York: Chapman & Hall.

Haines-Young R, Green D R, Cousins S H. 1993. Landscape Ecology and GIS. London: Taylor & Francis.

Haining R. 1990. Spatial Data Analysis in the Social and Environmental Sciences. Cambridge: Cambridge University Press.

Hall C A S, Day J W. 1977. Ecosystem Modeling in Theory and Practice: An Introduction with Case Histories. New York: Wiley.

Hall C A S. 1988. What constitutes a good model and by whose criteria? Ecological Modelling, 43: 125 – 127.

Hall O, Hay G J, Bouchard A, Marceau D J. 2004. Detecting dominant landscape objects through multiple scales: An integration of object-specific methods and watershed segmentation. Landscape Ecology,19: 59 – 76.

Hamazaki T. 1996. Effects of patch shape on the number of organisms. Landscape Ecology, 11: 299 – 306.

Hansen A J, Garman S L, Marks B. 1993. An approach for managing verterbrate diversity across multiple-use landscapes. Ecological Applications, 3: 481 – 496.

Hanski I. 1991. Single-species metapopulation dynamics: Concepts, models and observations. Biological Journal of the Linnean Society, 42: 17 – 38.

Hanski I, Gilpin M. 1991. Metapopulation dynamics: Brief history and conceptual domain. Biological Journal of the Linnean Society, 42: 3 – 16.

Hanski I. 1997. Ecology: Be diverse, be predictable. Nature,390: 440 – 441.

Hanski I A, Gilpin M E. 1997. Metapopulation Biology: Ecology, Genetics, and Evolution. San Diego:Academic Press.

Hanski I. 1998. Metapopulation dynamics. Nature, 396: 41 – 49.

Hanski I. 1999. Metapopulation Ecology. New York: Oxford University Press.

Hanski I,Gaggiotti O E, eds. 2004. Ecology, Genetics, and Evolution of Metapopulations. Amsterdam:Elsevier Academic Press.

Hargis C D, Bissonette J A, David J L. 1998. The behavior of landscape metrics commonly used in the study of habitat fragmentation. Landscape Ecology,13: 167 – 186.

Hargrove W W, Pickering J. 1992. Pseudoreplication: A sine qua non for regional ecology. Landscape Ecology, 6: 251 – 258.

Harper S J, Bollinger E K, Barrett G W. 1993. Effects of habitat patch shape on population dynamics of meadow voles (Microtus pennsylvanicus). Journal of Mammalogy, 74: 1045 – 1055.

Harris L D. 1984. The Fragmented Forest: Island Biogeography Theory and the Preservation of Biotic Diversity. Chicago: University of Chicago Press.

Harrison S. 1991. Local extinction in a metapopulation context: An empirical evaluation. Biological Journal of the Linnean Society, 42: 73 – 88.

Harrison S, Taylor A D. 1997. Empirical evidence for metapopulation dynamics. In: Hanski I A, Gilpin M E, ed. Metapopulation Biology: Ecology, Genetics and Evolution, San Diego: Academic Press. 27 – 42.

Hastings A, Wolin C L. 1989. Within-Patch dynamics in a metapopulation. Ecology, 70: 1261 – 1266.

Hastings A, Harrison S. 1994. Metapopulation dynamics and genetics. Annual Review of Ecology & Systematics, 25: 167 – 188.

Hay G J, Dube P, Bouchard A, Marceau D J. 2002. A scale-space primer for exploring and quantifying complex landscapes. Ecological Modelling, 153: 27 – 49.

Hay G, Marceau D J, Dubé P, Bouchard A. 2001. A multiscale framework for landscape analysis: Object-specific analysis and upscaling. Landscape Ecology, 16: 471 – 490.

He F, Legendre P. 1996. On species-area relations. The American Naturalist, 148: 719 – 737.

He H, Mladenoff D J, Crow T R. 1999. Linking an ecosystem model and a landscape model to study forest species response to climate warming. Ecological Modelling, 114: 213 – 233.

He H, Mladenoff D J, Boeder J. 1999. An object-oriented forest landscape model and its representation of tree species. Ecological Modelling, 119: 1 – 19.

Henebry G M, Kux H J H. 1995. Lacunarity as a texture measure for SAR imagery. International Journal of Remote Sensing, 16: 565 – 571.

Herkert J R. 1994. The effects of habitat fragmentation on midwestern grassland bird communities. Ecological Applications, 4: 461 – 471.

Hess G. 1994. Pattern and error in landscape ecology: A commentary. Landscape Ecology, 9: 3 – 5.

Hess G R, Bay J M. 1997. Generating confidence intervals for composition-based landscape indexes. Landscape Ecology, 12: 309 – 320.

Hill M O. 1973. The intensity of spatial pattern in plant communities. Journal of Ecology, 61: 225 – 235.

Hobbs R J, Mooney H A. 1985. Community and population dynamics of serpentine grassland annuals in relation to gopher disturbance. Oecologia, 67: 342 – 351.

Hobbs R J. 1992. The role of corridors in conservation: Solution or bandwagon? TREE, 7: 389 – 392.

Hobbs R J, Saunders D A, ed. 1993. Reintegrating Fragmented Landscapes: Towards Sustainable Production and Conservation. New York: Springer-Verlag.

Hobbs R J. 1994. Dynamics of vegetation mosaics: Can we predict responses to global change? Ecoscience, 1: 346 – 356.

Hobbs R J, Mooney H A. 1995. Spatial and temporal variability in California annual grassland: Results from a long-term study. Journal of Vegetation Science, 6: 43 – 56.

Hobbs R J, Norton D A. 1996. Towards a conceptual framework for restoration ecology. Restoration Ecology, 4: 93 – 110.

Hobbs R J. 1997. Future landscapes and the future of landscape ecology. Landscape & Urban

Planning, 37: 1 – 9.

Hobbs R J. 1999. Restoration ecology and landscape ecology. In: Wiens J A, Moss M R, ed. Issues in Landscape Ecology, Snowmass Village: International Association for Landscape Ecology. 70 – 77.

Hof J, Flather C. 2007. Optimization of landscape pattern. In: Wu J, Hobbs R, eds. Key Topics in Landscape Ecology. Cambridge, UK: Cambridge University Press. 143 – 160.

Hogeweg P. 1988. Cellular automata as a paradigm for ecological modeling. Applied Mathematics and Computation, 27: 81 – 100.

Holderegger R, Wagner H. 2006. A brief guide to landscape genetics. Landscape Ecology, 21(6): 793 – 796

Holling C S. 1973. Resilience and stability of ecological systems. Annual Review of Ecology & Systematics, 4: 1 – 23.

Holling C S. 1992. Cross-scale morphology, geometry, and dynamics of ecosystems. Ecological Monographs, 62: 447 – 502.

Holt R D, Robinson G R, Gaines M S. 1995. Vegetation dynamics in experimentally fragmented landscape. Ecology, 76: 1610 – 1624.

Horn H S. 1975. Forest succession. Scientific American, 232: 90 – 98.

Huffaker C B. 1958. Experimental studies on predation: Dispersion factors and predator-prey oscillations. Hilgardia, 27: 342 – 383.

Huggett R J. 1993. Modelling the Human Impact on Nature: Systems Analysis of Environmental Problems. Oxford: Oxford University Press.

Hunsaker C T, Graham R L, Suter G W, et al. 1990. Assessing ecological risk on a regional scale. Environment Management, 14: 325 – 332.

Hunsaker C T, Levine D A. 1995. Hierarchical approaches to the study of water quality in rivers. BioScience, 45: 193 – 203.

Huston M, DeAngelis D, Post W. 1988. New computer models unify ecological theory. BioScience, 38: 682 – 691.

Hutchinson G E. 1953. The concept of pattern in ecology. Proceedings of the Academy of Natural Sciences (Philadelphia), 105: 1 – 12.

Ims R A, Stenseth N C. 1989. Divided the fruitflies fall. Nature, 342: 21 – 22.

Ims R A. 1999. Experimental landscape ecology. In: Wiens J A, Moss M R, ed. Issues in Landscape Ecology, Greeley: Pioneer Press of Greeley. 45 – 50.

Isaaks E H, Srivastava R M. 1989. An Introduction to Applied Geostatistics. New York. Oxford University Press.

Iverson L R, Graham R L, Cook E A. 1989. Applications of satellite remote sensing to forested ecosystems. Landscape Ecology, 3: 131 – 143.

Iverson L. 2007. Adequate data of known accuracy are critical to advancing the field of landscape ecology. In: Wu J, Hobbs R, eds. Key Topics in Landscape Ecology. Cambridge, UK: Cambridge University Press, 11 – 38.

Jarvis P G. 1995. Scaling processes and problems. Plant, Cell and Environment,18: 1079 – 1089.

Jelinski D E, Wu J. 1996. The modifiable areal unit problem and implications for landscape ecology. Landscape Ecology, 11: 129 – 140.

Jenerette G D, Wu J. 2000. Analysis and simulation of land use change in the central Arizona-Phoenix region. Landscape Ecology (in press).

Jenerette G D,Wu J. 2001. Analysis and simulation of land use change in the central Arizona—Phoenix region, USA. Landscape Ecology, 16: 611 – 626.

Jenerette G D, Wu J. 2004. Interactions of ecosystem processes with spatial heterogeneity in the puzzle of nitrogen limitation. Oikos, 107: 273 – 282.

Jenerette G D,Wu J,Grimm N B,Hope D. 2006. Points, patches, and regions: Scaling soil biogeochemical patterns in an urbanized arid ecosystem. Global Change Biology,12: 1532 – 1544.

Jensen J R. 1986. Introductory Digital Image Progressing: A Remote Sensing Perspective. Englewood Cliffs: Prentice-Hall.

Johannesen E,Ims R A. 1996. Modeling survival rates: Habitat fragmentation and destruction in root vole experimental populations. Ecology, 77: 1196 – 1209.

Johnston C A. 1998. Geographic Information Systems in Ecology. Oxford: Blackwell.

Jones H L,Diamond J M. 1976. Short-term-base studies of turnover in breeding bird populations on the California Channel Islands. Condor, 78: 526 – 549.

Jones C G,Lawton J M, ed. 1994. Linking Species and Ecosystems. New York: Chapman & Hall.

Jongman R H G. 1999. Landscape ecology in land use planning. In:Wiens J A,Moss M R, ed. Issues in Landscape Ecology,Snowmass Village: International Association for Landscape Ecology. 112 – 118.

Jordan III W R, Gilpin M E, Aber J D. 1987. Restoration Ecology: A Synthetic Approach to Ecological Research. Cambridge: Cambridge University Press.

Jorgensen S E, Halling-Sorensen B,Nielsen S N. 1996. Handbook of Environmental and Ecological Modeling. Boca Raton, FL. :CRC Press.

Journel A G,Huijbregts C G. 1977. Mining Geostatistics. New York: Academic Press.

Journel A G,Huijbregts C G. 1978. Mining Geostatistics. London: Academic Press.

Judson O P. 1994. The rise of the individual-based model in ecology. TREE, 9: 9 – 14.

Justice C O, Townshend J R G, Holben B N, et al. 1985. Analysis of the phenology of global vegetation using meteorological satellite data. International Journal of Remote Sensing,6: 1271 – 1318.

Justice C O,Townshend J R G, Kalb V L. 1991. Representation of vegetation by continental data sets derived from NOAA-AVHRR data. International Journal of Remote Sensing,12: 999 – 1021.

Kareiva P, Andersen M. 1986. Spatial aspects of species interactions: The wedding of models and experiments. In: Hastings A, ed. Community Ecology, Berlin:Springer-Verlag. 35 – 50 .

Kates R W, Clark W C, Corell R,et al. 2001. Sustainability Science. Science, 292: 641 – 642.

Kaufman D G,Franz C M. 1996. Biosphere 2000: Protecting Our Global Environment 2nd ed. Dubuque, IA. :Kendall/Hunt Publishing Company.

Kenkel N C. 1993. Modeling Markovian dependence in populations of Aralia nudicalis. Ecology, 74: 1700 – 1706.

Kennedy M. 1996. The Global Positioning System and GIS. Ann Arbor: Ann Arbor Press.

Kershaw K A. 1957. The use of cover and frequency in the detection of pattern in plant communities. Ecology, 38: 291 – 299.

Kershaw K A, Looney J. H. H. 1985. Quantitative and Dynamic Plant Ecology. London: Edward Arnold.

King A. 1991. Translating models across scales in the landscape. In: Turner M G, Gardner R H, ed. Quantitative Methods in Landscape Ecology, New York: Springer-Verlag. 479 – 517.

King A W, Johnson A R, O' Neill R V. 1991. Transmutation and functional representation of heterogeneous landscapes. Landscape Ecology, 5: 239 – 253.

Kingsland S E. 2005. The Evolution of American Ecology (1890 – 2000). Baltimore: The Johns Hopkins University Press.

Kolasa J, Pickett S T A, ed. 1991. Ecological Heterogeneity. New York: Springer-Verlag.

Krummel J R, Gardner R H, Sugihara G, et al. 1987. Landscape patterns in a disturbed environment. Oikos, 48: 321 – 324.

Kuhn T S. 1962. The Structure of Scientific Revolutions. 1st ed. Chicago: University of Chicago Press.

Kuhn T S. 1970. The Structure of Scientific Revolutions. 2nd ed. Chicago: University of Chicago Press.

Lam N S. 1983. Spatial interpolation methods: A review. The American Cartographer, 10: 129 – 149.

Lam N S-N. 1990. Description and measurement of Landsat TM Images using fractals. Photogrammetric Engineering and Remote Sensing, 56: 187 – 195.

Lam N S-N, Quattrochi D A. 1992. On the issues of scale, resolution, and fractal analysis in the mapping sciences. Professional Geographer, 44: 88 – 98.

Langston N E. 1998. People and nature. In: Dodson S I, Allen T F H, Carpenter S R, et al. ed. Ecology, New York: Oxford University Press. 26 – 76.

Larsen D R, Bliss L C. 1998. An analysis of structure of tree seedling populations on a Lahar. Landscape Ecology, 13: 307 – 322.

Laurance W F, Yensen E. 1991. Predicting the impacts of edge effects in fragmented habitats. Biological Conservation, 55: 77 – 92.

Law B E, Turner D, Campbell J, et al. 2006. Carbon fluxes across regions: observational constraints at multiple scales. In: Wu J, Jones K B, Li H, Loucks O L, eds. Scaling and Uncertainty Analysis in Ecology: Methods and Applications. Dordrecht: Springer. 167 – 190.

Lawton J H. 1995. Ecological experiments with model systems. Science, 269: 328 – 331.

Laycock W A. 1991. Stable states and thresholds of range condition on North American rangelands: A viewpoint. Journal of Range Management, 44: 427 – 433.

Leduc A, Prairie Y T, Bergeron Y. 1994. Fractal dimension estimates of a fragmented landscape:

Sources of variability. Landscape Ecology, 9: 279 – 286.

Lefkovitch L P, Fahrig L. 1985. Spatial characteristics of habitat patches and population survival. Ecological Modelling, 30: 297 – 308.

Legendre P, Fortin M-J. 1989. Spatial pattern and ecological analysis. Vegetatio, 80: 107 – 138.

Legendre P. 1993. Spatial autocorrelation: Trouble or new paradigm? Ecology, 74: 1659 – 1673.

Legendre P, Legendre L. 1998. Numerical Ecology. Amsterdam: Elsevier.

Lett C, Silber C, Dube P, et al. 1999. Forest dynamics: A spatial gap model simulated on a cellular automata network. Canadian Journal of Remote Sensing, 25: 403 – 411.

Levin S A, Paine R T. 1974. Disturbance, patch formation and community structure. Proceedings of the National Academy of Sciences, USA, 71: 2744 – 2747.

Levin S A. 1974. Dispersion and Population Interactions. American Naturalist, 108: 207 – 228.

Levin S A, Paine R T. 1975. The role of disturbance in models of community structure. In: Levin S A, ed. Ecosystem Analysis and Prediction, Philadelphia: Society for Industrial & Applied Mathematics. 56 – 67.

Levin S A. 1976. Population dynamic models in heterogeneous environments. Annual Review of Ecology & Systematics, 7: 287 – 310.

Levin S A. 1978. Pattern formation in ecological communities. In: Steele J H, ed. Spatial Pattern In Plankton Communities, New York: Plenum. 433 – 465.

Levin S A. 1979. Multiple equilibria in ecological models. International Environmental Simulation Modeling Syposium: Tellavi, Georgia, USSR: 1 – 57.

Levin S A, Buttel L. 1987. Measure of patchiness in ecological systems. Ecosystem Research Center: Report No. ERC-130.

Levin S A. 1992. The problem of pattern and scale in ecology. Ecology, 73: 1943 – 1967.

Levin S A, Powell T M, Steele J H. 1993. Patch Dynamics. Berlin: Springer-Verlag.

Levin S A. 1998. Ecosystems and the biosphere as complex adaptive systems. Ecosystems, 1: 431 – 436.

Levin S A. 1999. Fragile Dominion: Complexity and the Commons. Perseus Books, Reading.

Levins R. 1966. The strategy of model building in population biology. American Scientist, 54: 421 – 431.

Levins R. 1969. Some demographic and genetic consequences of environmental heterogeneity for biological control. Bulletin of the Entomological Society of America, 15: 237 – 240.

Levins R. 1970. Extinction. In: Some Mathematical Problems in Biology. Providence: American Mathematical Society. 75 – 107.

Li C, Corns I G W, Yang R C. 1999. Fire frequency and size distribution under natural conditions: A new hypothesis. Landscape Ecology, 14: 533 – 542.

Li H, Reynolds J F. 1993. A new contagion index to quantify spatial patterns of landscapes. Landscape Ecology, 8: 155 – 162.

Li H, Reynolds J F. 1994. A simulation experiment to quantify spatial heterogeneity in categorical maps. Ecology, 75: 2446 – 2455.

Li H, Reynolds J F. 1995. On definition and quantification of heterogeneity. Oikos, 73: 280 – 284.

Li H, Reynolds J F. 1997. Modeling effects of spatial pattern, drought, and grazing on rates of rangeland degradation: A combined Markov and cellular automaton approach. In: Quattrochi D A, Goodchild M F, ed. Scale in Remote Sensing and GIS, Boca Raton: Lewis Publishers. 211 – 230.

Li H, Wu J. 2004. Use and misuse of landscape indices. Landscape Ecology, 19: 389 – 399.

Li H, Wu J. 2007. Landscape pattern analysis: Key issues and challenges. In: Wu J, Hobbs R, eds. Key Topics in Landscape Ecology. Cambridge, UK: Cambridge University Press. 39 – 61.

Li H, Wu J. 2006. Uncertainty analysis in ecological studies: An overview. In: Wu J, Jones K B, Li H, Loucks O L, eds. Scaling and Uncertainty Analysis in Ecology: Methods and Applications. Dordrecht: Springer. 45 – 66.

Lillesand T M, Kiefer R W. 1994. Remote Sensing and Image Interpretation. New York: Wiley.

Lin B, Yang Z R. 1986. A suggested lacunarity expression for Sierpinski carpets. Journal Physics A: Mathematical and General, 19: L49 – L52.

Lodge D M. 2003. From the balance to the flux of nature: The power of metaphor in cross-discipline conversations. Worldviews: Environment, Culture, Religion, 7: 1 – 4.

Longley P, Batty M, ed. 1996. Spatial Analysis: Modelling in a GIS Environment. Cambridge: GeoInformation International.

Loucks O. 1970. Evolution of diversity, efficiency, and community stability. American Zoologist, 10: 17 – 25.

Loucks O L, Plumb-Mentjes M L, Rogers D. 1985. Gap processes and large-scale disturbances in sand prairies. In: Pickett S T A, White P S, ed. The Ecology of Natural Disturbance and Patch Dynamics, Orlando: Academic. 71 – 83.

Lovejoy S, Schertzer D, Ladoy P. 1986. Fractal characterization of inhomogeneous geophysical measuring networks. Nature, 319: 43 – 44.

Lovelock J E. 1987. Gaia: A New Look at Life on Earth. Oxford: Oxford University Press.

Luck M, Wu J. 2002. A gradient analysis of urban landscape pattern: A case study from the Phoenix metropolitan region, Arizona, USA. Landscape Ecology, 17: 327 – 339.

Ludwig J A, Goodall D W. 1978. A comparison of paired with blocked quadrat variance methods for the analysis of spatial pattern. Vegetatio, 38: 49 – 59.

Ludwig J A. 1979. A test of different variance methods for the analysis of spatial pattern. In: Cormack R M, Ord J K, ed. Spatial and Temporal Analysis in Ecology, Fairland: International Cooperative Publishing House. 289 – 303.

Ludwig J, Tongway D, Freudenberger D, et al. 1997. Landscape Ecology, Function and Management: Principles from Australia's Rangelands. Collingwood: CSIRO.

Ludwig J A. 2007. Advances in detecting landscape changes at multiple scales: Examples from northern Australia. In: Wu J, Hobbs R, eds. Key Topics in Landscape Ecology. Cambridge, UK: Cambridge University Press. 161 – 172.

MacArthur R H, Wilson E O. 1963. An equilibrium theory of insular zoogeography. Evolution, 17: 373 - 387.

MacArthur R H. 1965. Patterns of species diversity. Biological Review, 40: 510 - 533.

MacArthur R H, Wilson E O. 1967. The Theory of Island Biogeography. Princeton: Princeton University Press.

MacKey B G, Soulé M E, Nix H A, et al. 2007. Applying landscape-ecological principles to regional conservation: The Wildcountry Project in Australia. In: Wu J, Hobbs R, eds. Key Topics in Landscape Ecology. Cambridge, UK: Cambridge University Press. 192 - 213.

MacMahon J A, Jordan W. 1994. Ecological restoration. In: Meffe G K, Carroll D R, ed. Principles of Conservation Biology, Sunderland: Sinauer Associates, Inc. 409 - 438.

Mandelbrot B B. 1983. The Fractal Geometry of Nature. New York: W H Freeman.

Manel S, Schwartz M K, Luikart G, Taberlet P. 2003. Landscape genetics: combining landscape ecology and population genetics. Trends in Ecology and Evolution, 18(4): 189 - 197

Margalef R. 1968. Perspectives in Ecological Theory. Chicago: University of Chicago Press.

Margules C R. 1992. The Wog Wog habitat fragmentation experiment. Environmental Conservation, 19: 316 - 325.

Marks P L. 1974. The role of pin cherry (*Prunus pennsylvanica* L.) in the maintenance of stability in Northern hardwood ecosystems. Ecological Monographs, 44: 73 - 88.

Matheron G. 1963. Principles of geostatistics. Economic Geology, 58: 1246 - 1266.

Matson P A, Ustin S L. 1991. The future of remote sensing in ecological studies. Ecology, 72: 1917.

Mauser W, Rast M, Bach H. 1999. Remote sensing—What will we get? In: Tenhunen J D, Kabat P, ed. Integrating Hydrology, Ecosystem Dynamics and Biogeochemistry in Complex Landscapes, Chichester: John Wiley & Sons. 61 - 88.

May R M. 1977. Thresholds and breakpoints in ecosystems with a multiplicity of stable states. Nature, 269: 471 - 477.

McAuliffe J R. 1994. Landscape evolution, soil formation, and ecological patterns and processes in Sonoran Desert bajadas. Ecological Monographs, 64: 111 - 148.

McGarigal K, Marks B J. 1995. FRAGSTATS: Spatial Pattern Analysis Program for Quantifying Landscape Structure. Report No. PNW-GTR-351, USDA-Forest Service, Pacific Northwest Research Station, Portland.

McGarigal K, Cushman S A. 2002. Comparative evaluation of experimental approaches to the study of habitat fragmentation effects. Ecological Applications, 12: 335 - 345.

McIntyre N E, Wiens J A. 2000. A novel use of the lacunarity index to discern landscape function. Landscape Ecology, 15: 313 - 321.

Meffe G K, Carroll C R. 1997. Principles of Conservation Biology. Sunderland: Sinauer Associates.

Meisel J E, Turner M G. 1998. Scale detection in real and artificial landscapes using semivariance analysis. Landscape Ecology, 13: 347 - 362.

Milne B T. 1991. Lessons from applying fractal models to landscape patterns. In: Turner M G, Gardner R H, ed. Quantitative Methods in Landscape Ecology: The Analysis and Interpretation of Landscape Heterogeneity, New York: Springer-Verlag. 199 – 235.

Milne B T. 1997. Applications of fractal geometry in wildlife biology. In: Bissonette J A, ed. Wildlife and Landscape Ecology: Effects of Pattern and Scale, New York: Springer. 32 – 69.

Milne B T. 1998. Motivation and benefits of complex systems approaches in ecology. Ecosystems, 1: 449 – 456.

Millington A C, Walsh S J, Osborne P E, eds. 2001. GIS and Remote Sensing Applications in Biogeography and Ecology. Boston: Kluwer.

Mladenoff D J, Baker W L, eds. 1999. Spatial Modeling of Forest Landscape Change: Approaches and Applications. New York: Cambridge University Press.

Moellering H, Tobler W. 1972. Geographical variances. Geographical Analysis, 4: 34 – 64.

Mooney H A, Chapin F S. 1994. Future directions of global change research in terrestrial ecosystems. TREE, 9: 371 – 372.

Moran P A P. 1948. The interpretation of statistical maps. Journal of the Royal Statistical Society Series B, 10: 243 – 251.

Munroe E G. 1948. The Geographical Distribution of Butterflies in the West Indies: [Ph. D. Dissertation]. Ithaca: Cornell University.

Murray J D. 1989. Mathematical Biology. Berlin: Springer-Verlag.

Musacchio L R, Wu J. 2004. Collaborative landscape-scale ecological research: Emerging trends in urban and regional ecology. Urban Ecosystems, 7: 175 – 178.

Nassauer J I, ed. 1997. Placing Nature: Culture and Landscape Ecology. Washington, D. C. : Island Press.

National Research Council. 1999. Our Common Journey: A Transition Toward Sustainability. Washington DC: National Academy Press.

Naveh Z. 1982. Landscape ecology as an emerging branch of human ecosystem science. In: MacFadyen A, Ford E D, ed. Advances in Ecological Research, London: Academic. 188 – 237.

Naveh Z, Lieberman A S. 1984. Landscape Ecology: Theory and Application. New York: Springer-Verlag.

Naveh Z. 1987. Biocybernetic and thermodynamic perspectives of landscape functions and land use patterns. Landscape Ecology, 1: 75 – 83.

Naveh Z. 1991. Some remarks on recent developments in landscape ecology as a transdisciplinary ecological and geographical science. Landscape Ecology, 5: 65 – 73.

Naveh Z, Lieberman A S. 1994. Landscape Ecology: Theory and Application 2nd ed. New York: Springer-Verlag.

Naveh Z. 1994. From biodiversity to ecodiversity: A landscape-ecology approach to conservation and restoration. Restoration Ecology, 2: 180 – 189.

Naveh Z. 2000. What is holistic landscape ecology? A conceptual introduction. Landscape and Urban Planning, 50: 7 – 26.

Neal M C,McGarigal K, Cushman S. 2004. Behavior of class-level landscape metrics across gradients of class aggregation and area. Landscape Ecology, 19: 435 – 455.

Neilson R P. 1999. Landscape ecology and global change. In: Wiens J A,Moss M R, ed. Issues in Landscape Ecology, Snowmass Village: International Association for Landscape Ecology. 64 – 69.

Nikora V I, Pearson C P, Shankar U. 1999. Scaling properties in landscape patterns: New Zealand experience. Landscape Ecology,14: 17 – 33.

Noss R F. 1983. A regional landscape approach to maintain diversity. BioScience,33: 700 – 706.

Noss R. 1987. Protecting natural areas in fragmented landscapes. Natural Areas Journal, 7: 2 – 13.

Noss R F. 1990. Indicators for monitoring biodiversity: A hierarchical approach. Conservation Biology, 4: 355 – 364.

O'Neill R V. 1979. Transmutations across hierarchical levels. In: Innis G S, O'Neill R V, ed. Systems Analysis of Ecosystems,Fairland: International Cooperative. 140 – 156.

O'Neill R V, DeAngelis D L, Waide J B, et al. 1986. A Hierarchical Concept of Ecosystems. Princeton: Princeton University Press.

O'Neill R V. 1988. Hierarchy theory and global change. In:Rosswall T, Woodmansee R G, Riser P G, ed. Scales and Global Change,New York: John Wiley & Sons. 29 – 45.

O'Neill R V, Gardner R H, Milne B T, et al. 1991. Heterogeneity and Spatial Hierarchies. In: Kolasa J, Pickett S T A, ed. Ecological Heterogeneity,New York: Springer-Verlag. 85 – 96.

O'Neill R V, Jones K B, Riitters K H, et al. 1994. Landscape monitoring and assessment research plan. U. S. EPA 620/R-94/009.

O'Neill R V, Hunsaker C T, Timmins S P, et al. 1996. Scale problems in reporting landscape pattern at the regional scale. Landscape Ecology, 11: 169 – 180.

O'Neill R V. 1996. Recent developments in ecological theory: Hierarchy and scale. In:Scott J M, Tear T H, Davis F W, ed. GAP Analysis: A Landscape Approach to Biodiversity Planning,Bethseda: American Society of Photogrammetry & Remote Sensing. 7 – 14.

O'Neill R, Hunsaker C, Jones K B, et al. 1997. Monitoring environmental quality at the landscape scale. BioScience, 47: 513 – 519.

O'Neill R V, Krummel J R, Gardner R H, et al. 1988. Indices of landscape pattern. Landscape Ecology, 1: 153 – 162.

O'Neill R V. 1999. Theory in landscape ecology. In:Wiens J A, Moss M R, ed. Issues in Landscape Ecology,Snowmass Village: International Association for Landscape Ecology. 1 – 5.

Odum E P. 1969. The strategy of ecosystem development. Science, 164:262 – 270.

Olsen E R, Ramsey R D, Winn D S. 1993. A modified fractal dimension as a measure of landscape diversity. Photogrammetric Engineering & Remote Sensing,59: 1517 – 1520.

Opdam P,Foppen R, Vos C. 2001. Bridging the gap between ecology and spatial planning in landscaping ecology. Landscape Ecology, 16: 767 – 779.

Opdam P, Verboom J Pouwels R. 2003. Landscape cohesion: An index for the conservation potential of landscapes for biodiversity. Landscape Ecology, 18: 113 – 126.

Openshaw S. 1977. Optimal zoning systems for spatial interaction models. Environment and Planning A,9: 169 – 184.

Openshaw S, Taylor P. 1979. A million or so correlation coefficients: Three experiments on the modifiable areal unit problem. In: Wrigley N, ed. Statistical Application in the Spatial Sciences, London: Qion. 127 – 144.

Openshaw S, Taylor P. 1981. The modifiable areal unit problem. In: Wrigley N, Bennett R, ed. Quantitative Geography: A British View, London: Routledge and Keyan Paul. 60 – 70.

Openshaw S. 1984. The Modifiable Areal Unit Problem. Norwich: Geo Books.

Orzack S H, Sober E. 1993. A critical assessment of Levins's The strategy of model building in population biology (1966). Quarterly Review of Biology, 68: 533 – 546.

Paine R T. 1974. Intertidal community structure: Experimental studies on the relationship between a dominant competitor and its principal predator. Oecologia, 15: 93 – 120.

Paine R T, Levin S A. 1981. Intertidal landscapes: Disturbance and the dynamics of pattern. Ecological Monographs, 51: 145 – 178.

Palik B J, Goebel P C, Kirkman L K, et al. 2000. Using landscape hierarchies to guide restoration of disturbed ecosystems. Ecological Applications, 10: 189 – 202.

Palmer M W. 1988. Fractal geometry: A tool for describing spatial patterns of plant communities. Vegetatio,75: 91 – 102.

Pan Y, Melillo J M, McGuire A D, et al. 1998. Modeled response of terrestrial ecosystem to elevated atmospheric CO_2: A comparison of simulation studies among biogeochemistry models. Oecologia ,114: 389 – 404.

Parker D C, Manson S M, Janssen M A, Hoffmann M J, Deadman P. 2003. Multi-agent systems for the simulation of land-use and land-cover change: A review. Annals of the Association of American Geographers, 93: 314 – 337.

Pastor J, Bonde J, Johnston C A, et al. 1992. Markovian analysis of the spatially dependent dynamics of beaver ponds. Lectures on Mathematics in the Life Sciences,23: 5 – 27.

Pastor J, Johnston C A. 1992. Using simulation models and geographic information systems to integrate ecosystem and landscape ecology. In: Naiman R J, ed. Watershed Management: Balancing Sustainability and Environmental Change, New York: Springer-Verlag. 324 – 346.

Pastor J. 1995. Ecosystem management, ecological risk, and public policy. BioScience, 45: 286 – 288.

Perry G L W. 2002. Landscapes, space and equilibrium: Shifting viewpoints. Progress in Physical Geography, 6: 339 – 359.

Peterjohn W T, Correll D L. 1984. Nutrient dynamics in agricultural watersheds: Observations on the role of a riparian forest. Ecology, 65: 1466 – 1475.

Peters D P C, Yao J, Huenneke J F, Gibbens R P, et al. 2006. A framework and methods for simplifying complex landscapes to reduce uncertainty in predictions. In: Wu J, Jones K B, Li H, Loucks O L, eds. Scaling and Uncertainty Analysis in Ecology: Methods and Applications. Dordrecht: Springer. 131 – 146.

Peterson D L, Parker V T. 1998. Ecological Scale: Theory and Applications. New York: Columbia University Press.

Phillips J D. 1985. Measuring complexity of environmental gradients. Vegetatio, 64: 95 – 102.

Pickett S T A, Thompson J N. 1978. Patch dynamics and the design of nature reserves. Biological Conservation, 13: 27 – 37.

Pickett S T A, White P S. 1985. The Ecology of Natural Disturbance and Patch Dynamics. Orlando: Academic Press.

Pickett S T A, Collins S L, Armesto J J. 1987. A hierarchical consideration of causes and mechanisms of succession. Vegetatio, 69: 109 – 114.

Pickett S T A, Kolaso J, Armesto J J, et al. 1989. The ecological concept of disturbance and its expression at various hierarchical levels. Oikos, 54: 129 – 136.

Pickett S T A, Parker V T, Fiedler P. 1992. The new paradigm in ecology: Implications for conservation biology above the species level. In: Fiedler P, Jain S, ed. Conservation Biology: The Theory and Practice of Nature Conservation, Preservation, and Management, New York: Chapman & Hall. 65 – 88.

Pickett S T A, Kolasa J, Jones C G. 1994. Ecological Understanding: The Nature of Theory and the Theory of Nature. San Diego: Academic Press.

Pickett S T A, Cadenasso M L. 1995. Landscape ecology: Spatial heterogeneity in ecological systems. Science, 269: 331 – 334.

Pickett S T A, Rogers K H. 1997. Patch dynamics: The transformation of landscape structure and function. In: Bissonette J A, ed. Wildlife and Landscape Ecology: Effects of Pattern and Scale, New York: Springer. 101 – 127.

Pickett S T A, Ostfeld R S, Shachak M, et al. ed. 1997. The Ecological Basis of Conservation: Heterogeneity, Ecosystems, and Biodiversity. New York: Chapman & Hall.

Pickett S T A, Wu J, Cadenasso M L. 1999. Patch dynamics and the ecology of disturbed ground: A framework for synthesis. In: Walker L R, ed. Ecosystems of Disturbed Ground, New York: Elsevier. 707 – 722 .

Pielou E C. 1977. Mathematical Ecology. New York: John Wiley.

Pimm S L. 1991. Balance of Nature? Ecological Issues in the Conservation of Species and Communities. Chicago: University of Chicago Press.

Pither J, Taylor P D. 1998. An experimental assessment of landscape connectivity. Oikos, 83: 166 – 174.

Plant R E, Vayssieres M P, Greco S E, et al. 1999. A qualitative spatial model of hardwood rangeland state-and-transition dynamics. Journal of Range Management, 52: 51 – 59.

Platt T, Denman K L. 1975. Spectral analysis in ecology. Annual Review of Ecology & Systematics, 6: 189 – 210.

Plotnick R E, Gardner R H, O'Neill R V. 1993. Lacunarity indices as measures of landscape texture. Landscape Ecology, 8: 201 – 211.

Plotnick R E. 1996. The ecological play and the geological theater. Palaios, 11: 207 – 208.

Poiani K A, Richter B D, Anderson M G, Richter H E. 2000. Biodiversity conservation at multiple scales: Functional sites, landscapes, and networks. Bioscience, 50: 133 – 146

Poole G C. 2002. Fluvial landscape ecology: Addressing uniqueness within the river discontinuum. Freshwater Biology, 47: 641 – 660.

Poole G C, Stanford J A, Running S W, Frissell C A, Woessner W W, Ellis B K. 2004. A patch hierarchy approach to modeling surface and subsurface hydrology in complex flood-plain environments. Earth Surface Processes and Landforms, 29: 1259 – 1274.

Preston F W. 1962. The canonical distribution of commonness and rarity. Ecology, 43: 185 – 215.

Prigogine I. 1978. Time, structure and fluctuations. Science, 201: 777 – 785.

Putman S H, Chung S-H. 1989. Effects of spatial system design on spatial interaction models. I: The spatial system definition problem. Environment and Planning A, 21: 27 – 46.

Qi Y, Wu J. 1996. Effects of changing spatial resolution on the results of landscape pattern analysis using spatial autocorrelation indices. Landscape Ecology, 11: 39 – 49.

Quattrochi D A, Pelletier R E. 1991. Remote sensing for analysis of landscapes: An introduction. In: Turner M G, Gardner R H, ed. Quantitative Methods in Landscape Ecology: The Analysis and Interpretation of Landscape Heterogeneity, New York: Springer-Verlag. 51 – 76.

Quattrochi D A, Goodchild M F, ed. 1997. Scale in Remote Sensing and GIS. Boca Raton: CRC Lewis Publishers.

Rastetter E B, King A W, Cosby B J, et al. 1992. Aggregating fine-scale ecological knowledge to model coarser-scale attributes of ecosystems. Ecological Applications, 2: 55 – 70.

Ravan S, Roy P S. 1997. Satellite remote sensing for ecological analysis of forested landscape. Plant Ecology, 131: 129 – 141.

Remmert H. 1991. The Mosaic-Cycle Concept of Ecosystems. Berlin: Springer-Verlag.

Renshaw E, Ford E D. 1984. The description of spatial pattern using two-dimensional spectral analysis. Vegetatio, 56: 75 – 85.

Rey J R. 1981. Ecological biogeography of arthropods on Spartina islands in Northwest Florida. Ecological Monographs, 51: 237 – 265.

Reynolds J F, Wu J. 1999. Do landscape structural and functional units exist? In: Tenhunen J D, Kabat P, ed. Integrating Hydrology, Ecosystem Dynamics, and Biogeochemistry in Complex Landscapes, Chichester: John Wiley & Sons. 273 – 296.

Riitters K H, O'Neill R V, Hunsaker C T, et al. 1995. A factor analysis of landscape pattern and structure metrics. Landscape Ecology, 10: 23 – 39.

Riitters K H, O'Neill R V, Wickham J D, et al. 1996. A note on contagion indices for landscape analysis. Landscape Ecology, 11: 197 – 202.

Rindfuss R R, Walsh S J, II, B. L. T., Fox. J, Mishra V. 2005. Developing a science of land change: Challenges and methodological issues. Proc Nat Acad Sci, 101: 13976 – 13981.

Ripley B D. 1978. Spectral analysis and the analysis of pattern in plant communities. Journal of Ecology, 66: 965 – 981.

Risser P G, Karr J R, Forman R T T. 1984. Landscape ecology: Directions and approaches. A workshop held at Allerton Park, Piatt: County Illinois. 16.

Risser P G. 1990. Landscape pattern and its effects on energy and nutrient distribution. In: Zonneveld I S, Forman R T T, ed. Changing Landscapes: An Ecological Perspective, New York: Springer-Verlag. 45 – 56.

Risser P G. 1999. Landscape ecology: Does the science only need to change at the margin? In: Klopatek J M, Gardner R H, ed. Landscape Ecological Analysis: Issues and Applications. New York: Springer-Verlag. 3 – 10.

Roberts C A, Stallman D, Bieri J A. 2002. Modeling complex human-environment interactions: The Grand Canyon river trip simulator. Ecological Modelling, 153: 181 – 196.

Robertson G P. 1987. Geostatistics in ecology: Interpolating with known variance. Ecology, 68: 744 – 748.

Robertson G P, Huston M A, Evans F C, et al. 1988. Spatial variability in a successional plant community: Patterns of nitrogen availability. Ecology, 69: 1517 – 1524.

Robertson G P, Gross K L. 1994. Assessing the heterogeneity of belowground resources: Quantifying pattern and scale. In: Caldwell M M, Pearcy R W, ed. Exploitation of Environmental Heterogeneity by Plants: Ecophysiological Processes Above-and-Belowground. San Diego: Academic Press. 237 – 253.

Robinson A H. 1950. Ecological correlation and the behaviour of individuals. American Sociological Review, 15: 351 – 357.

Robinson G R, Holt R D, Gaines M S, et al. 1992. Diverse and contrasting effects of habitat fragmentation. Science, 257: 524 – 526.

Rossi R E, Mulla D J, Journel A G, et al. 1992. Geostatistical tools for modeling and interpreting ecological spatial dependence. Ecological Monographs, 62: 277 – 314.

Roughgarden J D. 1977. Patchiness in the spatial distribution of a population caused by stochastic fluctuations in resources. Oikos, 29: 52 – 59.

Ruxton G D, Saravia L A. 1998. The need for biological realism in the updating of cellular automata models. Ecological Modelling, 107: 105 – 112.

Rykiel Jr E J 1996. Testing ecological models: The meaning of validation. Ecological Modelling, 90: 229 – 244.

Sahimi M. 1994. Applications of Percolation Theory. London: Taylor and Francis.

Sammons R. 1979. Zone definition in spatial modelling. In: Goodall B, ed. Resources and Planning, Oxford: Pexgamon. 77 – 100.

Sanderson E W, Zhang M, Rejmankova E. 1998. Geostatistical scaling of canopy water content in a California salt marsh. Landscape Ecology, 13: 79 – 92.

Saura S. 2004. Effects of remote sensor spatial resolution and data aggregation on selected fragmentation indices. Landscape Ecology, 19: 197 – 209.

Scott M M, Tear T H, Davis F W, ed. 1996. Gap Analysis: A Landscape Approach to Biodiversity Planning. Bethesda: American Society for Photogrammetry and Remote Sensing.

Sharma P,Dettmann E H. 1989. Multiple equilibria in modeling open-lake algal dynamics. Mathematical & Computer Modeling, 12: 227 – 240.

Shen W, Jenerette G D,Wu J,Gardner R H. 2004. Evaluating empirical scaling relations of pattern metrics with simulated landscapes. Ecography, 27: 459 – 469.

Shugart H H,West D C. 1977. Development of an Appalachian deciduous forest succession model and its application to assessment of the impact of the chestnut blight. Journal of Environmental Management, 5: 161 – 179.

Shugart H H, West D C. 1981. Long-term dynamics of forest ecosystems. American Scientist, 69: 652.

Shugart H H. 1984. A Theory of Forest Dynamics: The Ecological Implications of Forest Succession Models. New York:Springer-Verlag.

Shugart H H. 1998. Terrestrial Ecosystems in Changing Environments. Cambridge:Cambridge University Press.

Shugart H H. 1999. Equilibrium versus non-equilibrium landscapes. In: Wiens J A, Moss M R, ed. Issues in Landscape Ecology, Snowmass Village: International Association for Landscape Ecology. 18 – 21.

Silvers R. 1997. Photomosaics. New York: Henry Holt and Company, Inc.

Simberloff D S,Wilson E O. 1969. Experimental zoogeography of islands: The colonization of empty islands. Ecology, 50: 278 – 296.

Simberloff D S. 1974. Equilibrium theory of island biogeography and ecology. Annual Review of Ecology & Systematics, 5: 161 – 182.

Simon H A. 1962. The architecture of complexity. Proceedings of the American Philosophical Society,106: 467 – 482.

Simon H A. 1973. The organization of complex systems. In: Pattee H H, ed. Hierarchy Theory: The Challenge of Complex Systems, New York:George Braziller. 1 – 27.

Simon H A. 1996. The Sciences of the Artificial. Cambridge: The MIT Press.

Sklar F H, Costanza R, Day J W. 1985. Dynamic spatial simulation modeling of coastal wetland habitat succession. Ecological Modelling, 29: 261 – 281.

Smith T M, Urban D L. 1988. Scale and resolution of forest structural pattern. Vegetatio, 74: 143 – 150.

Sokal R R, Oden N L. 1978. Spatial autocorrelation in biology 2. Some biological implications and four applications of evolutionary and ecological interest. Biological Journal of the Linnean Society, 10: 229 – 249.

Sole R V,Bascompte J. 2006. Self-Organization in Complex Ecosystems. Princeton:Princeton University Press.

Soule M E. 1985. What is conservation biology? BioScience, 35: 727 – 734.

Stauffer D. 1985. Introduction to Percolation Theory. London: Taylor & Francis.

Steele J H, ed. 1978. Spatial Pattern In Plankton Communities. New York: Plenum.

Steele J H. 1989. The ocean 'landscape'. Landscape Ecology, 3: 185 – 192.

Stow D A. 1993. The role of geographic information systems for landscape ecological studies. In: Haines-Young R, Green D R, Cousins S, ed. Landscape Ecology and Geographic Information Systems, London: Taylor & Francis. 11 – 21.

Strong D R. 1984. Density-vague ecology and liberal population regulation in insects. In: Price P W, Slobodchikoff C N, Gaud W S, ed. A New Ecology: Approaches to Interactive Systems, New York: Wiley. 313 – 327.

Sugihara G, May R M. 1990. Applications of fractals in ecology. TREE, 5: 79 – 86.

Sutherland J P. 1974. Multiple stable points in natural communities. American Naturalist, 108: 859 – 873.

Tansley A G. 1935. The use and abuse of vegetational concepts and terms. Ecology, 16: 284 – 307.

Taylor P D, Fahrig L, Henein K, Merriam G. 1993. Connectivity is a vital element of landscape structure. Oikos, 68: 571 – 572.

Temple S A. 1986. Predicting impacts of habitat fragmentation on forest birds: A comparison of two models. In: Vernier J, Morrison M L, Ralph C J, ed. Wildlife 2000: Modeling Habitat Relationships of Terrestrial Vertebrates, Madison: University of Wisconsin Press. 301 – 304.

Tenhunen J D, Kabat P, ed. 1999. Integrating Hydrology, Ecosystem Dynamics, and Biogeochemistry in Complex Landscapes. Chichester: John Wiley & Sons.

Tilman D. 1989. Ecological experimentation: Strengths and conceptual problems. In: Likens G E, ed. Long-Term Studies in Ecology: Approaches and Alternatives, New York: Springer-Verlag. 136 – 157.

Tischendorf L, Fahrig L. 2000. How should we measure landscape connectivity? Landscape Ecology, 15: 633 – 641.

Tobler W R. 1970. A computer movie simulating urban growth in the Detroit region. Economic Geography, 46: 234 – 240.

Tobler W. 1989. Frame independent spatial analysis. In: Goodchild M F, Gopal S, ed. Accuracy of Spatial Databases, London: Taylor and Francis. 115 – 122.

Townshend J R G, Justice C O. 1988. Selecting the spatial resolution of satellite sensors required for global monitoring of land transformations. International Journal of Remote Sensing, 9: 187 – 236.

Townshend J R G, Justice C O. 1990. The spatial variation of vegetation changes at very coarse scales. International Journal of Remote Sensing, 11: 149 – 157.

Tracy C R, Brussard P F. 1994. Preserving biodiversity: Species in landscapes. Ecological Applications, 4: 205 – 207.

Trangmar B B, Yost R S, Uehara G. 1985. Application of geostatistics to spatial studies of soil properties. Advanced Agronomy, 38: 44 – 94.

Troll C. 1939. Luftbildplan und ökologische bodenforschung. Zeitschraft der Gesellschaft fur Erdkunde Zu Berlin : 241 – 298.

Troll C. 1968. Landschaftsokologie. In: Tuxen R, ed. Pflanzensoziologie und Landschaftsokologie.

Berichte das 1963 Internalen Symposiums der Internationalen Vereinigung fur Vegetationskunde. Junk, The Hague. 1 – 21.

Troll C. 1971. Landscape ecology (geoecology) and biogeocenology —A terminological study. Geoforum, 8: 43 – 46.

Tucker C J, Townshend J R G, Goff T E. 1985. African land-cover classification using satellite data. Science, 227: 369 – 375.

Turner M G. 1987. Spatial simulation of landscape changes in Georgia: A comparison of 3 transition models. Landscape Ecology, 1: 29 – 36.

Turner M G. 1989. Landscape ecology: The effect of pattern on process. Annual Review of Ecology and Systematics, 20: 171 – 197.

Turner M G, O'Neill R V, Gardner R H, et al. 1989. Effects of changing spatial scale on the analysis of landscape pattern. Landscape Ecology, 3: 153 – 162.

Turner M G, Gardner R H, ed. 1991. Quantitative Methods in Landscape Ecology: The Analysis and Interpretation of Landscape Heterogeneity. New York: Springer-Verlag.

Turner S J, O'Neill R V, Conley W, et al. 1991. Pattern and scale: Statistics for landscape ecology. In: Turner M G, Gardner R H, ed. Quantitative Methods in Landscape Ecology, New York: Springer-Verlag. 17 – 49.

Turner M G, Romme W H, Gardner R H, et al. 1993. A revised concept of landscape equilibrium: Disturbance and stability on scaled landscapes. Landscape Ecology, 8: 213 – 227.

Turner M G. 1998. Landscape ecology: Living in a mosaic. In: Dodson S I, Allen T F H, Carpenter S R, et al. ed. Ecology, New York: Oxford University Press. 72 – 122.

Turner M G, Gardner R H, O'Neill R V. 2001. Landscape Ecology in Theory and Practice: Pattern and Process. New York: Springer-Verlag.

Turner M G. 2005. Landscape ecology in North America: Past, present, and future. Ecology, 86: 1967 – 1974.

Turner M G, Chapin F S III. 2005. Causes and consequences of spatial heterogeneity in ecosystem function. In: Lovett G M, Jones C G, Turner M G, Weathers K C, eds. Ecosystem Function in Heterogeneous Landscapes. New York: Springer. 9 – 30.

Turner M G, Cardille J A. 2007. Spatial heterogeneity and ecosystem processes. In: Wu J, Hobbs R, eds. Key Topics in Landscape Ecology. Cambridge, UK: Cambridge University Press. 62 – 77.

Upton G J G, Fingleton B. 1985. Spatial Data Analysis by Example. Volume 1: Point Pattern and Quantitative Data. Chichester: Wiley.

Upton G J G, Fingleton B. 1989. Spatial Data Analysis by Example. Volume 2: Categorical and Directional Data. Chichester: Wiley.

Urban D L, O'Neill R V, Shugart J H H. 1987. Landscape ecology: A hierarchical perspective can help scientists understand spatial patterns. BioScience, 37: 119 – 127.

Urban D L, Bonan G B, Smith T M, et al. 1991. Spatial applications of gap models. Forest Ecology and Management, 42: 95 – 110.

Ustin S L, Wessman C A, Curtiss B, et al. 1991. Opportunities for using the eos imaging spectrometers and synthetic aperture radar in ecological models. Ecology, 72: 1934 – 1945.

van Gardingen P R, Foody G M, Curran P J, ed. 1997. Scaling-Up: From Cell to Landscape. Cambridge: Cambridge University Press.

van Hulst R. 1979. On the dynamics of vegetation: Succession in model communities. Vegetatio, 39: 85 – 96.

Ver Hoef J M. 1993. Universal Kriging for ecological data. In: Goodchild M, Parks B, Steyaert L T, ed. Environmental Modeling with GIS, New York: Oxford University Press. 447 – 453.

Verburg P H. 2006. Simulating feedbacks in land use and land cover change models. Landscape Ecology, 21: 1171 – 1183.

Verbyla D L. 1995. Satellite Remote Sensing of Natural Resources. Boca Raton: CRC Lewis Publishers.

Vitousek P M. 1989. Biological invasions and ecosystem properties: Can species make a difference? In: Mooney H A, Drake J A, ed. Ecology of Biological Invasions of North America and Hawaii, New York: Springer-Verlag. 163 – 178.

Vos C, Opdam P, Steingrover E G, Reijnen R. 2007. Transferring ecological knowledge to landscape planning: A design method for robust corridors. In: Wu J, Hobbs R, eds. Key Topics in Landscape Ecology. Cambridge, UK: Cambridge University Press. 227 – 245.

Walker B, Steffen W, Canadell J, et al. ed. 1999. The Terrestrial Biosphere and Global Change: Implications for Natural and Managed Ecosystems. Cambridge: Cambridge University Press.

Waring R H, Running S W. 1998. Forest Ecosystems. San Diego: Academic Press.

Waring R H, Running S W. 1999. Remote sensing requirements to drive ecosystem models at the landscape and regional scale. In: Tenhunen J D, Kabat P, ed. Integrating Hydrology, Ecosystem Dynamics and Biogeochemistry in Complex Landscapes, Chichester: John Wiley & Sons. 23 – 38.

Watt A S. 1947. Pattern and process in the plant community. Journal of Ecology, 35: 1 – 22.

Wear D N, Turner M G, Flamm R O. 1996. Ecosystem management with multiple owners: Landscape dynamics in a sourthern Appalachian watershed. Ecological Applications, 6: 1173 – 1188.

Weaver W. 1948. Science and complexity. American Scientist, 36: 536 – 544.

Webster R. 1985. Quantitative Spatial Analysis of Soil in the Field: Advances in Soil Science. New York: Springer-Verlag.

Weinberg G M. 1975. An Introduction to General Systems Thinking. New York: John Wiley & Sons.

Wessman C A R, Cramer W, Gurney R J, et al. 1999. Group report: Remote sensing perspectives and insights for study of complex landscapes. In: Tenhunen J D, Kabat P, ed. Integrating Hydrology, Ecosystem Dynamics and Biogeochemistry in Complex Landscapes, Chichester: John Wiley & Sons. 89 – 104.

Westoby M, Walker B, Noy-Meir I. 1989. Opportunistic management for rangelands not at equilibrium. Journal of Range Management, 42: 266 – 274.

White R, Engelen G. 1994. Cellular dynamics and GIS: Modelling spatial complexity. Geographical Systems, 1: 237 – 253.

Whittaker R H. 1975. Communities and Ecosystems. New York: Macmillan.

Wickham J D, O'Neill R V, Riitters K H, et al. 1997. Sensitivity of selected landscape pattern metrics to land-cover misclassification and differences in land-cover composition. Photogrammetric Engineering & Remote Sensing, 63: 397 – 402.

Wiegand T, Milton S J, Wissel C. 1995. A simulation model for a shrub-ecosystem in the semi-arid Karoo, South Africa. Ecology, 76: 2205 – 2221.

Wiegert R. 1962. The selection of an optimum quadrat size for sampling the standing crop of grasses and forbs. Ecology, 43: 125 – 129.

Wiens J A. 1976. Population responses to patchy environments. Annual Review of Ecology & Systematics, 7: 81 – 120.

Wiens J A, Milne B T. 1989. Scaling of 'landscape' in landscape ecology, or, landscape ecology from a beetle's perspective. Landscape Ecology, 3: 87 – 96.

Wiens J A. 1989. Spatial scaling in ecology. Functional Ecology, 3: 385 – 397.

Wiens J A. 1992. What is landscape ecology, really? Landscape Ecology, 7: 149 – 150.

Wiens J A, Stenseth N C, Horne B V, et al. 1993. Ecological mechanisms and landscape ecology. Oikos, 66: 369 – 380.

Wiens J A, Crist T O, With K A, et al. 1995. Fractal patterns of insect movement in microlandscape mosaics. Ecology, 76(2): 663 – 666.

Wiens J A. 1997. Metapopulation dynamics and landscape ecology. In: Hanski I A, Gilpin M E, ed. Metapopulation Biology: Ecology, Genetics and Evolution, San Diego: Academic Press. 43 – 62.

Wiens J A, Schooley R L, Weeks R D. 1997. Patchy landscapes and animal movements: Do beetles percolate? Oikos, 78: 257 – 264.

Wiens J A, Moss M R, ed. 1999. Issues in Landscape Ecology. Snowmass Village: International Association for Landscape Ecology.

Wiens J A. 1999a. Toward a unified landscape ecology. In: Wiens J A, Moss M R, ed. Issues in Landscape Ecology, Snowmass Village: International Association for Landscape Ecology. 148 – 151.

Wiens J A. 1999b. The science and practice of landscape ecology. In: Klopatek J M, Gardner R H, ed. Landscape Ecological Analysis: Issues and Applications, New York: Springer-Verlag. 371 – 383.

Wiens J A. 2002. Riverine landscapes: Taking landscape ecology into the water. Freshwater Biology, 47: 501 – 515.

Wiens J, Moss M, eds. 2005. Issues and Perspectives in Landscape Ecology. Cambridge: Cambridge University Press.

Wilby J. 1994. A critique of hierarchy theory. Systems Practice, 7: 653 – 670.

Williams C B. 1964. Patterns in the Balance of Nature and Related Problems in Quantitative Ecology. New York: Academic Press.

Wilson D. 1969. Forms of hierarchy: A selected bibliography. In: Whyte L L, Wilson A G, Wilson D, ed. Hierarchical Structures, New York: American Elsevier. 287 – 314.

With K A, Crist T O. 1996. Translating across scales: Simulating species distributions as the aggregate response of individuals to heterogeneity. Ecological Modelling, 93: 1 – 13.

With K A, King A W. 1999. Dispersal success on fractal landscapes: A consequence of lacunarity thresholds. Landscape Ecology, 14: 73 – 82.

Wolff J O, Schauber A, Edge E M, et al. 1997. Effects of habitat loss and fragmentation on the behavior and demography of gray-tailed voles. Conservation Biology, 11: 945 – 956.

Wolfram S. 1983. Statistical mechanics of cellular automata. Reviews of Modern Physics, 55: 601 – 644.

Wolfram S. 1984. Cellular automata as models of complexity. Nature, 311: 419 – 424.

Woodcock C E, Strahler A H. 1987. The factor of scale in remote sensing. Remote Sensing of Environment, 21: 311 – 332.

Woodcock C, Harward V J. 1992. Nested-hierarchical scene models and image segmentation. International Journal of Remote Sensing, 13: 3167 – 3187.

Woodmansee R G. 1990. Biogeochemical cycles and ecological hierarchies. In: Zonneveld I S, Forman R T T, ed. Changing Landscapes: An Ecological Perspective, NY: Springer-Verlag. 57 – 71.

Wright S. 1940. Breeding structure of populations in relation to speciation. American Naturalist, 74: 232 – 248.

Wu J, Vankat J L. 1991a. A system dynamics model of island biogeography. Bulletin of Mathematical Biology, 53: 911 – 940.

Wu J, Vankat J L. 1991b. An area-based model of species richness dynamics of forest islands. Ecological Modelling, 58: 249 – 271.

Wu J. 1992a. Balance of nature and environmental protection: A paradigm shift. In: Proceedings of the 4th International Confernce of Asia Experts: Portland State University, Portland, USA, May 7 – 8, 1992. 1 – 20.

Wu J. 1992b. Detecting spatial patterns: The net-function interpolation. Coenoses, 7(3): 137 – 143.

Wu J, Vankat J L, Barlas Y. 1993. Effects of patch connectivity and arrangement on animal metapopulation dynamics: a simulation study. Ecological Modelling, 65: 221 – 254.

Wu J, Levin S A. 1994. A spatial patch dynamic modeling approach to pattern and process in an annual grassland. Ecological Monographs, 64(4): 447 – 464.

Wu J, Jelinski D E, Qi Y. 1994. Spatial pattern analysis of a boreal forest landscape: scale effects and interpretation. In: Proceedings of the VI International Congress of Ecology, August 21 – 26, 1994, Manchester, UK. 165.

Wu J, Loucks O L. 1995. From balance-of-nature to hierarchical patch dynamics: A paradigm shift in ecology. Quarterly Review of Biology, 70: 439 – 466.

Wu J, Vankat J L. 1995. Island biogeography: Theory and applications. In: Nierenberg W A, ed.

Encyclopedia of Environmental Biology, San Diego: Academic Press. 371 – 379.

Wu J, Gao W, Tueller P T. 1997. Effects of changing spatial scale on the results of statistical analysis with landscape data: A case study. Geographic Information Sciences, 3: 30 – 41.

Wu J, Levin S A. 1997. A patch-based spatial modeling approach: Conceptual framework and simulation scheme. Ecological Modelling, 101: 325 – 346.

Wu J. 1999. Hierarchy and scaling: Extrapolating information along a scaling ladder. Canadian Journal of Remote Sensing, 25: 367 – 380.

Wu J, Jelinski D E, Luck M, Tueller P T. 2000. Multiscale analysis of landscape heterogeneity: Scale variance and pattern metrics. Geographic Information Sciences, 6: 6 – 19.

Wu J G, David J L. 2002. A spatially explicit hierarchical approach to modeling complex ecological systems: Theory and applications. Ecological Modelling, 153: 7 – 26.

Wu J, Hobbs R. 2002. Key issues and research priorities in landscape ecology: An idiosyncratic synthesis. Landscape Ecology, 17: 355 – 365.

Wu J, Marceau D J. 2002. Modeling complex ecological systems: An introduction. Ecological Modelling, 153:1 – 6.

Wu J, Shen W, Sun W, Tueller P T. 2002. Empirical patterns of the effects of changing scale on landscape metrics. Landscape Ecology, 17: 761 – 782.

Wu J. 2004. Effects of changing scale on landscape pattern analysis: Scaling relations. Landscape Ecology, 19: 125 – 138.

Wu J. 2006. Landscape ecology, cross-disciplinarity, and sustainability science. Landscape Ecology, 21: 1 – 4.

Wu J. 2007. Scale and scaling: A cross-disciplinary perspective. In: Wu J, Hobbs R, eds. Key Topics in Landscape Ecology. Cambridge, UK: Cambridge University Press. 115 – 142.

Wu J, Jones K B, Li H, Loucks O L, eds. 2006 Scaling and Uncertainty Analysis in Ecology: Methods and Applications. Dordrecht: Springer.

Wu J, Li H. 2006a. Concepts of scale and scaling. In: Wu J, Jones K B, Li H, Loucks O L, eds. Scaling and Uncertainty Analysis in Ecology: Methods and Applications. Dordrecht: Springer. 3 – 15.

Wu J, Li H. 2006b. Perspectives and methods of scaling. In: Wu J, Jones K B, Li H, Loucks O L, eds. Scaling and Uncertainty Analysis in Ecology: Methods and Applications. Dordrecht: Springer. 17 – 44.

Wu J, Hobbs R. 2007a. Landscape ecology: The state of the science. In: Wu J, Hobbs R, eds. Key Topics in Landscape Ecology. Cambridge, UK: Cambridge University Press. 271 – 287.

Wu J, Hobbs R, eds. 2007b. Key Topics in Landscape Ecology. Cambridge, UK: Cambridge University Press.

Yule G, Kendall M. 1950. An introduction to the theory of statistics. New York: Charles Griffin and Company Limited.

Zhou G, Liebhold A M. 1995. Forecasting the spatial dynamics of gypsy moth outbreaks using cellular transition models. Landscape Ecology, 10:177 – 189.

Zimmerer K S. 2000. The reworking of conservation geographies: Nonequilibrium landscapes and nature-society hybrids. Annals of the Association of American Geographers, 90: 356 – 369.

Zipperer W C, Wu J, Pouyat R V, et al. 2000. The application of ecological principles to urban and urbanizing landscapes. Ecological Applications, 10: 685 – 688.

Zonneveld I S. 1979. Land Evaluation and Land(scape) Science. The International Training Center. Enshede, The Netherlands.

Zonneveld I S. 1990. Scope and concepts of landscape ecology as an emerging science. In: Zonneveld I S, Forman R T T, ed. Changing Landscapes: An Ecological Perspective, New York: Springer-Verlag. 3 – 20.

Zonneveld I S. 1995. Landscape Ecology. Amsterdam: SPB Academic Publishing.

索　引

郑 重 声 明

策划编辑　李冰祥

责任编辑　李冰祥

封面设计　王凌波

责任绘图　朱　静

版式设计　陆瑞红

责任校对　杨凤玲

责任印制　田　甜